Հոգի, Ճունչ, եւ Մարմին (Բ.)

Հոգեւոր Թագաւորութեան Պատմութիւնը Բացայատուած` Մատալային Տարածաշրջանին մէջ...

Հոգի, Շունչ, եւ Մարմին (Բ.)

Դոկտ. Ճէյրոք Լի

Հոգի, Շունչ, եւ Մարմին (Բ.) - Դոկտ. Ճէյրոք Լիի կողմէ
Հրատարակուած է Ուրիմի Գիրքերու կողմէ (Ներկայացուցիչ՝
Սէոնկքէոն Վին)
235-3, Կիւրո-Տոնկ 3, Կիւրո-կու, Սէուլ, Քորէա
www.urimbooks.com

Նախաբան

Այն ատենէն որ Յիսուս Քրիստոսը ընդունեցի որպէս Տէր եւ սկսայ Աստուածաշունչը կարդալ, ես սկսայ խորապէս աղօթել՝ Աստուծոյ սիրտը հասկնալու համար: Աստուած պատասխանեց ինձի եօթը տարուայ անհամար աղօթքներէ եւ ծոմապահութեան շրջաններէ ետք: Եկեղեցի մը սկսելս յետոյ, Սուրբ Հոգւոյն ներշնչումով Աստուած ինձի Սուրբ Գիրքէն բացատրեց բազմաթիւ դժուար հատուածներ, որոնցմէ պարզապէս մէկը միայն «Հոգի, Ճունչ, եւ Մարմին» գիրքին վերաբերող մանրամասն բովանդակութիւնն է: Ասիկա խորհրդաւոր պատմութիւնն է՝ որ մեզի թոյլ կու տայ հասկնալու մարդոց ծագումը, ինչպէս նաեւ հասկնալու ինքզինքնիս: Ասիկա այն տեղեկագրութիւնն է՝ զոր ես կարող չէի եղած լսել ուրիշ որեւէ տեղ, եւ ասիկա իմ ա՛յնքան մեծ գնծութիւնս է, որ որեւէ նկարագրութենէ վեր է:

Երբ ես հոգիի, շունչի, եւ մարմնի մասին այս պատգամները փոխանցեցի, եղան բազմաթիւ վկայութիւններ եւ փոխադարձ անդրադարձներ թէ՛ Քորէայի մէջ եւ թէ՛ Քորէայէն դուրս: Շատեր կ՛ըսեն թէ իրենք անդրադարձած էին ինքզինքնին վրայ, հասկցեր էին թէ ինչպիսի արարածներ էին իրենք, եւ պատասխաններ ստացեր էին Աստուածաշունչին մէջ եղող շատ մը դժուար հատուածներու

մասին, ինչպէս նաեւ հասկացողութիւն` ճշմարիտ կեանք
վաստկելու ճամբաներուն մէջ: Անոնցմէ ոմանք հիմա
նպատակ ունին դառնալու հոգիի անձեր եւ հաղորդակից
դառնալու Աստուծոյ աստուածային բնութեան: Անոնք կը
ջանան իրագործել այդ աստուածային բնութիւնը, ինչպէս
գրուած է Բ. Պետրոս 1.4-ի մէջ, ուր կը կարդանք հետեւեալը.
«Որոնցմով ամենամեծ ու պատուական խոստումներ
տրուած են մեզի, որպէս զի ասոնցմով աստուածային
բնութեանը հաղորդակցինք` աշխարհի ցանկութենէն յառաջ
եկած ապականութենէն փախչելով»:

Սան Յու իր Պատերազմի Արուեստը կոչուած գիրքին
մէջ կ՚ըսէ որ եթէ դուն ճանչնաս ինքզինքդ եւ թշնամիդ, այն
ատեն դուն բնաւ պիտի չպարտուիս որեւէ պատերազմի
մէջ: «Հոգիի, Շունչի, եւ Մարմնի» մասին պատգամները լոյս
կ՚արձակեն մեր «ինքնութեան» ամենախորունկ մասին վրայ
եւ մեզի կը սորվեցնեն մարդոց ծագումին մասին: Անգամ մը
որ ամբողջութեամբ ծայրէ ծայր սերտենք եւ հասկնանք այս
պատգամը, մենք նաեւ պիտի կարողանանք հասկնալ որեւէ
տեսակի անձ մը: Նաեւ, մենք պիտի սերտենք այն միջոցները`
որով կարող կ՚ըլլանք նուաճելու խաւարի ուժերը, որոնք
մեր վրայ կ՚ազդէին, որպէսզի կարենանք Քրիստոնէական
յաղթական կեանքեր ապրիլ:

Հոգի, Շունչ, եւ Մարմին գիրքին այս 2-րդ Հատորը
մասնայատուկ կերպով պիտի բացատրէ Աստուծոյ`

Մտեղծիչին ծագումին մասին, հոգեւոր ընդարձակ տարածաշրջանին, եւ լոյսի տարածաշրջանին մասին` ուր պիտի բնակի մեր հոգին: Դրուած են ամէն տեսակի գոյներով զարդարուած նկարներ, որպէսզի մենք կարենաք աւելի լաւ հասկնալ Աստուծոյ կերպարանքը եւ անջրպետը: Անգամ մը որ հասկնանք տաածաշրջաններու զադտնիքները եւ դառնանք լման հոգիի տէր անձեր, այն ատեն մենք կրնանք մարդկային սահմանափակումներէն անդին անցնիլ` գործածելով Աստուծոյ տարածաշրջանը, եւ մենք նոյնիսկ կրնանք Աստուծոյ կերպարանքը տեսնել: Այդ է պատճառը թէ ինչու Յովհաննու 14.12-ի մէջ Յիսուս ըսաւ. «Ճշմարիտ, ճշմարիտ կ՛ըսեմ ձեզի թէ` 'Ան որ Ինծի կը հաւատայ, այն գործերը որոնք Ես կը գործեմ, ինք ալ պիտի գործէ եւ անոնցմէ աւելի մեծ գործեր պիտի գործէ': Վասն զի Ես Հօրս քով կ՛երթամ»:

Ես կ՛ուզեմ շնորհակալութիւն յայտնել տնօրէն` Կէյումսաս Վինին եւ խմբագրական գրասենեակի բոլոր աշխատակիցներուն: Ես կը յուսամ որ այս գիրքին միջոցաւ ընթերցողները պիտի ունենան անհրաժեշտ յատկանիշները` մտնելու լոյսի տարածաշրջանը եւ ականատես դառնալու Աստուծոյ սքանչելի տարածաշրջաններուն:

Մարտ 2010,
Ճէյրոք Լի

Հոգիի, Շունչի, եւ Մարմնի Երկրորդ Ճամբորդութեան Սկզբնաւորութիւնը

«Եւ ինքը՝ խաղաղութեան Աստուածը՝ ձեզ բոլորովին սուրբ ընէ ու ձեր բոլոր հոգին եւ շունչը ու մարմինը անարատ պահուի մինչեւ մեր Տէր Յիսուս Քրիստոսին գալու ատենը» (Ա. Թեսաղոնիկեցիս 5.23):

Այսօր համակարգիչի դրութիւնները բաց են որեւէ մէկուն համար որ Համացանցի մէջ մուտք գործելու հասանելիութիւնը ունի, բայց եւ այնպէս, մարդիկ տարբեր մակարդակներով կ'օգտագործեն զանիկա՝ համակարգիչի եւ Համացանցի հետ կապուած իրենց ունեցած հմտութեան եւ գիտութեան աստիճանին համեմատ: Նոյն իմաստով, այն չափով որ մենք կը հասկնանք Աստուծոյ ծալալային տարածաշրջանը, նոյն չափով ալ մենք կրնանք հասկնալ Աստուածաշունչի հիանալի հրաշքները ու կրնանք փորձառութիւնը ունենալ եւ ականատես դառնալ այսպիսի Աստուածային գործերու՝ մեր ամէնօրեայ կեանքերուն մէջ:

Աստուածաշունչը մեզի կը պատմէ շատ մը դէպքերու մասին, որոնց միջոցաւ մենք կրնանք հասկնալ Աստուծոյ ծալալային տարածաշրջաններFrom Երբ Ստեփանոս քարկոծուելով կը նահատակուէր, երկինքի դուռը բացուեցաւ եւ Ստեփանոս տեսաւ Որդին մարդոյ Աստուծոյ աջ կողմը նստած (Գործք Առաքելոց 7.56): Ասիկա կարելի դարձաւ որովհետեւ Աստուած բացաւ Չորրորդ Երկինքի ծալալային տարածաշրջանը: Պետրոս բանտարկուեցաւ մինչ ինք աւետարանը կը քարոզէր, սակայն յետոյ հրեշտակներու օգնութեամբ ազատ արձակուեցաւ: Պօղոս առաքեալ նմանօրինակ փորձառութիւն մը ունեցաւ՝ երբ Փիլիպպէի մէջ բանտը դրուած էր: Աստուած բացաւ Երրորդ Երկինքի ծաւալային տարածաշրջանը, որպէսզի որկէ հզոր հրեշտակ մը, որ Պետրոսին շղթաները քակեց եւ բանտին դռները բացաւ:

Անգամ մը որ լման հոգիի սիրտը մշակենք, մենք պիտի կարողանանք Երկրի վրայ օգտագործել Աստուծոյ ծաւալային տարածաշրջանը, եւ ոչ մէկ բան անկարելի պիտի ըլլայ մեզի համար: Աւելին, մենք ապագային յաւիտենական կեանք եւ օրհնութիւններ պիտի վայելենք Նոր Երուսաղէմի մէջ: Միւս կողմէ, անձի մը համար որ տակաւին լման հոգիի մէջ չէ եկած, անիկա պէտք ունի իրագործելու արդարութեան չափանիշը որպէսզի կարողանայ օգտագործել Աստուծոյ տարածաշրջանը: Այս գիրքը լեցուն է պատմութիւններով, որոնք ընդյայնուած են հոգիի աննահմ տարածաշրջանին մէջ:

Այս գիրքը ընթերցողներուն կ'oգնէ որ հետեւեալ բաները ընեն.

1) Այս գիրքը կ'oգնէ որ ընթերցողները հասկնան Աստուծոյ սէրը, որ մարդկային մշակումին համար իր նախասահմանութեան մէջ բաժնած է ծաւալային տարածաշրջանները, խտութիւնները, լոյսը եւ խաւարը, որպէսզի 6շմարիտ զաւակներ շահի: Երբ կ'ընդունինք Յիսուս Քրիստոսը եւ հաւատքով կը գործենք, մենք կրնանք վայելել լոյսի զաւակներ ըլլալու իրաւունքը, եւ կրնանք մտնել լոյսի գեղեցիկ տարածաշրջանը:

2) Երկինքը կը գտնուի լոյսի տարածաշրջանին մէջ: Անիկա դասակարգուած է բազմաթիւ բնակավայրերու միջեւ` Դրախտէն մինչեւ Նոր Երուսաղէմ: Մենք հոն` Երկինքի մէջ պիտի ապրինք երկնային կատարելագործուած մարմիններով: Երկինքի մէջ մենք պիտի վայելենք յաւիտենական կեանքը, որ լեցուն է ուրախութեամբ եւ գնծութեամբ, եւ ասիկա Աստուծոյ պարգեւն է մեզի համար:

3) Աստուծոյ զօրութիւնն է միայն որ կրնայ 6շմարիտ Աստուծոյ զաւակներ դարձնել մեզի, որ Աստուծոյ պատկերը ունինք: Աստուծոյ զօրութեան միջոցաւ, մենք կրնանք մտնել լոյսի գեղեցիկ տարածաշրջանը, ինչպէս նաեւ կրնանք ականատես դառնալ Աստուծոյ սքանչելի եւ հզոր գործերուն, որոնք կը գերազանցեն երկրի վրայ մարդկային սահմանափակումները:

Յառաջաբան

Հոգիի, Շունչի, եւ Մարմնի Երկրորդ Ծամբորդութեան
Սկզբնաւորութիւնը

Առաջին Մաս - Հոգեւոր Թագաւորութեան Ընդարձա Տարածաշրջանը

Երկրորդ Մաս – Հոգի, Շունչ, եւ Մարմին՝ Հոգեւոր Տարածաշրջանի մէջ

Երրորդ Մաս – Գերազանցել Մարդկային Սահմանափակումները

Հոգեւոր Թագաւորութեան Ընդարձակ Տարածաշրջանը

Ի՞նչ Պատահեցաւ Երկինքի մէջ՝ Ստեղծագործութենէն Առաջ
Ի՞նչպէս Կազմուեցան Լոյսի Տարածաշրջանը եւ Խաւարի
Տարածաշրջանը

«Ասիկա է այն պատգամը որ իրմէ լսեցինք ու ձեզի կ՚իմացնենք, թէ՝
Աստուած լոյս է ու Անոր մէջ բնաւ խաւար չկայ»:
Ա. Յովհաննու 1.5

«Անոր՝ որ յաւիտեանս յաւիտենից երկինքներուն վրայ կը նստի, ահա
Ասիկա ձայն կու տայ իր զօրաւոր ձայնովը»:
Սաղմոս 68.33

Խաւար եւ Լոյս

Խաւարը եւ լոյսը գոյութիւն ունին ոչ միայն այս տեսանելի աշխարհին մէջ, այլ կան լոյսի եւ խաւարի տարածաշրջաններ հոգեւոր աշխարհին մէջ ալ նոյնպէս: Ի՞նչ է պատճառը որ Աստուած արտoնեց որ գոյութիւն ունենայ խաւարի տարածաշրջանը, եւ ո՞վ է խաւարի իշխանը:

Ընդարձակ Հոգեւոր Տարածաշրջան եւ Նախնական Աստուած

Աստուած Ծրագրեց Մարդկային Մշակութինը

Նախնական Աստուածը Դարձաւ Երրորդութինը

Աստուած Ստեղծեց Հրեշտակները եւ Քերովբէները

Արուսեակին Ջախող Ապստամբութինը

Աստուծոյ Նախասահմանութինը՝ Լոյսը եւ Խաւարը Իրարմէ Բաժնելուն մէջ

Երբ տակաւին մանուկ էիր, արդէ՞օք դուն երբեւիցէ կը քննայիր՝ միեւնոյն ատեն համրելով երկինքի աստղերը։ Ես կը հաւատամ որ ձեզմէ շատերը ունին այսպիսի յիշատակ մը։ Թիւով ա՛յնքան շատ աստղեր կան, որ աննբ կրնան մեր ֆիզիքական աչքերով տեսնուիլ, բայց կան նաեւ անհամար թիւով աստղեր որոնք չեն տեսնուիր։ Արդեօք ո՞րքան մեծ է այս տիեզերքը։

Գիտութեան յառաջացումով իսկ, մարդիկ կարող չեն եղած հաշուելու տիեզերքին ճշգրիտ մեծութիւնը։ Պատճառը այն է՝ որովհետեւ տիեզերքը աննահմանօրէն ընդարձակ տարածութիւն մըն է։ Երկրին նման մոլորակներ իրար հետ միասին կը հաւաքուին՝ կազմելու համար արեգակնային դրութիւն մը, եւ բազմաթիւ ուրիշ արեգակնային դրութիւններ եւ երկնային մարմիններ իրար հետ կը հաւաքուին՝ կազմելով ծիր կաթին մը։ Մեծ թիւով ծիր կաթիններ դարձեալ միատեղ կը կազմեն խումբ մը ծիր կաթիններ, եւ ծիր կաթիններու խումբերը կը կազմեն մանրաշխարհներ, եւ մանրաշխարհները իրար հետ խմբուելով կը կազմեն այս մեծ տիեզերքը։

Մեր ծիր կաթինին մէջ արեգակնային դրութեան մեծութիւնը կը տեսնուի պարզապէս մանր կետի մը պէս։ Ծիր կաթինը նոյնպէս միայն մանր կետի մը պէս է՝ բաղդատմամբ ամբողջ տիեզերքի մեծութեան։ Այս ֆիզիքական տիեզերքը առանձին՝ չկրնար չափուիլ մինչեւ իսկ ամենէն աւելի յառաջացած գիտական սարքերով։ Այսուհանդերձ, բաղդատմամբ հոգեւոր անսահման տարածաշրջանին, այս ֆիզիքական տիեզերքը շատ փոքր բաժին մըն է միայն։

Այս ֆիզիքական տիեզերքէն զատ, զոր կը տեսնենք, կայ

նաեւ հոգեւոր տարածաշրջան մը, որ աննահմանորէն կ՛երկարի դէպի ուրիշ ուղղութեամբ: Աստուածաշունչը յաճախ կը նշէ բազմաթիւ «երկինքներու» մասին:

Բ. Օրինաց 10.14-ի մէջ կը կարդանք. «Ահա երկինք ու երկինքներուն երկինքը, նաեւ երկիր ու բոլոր անոր մէջ եղածը քու Տէր Աստուծոյդ կը վերաբերին» եւ Նէեմեա 9.6-ի մէջ կը կարդանք. «Դո՛ւն , միայն դո՛ւն Տէր ես. երկինքը, երկինքներու երկինքը եւ անոր բոլոր զօրքերը, երկիրն ու բոլոր անոր վրայ եղածները, ծովերն ու անոնց մէջ բոլոր եղածները Դո՛ւն ստեղծեցիր եւ ամէնուն Դո՛ւն կենդանութիւն տուիր ու երկինքի զօրքերը Քեզի կ՛երկրպագեն»:

Ինչպէ՞ս սկսան գոյութիւն ունենալ բազմաթիւ երկինքներ, եւ ի՞նչ պատահեցաւ այս երկինքներուն մէջ՝ նախքան այս աշխարհին ստեղծուիլը: Թոյլ տուէք որ վերադառնանք այդ ժամանակին՝ նախքան այս աշխարհին ստեղծուիլը: Ասիկա այն ժամանակն էր՝ նախքան մեր ճանչցած տիեզերքին եւ ծիր կաթինին գոյութիւն ունենալը: Այդ ժամանակ տիեզերքը միեւնոյն տիեզերքը չէր՝ ինչ որ հիմա է: Ասիկա պարզապէս հսկայ տարածութիւն մըն էր առանց որեւէ զանազանութեան՝ հոգեւոր եւ ֆիզիքական տարածաշրջաններու միջեւ:

Հոգեւոր Ընդարձակ Տարածաշրջան եւ Նախնական Աստուածը

Հոգեւոր ընդարձակ տարածաշրջանը կ՛ակնարկէ նախնական տիեզերքին՝ որպէս ամբողջութիւն: Անիկա այս տարածաշրջանն էր, որ նախնական Աստուածը կը հիւրընկալէր դարերէն առաջ: Հոս, «նախնական Աստուածը» ըսելով կ՛ակնարկէ Աստուծոյ, որ ստեղծագործութենէն առաջ գոյութիւն ուներ որպէս լոյս եւ ծայն: Նախնական տիեզերը ըսելով կ՛անարկէ այն տիեզերքին՝ ուր նախնական Աստուածը միմակը գոյութիւն ուներ:

Ի՞նչ էր Աստուծոյ նախնական կերպարանքը: Երեւակայէ գեղեցիկ լոյսեր որոնք անհունօրէն կը լեցնեն ընդարձակ տիեզերքը, եւ այդ լույսերը կ՚ունեին եւ ալիքներու նման կը գլորուէին: Ինչպէս որ Ա. Յովիհաննու 1.5-ը կ՚ըսէ. «Աստուած լոյս է», Աստուած ամբողջութեամբ նախնական տիեզերքին մէջ ընդլայնուեցաւ այսպիսի գեղեցիկ եւ շողշողուն լույսերու երեւույթով:

«Այգածաղիկները» մեզի կ՚օգնեն հասկնալու նախնական Աստուծոյ այս երեւույթը: Այգածաղիկները երկնակամարին մէջ կը տեսնուին Բեւեռային Շրջաններուն մօտ: Ընդհանրապէս աննը ունին գեղեցիկ կարմիր, կապոյտ, դեղին, բաց կանաչ, կամ վարդագոյն գոյներ: Կ՚ըսուի որ այգածաղիկներուն լույսերը այնքան գեղեցիկ են, որ այն անձերը որոնք այգածաղիկներ տեսած են՝ բնաւ չեն կրնար մոռնալ անոնց գեղեցկութիւնը:

Յռովմայեցիս 1.20 կ՚ըսէ. «Քանզի աներեւոյթ բաները աշխարհի սկիզբէն ստեղծուածներովը կ՚իմացուին, կը տեսնուին, այսինքն իր մշտնջենաւոր զօրութիւնը ու աստուածութիւնը, որպէս զի անպատատխանի մնան»: Աստուած ստեղծած է այնպիսի լույսեր՝ ինչպէս այգածաղիկները, որպէսզի մենք կարողանանք հասկնալ Աստուծոյ նախնական երեւույթը՝ երբ մենք հարց տանք նախնական Աստուծոյ մասին:

Նախնական Աստուածը ունէր յստակ եւ մաքուր, այլ տակաւին վեհաշուք ծայն մը՝ լույսերուն մէջ, որոնք ալիքներու նման թաւալելով կը շրջէին: Արդեօք դուն երբեւիցէ լսա՞ծ ես փափուքի նման ծայներ որոնք կ՚ընկերակցին մեղմ գեփիւռի մը հետ: Ծովէն եկող հովին մէջ դուն կրնաս լսել ալիքներուն մեղմ ծայնը: Նման այն ծայնին որ կը փոխադրուի հովերուն միջեւ, նախնական ծայնը ներդաշնակօրէն կը հնչուի՝ դուրս արձակուելով ինքնին այդ նախնական լույսէն: Ճիշդ ինչպէս որ ծայնը հովին միջոցաւ կը փոխադրուի, այդպէս ալ նախնական ծայնը՝ նախնական լույսերուն հետ միասին կը տարածայնուի բովանդակ տիեզերքին մէջ ծայրէ ծայր, միաժամանակ ողջագուրելով տիեզերքը ամբողջութեամբ:

Ամէն պարագայի, եթէ նոյնիսկ միայն մէկ անգամ լսես Աստուծոյ ծայնը, դուն բնաւ պիտի չկարողանաս մոռնալ զայն: Ես երկու անգամ լսած եմ այդ ծայնը. անիկա ա՛յնքան վեհաշուք, մաքուր ու պայծառ էր: Այդ կը նշանակէ թէ այդ ծայնը չափազանց շքեղ եւ հարազատ է: Իրապէս,

Աստուծոյ ձայնը շատ յստակ եւ մաքուր է, քաղցր, եւ տակաւին ա՛յնքան վեհաշուք, որ անիկա կարող է հնչել բովանդակ տիեզերքին մէջ՝ ծայրէ ծայր ամբողջութեամբ:

Յովհաննու 1.1 կ՛ըսէ. «Սկիզբէն էր Բանը ու Բանը Աստուծոյ քով էր եւ Բանը Աստուած էր»: Այս խօսքը որ սկիզբէն էր՝ նախնական ձայնն է որ ներդաշնակօրէն կը հնչէր նախնական լոյսին ընդմէջէն: Վերի համարը կ՛արտայայտէ զԱստուած որպէս «Խօսքը», որ Էութիւնն է, եւ ոչ թէ Աստուծոյ կերպարանքը, որ Լոյսն է: «Խօսքը» բովանդակութիւնն է, իսկ «Աստուած»՝ անունն է որ կը տրուի այդ բովանդակութեան: Ուրեմն, Աստուծոյ Էութիւնը՝ «Խօսքն» է, իսկ Իր գոյութիւնը՝ Լոյսերու երեւնոյթով ու ձայնով, որ կը լեցնէր բոլոր տիեզերքը ամբողջութեամբ:

Աստուած Ծրագրեց Մարդկային Մշակութիւնը

Անսահման ժամանակամիջոցին մէջ որոշ կէտի մը վրայ, Աստուած, որ առանձին մինակը գոյութիւն ունէր, ծրագրեց «մարդկային մշակութիւնը».

«Ի՞նչպէ՛ս կ՛ըլլայ եթէ գոյութիւն ունենայ արարած մը, որ կարենայ գիտնալ այս ընդարձակ տիեզերքին եւ Իմ սրտիս մասին, եւ ինծի հետ միասին սէր բաժնեկցի: Ի՞նչպէ՛ս կ՛ըլլայ եթէ այդ էակը կարենայ հասկնալ եւ ընդունիլ Իմ սիրտս ու զգացումներս, զորոնք կարենամ բաժնեկցիլ իրեն հետ, եւ փոխարէնը ան կարենայ իր սիրտը տալ ինծի: Ո՛րքան ուրախ եւ ցնծալի բան մը պիտի ըլլայ այդ...»

Աստուած ուզեց ուրիշ արարած մը, որուն հետ կարենար հաղորդակցիլ եւ տիեզերքին մէջ գտնուող ամէն բաները անոր հետ միասին բաժնեկցիլ: Մասնայատուկ կերպով, Աստուած ուզեց այնպիսի էակ մը, որուն հետ կարենար իր սէրը բաժնեկցիլ: Աստուած յղացաւ «մարդկային մշակութեան» ծրագիրը՝ նոր գործ մը սկսելու փափաքով, շահելու համար իր ճշմարիտ զաւակները:

Ի՞նչ կը խորհիս որ Աստուած ամէն բանէ առաջ ըրաւ՝ մարդկային մշակութեան իր ծրագիրին մէջ: Աստուած նախապէս գոյութիւն ունէր որպէս լոյս՝ որ տարածուած էր բովանդակ տիեզերքին մէջ ծայրէ ծայր, բայց եւ այնպէս, հոգեւոր թագաւորութեան գագաթնակետին վրայ, Աստուած Իր Էութիւնը փոխելով միածուլուեցաւ եւ սկսաւ լոյսի կերպարանք մը ունենալ: Մինչ Ինք յարակցելով միացաւ որպէս մէկ լոյս, սկսան «երկինքներու» տարբեր ծալալներ կամ խտութիւններ կազմուիլ: Հոս, «երկինքը» հոմանշական է տիեզերքին մէջ գտնուող տարածաշրջանին: Սկիզբը, գոյութիւն ունէր միայն մէկ նախնական տիեզերք մը, բայց երբ նախնական Աստուածը միածուլուեցաւ եւ յարակցեցաւ որպէս մէկ լոյս, տիեզերքին մէջ սկսան կազմուիլ զանազան տարբեր տարածաշրջաններ: Պատճառը այն է` որովհետեւ մինչ լոյսերը, (որոնք տարածուած էին բովանդակ տիեզերքին մէջ ամբողջութեամբ), իրար քով գալով կեդրոնացան հոգեւոր թագաւորութեան գագաթնակետին վրայ, սկսան կազմուիլ տարբեր տարածաշրջաններ` նայած լոյսի փայլունութեան աստիճանին:

Անցեալին, նախնական տիեզերքին մէջ լոյսին փայլունութիւնը ամէն տեղ միեւնոյնն էր, սակայն հիմա հոգեւոր թագաւորութեան գագաթնակետը դարձաւ ամենէն փայլունը: Օրինակի համար, եթէ դուն սրահի մը մէջ 10.000 պզտիկ լամբեր դնես, այդ սրահին մէջ լոյսի փայլունութիւնը ամէն տեղ նոյնը պիտի ըլլայ: Սակայն ի՞նչ կը պատահի եթէ դուն այդ սրահին մէջտեղը միայն մէկ հատ մեծ լամբ մը դնես, որուն լոյսի փայլունութիւնը հաւասար ըլլայ 10.000 պզտիկ լամբերու: Որքան աւելի մօտենաս կեդրոնական շողանին, այնքան աւելի փայլուն եւ պայծառ պիտի ըլլայ լոյսը. ասոր հակառակը նոյնպէս ճիշդ է, այսինքն որքան աւելի հեռանաս կեդրոնական շողանէն, այնքան աւելի կը նուազի լոյսին պայծառութիւնը` մինչ հեռաւորութիւնը երթալով կ'աւելնայ: Նմանապէս, երբ նախնական լոյսը մէկ խտացած լոյս դարձաւ, ստեղծուեցան զանազան տարբեր տարածաշրջաններ` նայած այդ արածաշրջաններուն մէջ լոյսի փայլունութեան աստիճանի տարբերութիւններուն:

Նախնական լոյսը հոգեւոր լոյս մըն է, եւ երբ լոյսի փայլունութիւնը փոխուեցաւ, հոգեւոր բնութեան խտութիւնն ալ նոյնպէս փոխուեցաւ: Երբ նախնական լոյսը իրար քով գալով միացաւ որպէս մէկ խտացած լոյս, եւ մինչ լոյսի աղբիւրէն հեռաւորութիւնը երթալով կ'աւելնար, լոյսին պայծառութիւնը եւ հոգիին խոտութիւնը նոյնպէս երթալով կը նուազէր: Ուստի, նախնական տիեզերքը, որ նախապէս գոյութիւն ունէր որպէս մէկ տարածութիւն, սկսաւ դասակարուիլ չորս տարբեր տիեզերքներու միջեւ՝ լոյսի փայլունութեան եւ հոգիի խոտութեան համեմատ: Աստուած զանոնք կոչեց առաջին, երկրորդ, երրրորդ, եւ չորրորդ երկինքներ:

Այն վայրը ուր Նախնական Աստուածը յարակցեցաւ որպէս մէկ լոյս՝ շատ մասնայատուկ վայր մըն է որ կը պատկանի չորրորդ երկինքին: Ուրեմն, լոյսը ամենէն փայլու"ն է չորրորդ երկինքին մէջ, ինչպէս նաեւ հոգիին խոտութիւնը: Երրորդ երկինքը լոյսի աւելի նուազ փայլք ունի եւ հոգիի խոտութիւնը աւելի նուազ է հոն քան չորրորդ երկինքին մէջ. Նոյնն է պարագան նաեւ երկրորդ երկինքին նկատմամբ: Հոգեւոր թագաւորութիւնը կը պարունակէ երկրորդէն մինչեւ չորրորդ երկինքները: Առաջին երկինքը Ֆիզիքական տիեզերքն է զոր մենք կը տեսնենք մեր Ֆիզիքական աչքերով: Ասիկա տիեզերք մըն է ուր հոգիին բնութիւնը գրեթէ ամբողջութեամբ առնուեցաւ երբ Աստուած միածուլուեցաւ որպէս մէկ լոյս: Ուստի, առաջին երկինքը լեցուած է մարմնաւոր բնութեամբ՝ հոգիի փոխարէն:

Ֆիզիքական տարածաշրջանին մէջ, եթէ դուն որոշ տարածութիւն մը կտրես ու չորս մասերու բաժնես զայն, իւրաքանչիւր տարածութիւն աւելի փոքր պիտի ըլլայ քան նախնականը: Սակայն պարագան նոյնը չէ հոգեւոր տարածաշրջանին նկատմամբ: Պատճառը այն է՝ որովհետեւ հոգեւոր տարածաշրջանին մէջ սահմաններ չկան: Երբ այս ընդարձակ տիեզերքը չորս մասի բաժնուեցաւ, աննոք չորս ընդարձակ աննահման տիեզերքներ էին: Ուրեմն, հակառակ որ նախնական տիեզերքը բաժնուեցաւ չորս երկինքներու միջեւ, այսուհանդերձ սահման չկայ իւրաքանչիւր երկինքի համար: Ոչ միայն երկրորդ, երրրորդ, եւ Չորրորդ երկինքները, այլ նաեւ Առաջին երկինքը, որ մարմնաւոր աշխարհի մըն է, նոյնպէս սահման չունի:

Աստուած թոյլ տուաւ որ այս տարբեր երկինքները գոյանան՝ աննոց գործածութեան համեմատ: Սկիզբը Աստուած Առաջին երկինքը բաժնեց, որպէսզի զայն պատրաստէ որպէս մարդկային մշակութեան թատերաբեմը: Երկրորդ Երկինքը պատրաստուած էր որպէս տարածաշրջան մը՝ խաւարի չար ոգիներուն համար, որոնք անիրաժեշտ են մարդկային մշակութեան համար: Սակայն Երկրորդ Երկինքը պատրաստուած էր նաեւ Ադամի համար, որ ստեղծուեցաւ որպէս կենդանի հոգի մը: Երրորդ Թագաւորութիւնը բաժնուեցաւ որպէսզի կառուցուլի երկնային թագաւորութիւնը, ուր պիտի մտնէ բարի զորենը, որ պիտի ստացուլի մարդկային մշակութեան ընդմէջէն: Վերջապէս, Չորրորդ Երկինքը Աստուծոյ՝ Երրորդութեան տարածաշրջանն է: Անիկա կը գտնուլի միեւնոյն խտութեան մէջ՝ նախնական մէկ տարածաշրջանին պէս:

Երբ նախնական տիեզերքը սկիզբը բաժնուեցաւ չորս երկինքներու, այդ երկնինքները որեւէ պարունակութեամբ չէին լեցուած դեռ: Բայց այդ չի նշանակեր որ անոնք ամբողջովին պարապ էին: Նախնական տիեզերքին մէջ կային անհամար թիւով աստղեր: Առաջին Երկինքին մէջ՝ մեր Երկիրը, արեգակնային դրութիւնը, եւ մեր ծիր կաթինը տակաւին կազմուած չէին: Երրորդ Երկինքին մէջ, երկնային թագաւորութիւնը տակաւին կազմուած չէր: Անիկա պարզապէս պատշած տարածաշրջան մըն էր կազմելու համար երկնային թագաւորութիւնը: Տարածաշրջաններու այս բաժանումէն ետք, Աստուած սկսաւ այս տարածաշրջանները լեցնել իր ստեղծագործական գործերով:

Նախնական Աստուածը Դարձաւ Երրորդութիւնը

Իրար հետ յարակցելէ ետք որպէս մէկ լոյս, սկիզբը Աստուած ինքզինք բաժնեց երեք լոյսերու: Յոս, երբ կ՛ըսենք թէ «լոյսը կը բաժնուլի երեք լոյսերու», գաղափարը այն չէ թէ որոշ զանգուած մը կը բաժնուլի երեք կտորներու: Ընդհակառակը, այդ կը նմանի այն իրողութեան երբ երկու նմանօրինակ լոյսեր եւս յառաջ գալով դուրս կ՛ելլեն նախնական այդ մէկ լոյսէն: Յակառակ որ Նախնական լոյսը բաժնուած է երեքի, այս երեք լոյսերը իրարմէ տարբեր կամ զատտուած չեն, այլ անոնք միեւնոյնն են՝ ինչպէս նախնական լոյսը:

Նախնական լոյսը գոյութիւն ունէր որպէս մէկ լոյս, իսկ միւս երկու լոյսերը նոր կազմուած էին: Երեք լոյսի վերածուելէ ետք, այդ լոյսերը հոգելոր կերպարանք հագան՝ մարդու մը կերպարանքին պէս: Անոնք սկսան գոյանալ որպէս Հայր Աստուած, Որդի Աստուած, եւ Սուրբ Հոգի Աստուած, եւ այս երրորդութեան մէջ ամէն մէկը հագաւ իրեն յատուկ հոգելոր մարմին մը, որը քիչ մը կը տարբերի մէկը միւսէն: Սակայն այդ հոգելոր մարմիններուն մէջ հոգիները յառաջ եկան միեւնոյն նախնական Աստուծմէն, ուստի մէկը կրնայ ըսել որ Երեքը Մէկի մէջ՝ բոլորն ալ նոյն սիրտը, նոյն խորհուրդները, նոյն գործութիւնը, եւ նոյն իմաստութիւնը ունին:

Այդ է պատճառը որ մենք Հայր Աստուծոյ, Որդի Աստուծոյ, եւ Սուրբ Հոգի Աստուծոյ կ՚ակնարկենք որպէս Երրորդութիւն: Աստուած՝ այսինքն Երրորդութիւնը սկիզբը ստեղծեց ամէն բաները որոնք անհրաժեշտ էին այն տարածաշրջանին համար՝ ուր բնակէր Աստուած: Երբ Աստուած առանձին միևնակը գոյութիւն ունէր որպէս լոյս եւ ծայն՝ որ կը թափանցէր իր ներսիդին, Անիկա պէտք չունէր բնակավայրի մը: Բայց որովհետեւ հիմա Ինք կերպարանք մը ունեցաւ, ուստի Աստուած պէտք ունէր տեղ մը՝ բնակելու համար:

Երբ Աստուած՝ Երրորդութիւնը կը մնայ Չորրորդ երկինքին մէջ, Անիկա կրնայ հագնիլ կերպարանք մը կամ կրնայ չհագնիլ զայն: Չորրորդ երկինքին մէջ Աստուած կրնայ իր կերպարանքը փոխել՝ իր կամքին համաձայն, եւ որովհետեւ Անիկա երբեմն որոշ կերպարանք մը կը հագնի, ուստի հոն կայ որոշ բնակավայր մը: Երրորդ երկինքին մէջ Աստուած միշտ ունի որոշ կերպարանք մը: Երրորդ երկինքը կը բնակեցնէ երկնային թագաւորութիւնը, եւ ուստի Աստուած Իրեն համար բնակավայր մը ստեղծած է հոն: Նաեւ Աստուած սկսաւ ստեղծել հոգելոր արարածներ, որոնք պիտի ծառայէին Իրեն:

Աստուած Ստեղծեց Հրեշտակները եւ Քերովբէները

Գոյութիւն ունին երկու տեսակի հոգելոր արարածներ զոր Աստուած ստեղծեց: Անոնք «հրեշտակները» եւ «քերովբէներն» են: Հրեշտակը գրեթէ մարդու պէս է իր կեպարանքով, բացի այն իրողութենէն որ անիկա թռչունի նման թեւեր ունի (Յայտնութիւն 14.6): Մարդիկ Աստուծոյ պատկերով ստեղծուած էին, ինչպէս նաեւ հրեշտակները (Մարկոս 16.5): Տարբերութիւնը այն է, որ հրեշտակները միայն Աստուծոյ արտաքին պատկերը ունին, իսկ մարդիկը ունին Աստուծոյ արտաքին պատկերը, ինչպէս նաեւ Աստուծոյ սիրտը:

Իսկ ի՞նչ է հրեշտակներուն հասակին չափը: Կան հրեշտակներ որոնք նման են մարդոց հասակի չափին: Այսուհանդերձ, կան նաեւ շատ մանրակազմ հրեշտակներ եւ շատ հսկայ հրեշտակներ: Անոնք ունին կեպարանք եւ յատկանիշներ` համաձայն իրենց մասնայատուկ դերերուն:

Օրինակի համար, եթէ կայ հրեշտակ մը որ կը կատարէ բանակի հրամանատարի մը դերը, արական երեւույթով հրեշտակ մը աւելի պատշաճ պիտի ըլլայ: Պարելու եւ երգելու համար աւելի կը պատշաճին իգական երեւույթով հրեշտակներ: Անշուշտ, այդ չի նշանակեր որ արական երեւույթով հրեշտակներ չկան պարող: Ճիշդ ինչպէս որ այս աշխարհին մէջ կան արու պարողներ, եւ անոնք իրենց դերը կը կատարեն, գոյութիւն ունին նաեւ արու հրեշտակներ: Բայց եւ այնպես, անոնց գոյութիւնը որպես արու եւ էգ հրեշտակներ` երեւույթով կամ նկարագիրով, չի նշանակեր որ անոնք սեռ ունին: Այդ պարզապես կը նշանակէ թէ անոնց երեւույթները եւ վարմունքները կը նշմարուին արուի կամ էգի պես:

Հրեշտակները կը ծառայեն Աստուծոյ, եւ իրենց պարտականութիւնները կը կատարեն Աստուծոյ հրամանով: Կան շատ տեսակի պարտականութիւններ, եւ կան անհամար թիւով հրեշտակներ:

Եւ բոլոր հրեշտակները, որ աթոռին ու երէցներուն եւ չորս կենդանիներուն բոլորտիքը կեցեր էին, իրենց երեսներուն վրայ աթոռին առջեւ ինկան ու Աստուծոյ երկրպագութիւն ըրին» (Յայտնութիւն 7.11):

Տեսայ ուրիշ զօրաւոր հրեշտակ մը, որ երկնքէն կ՛իջնէր: Ամպ հագած էր եւ իր գլխուն վրայ ծիածան կար: Իր երեսը արեւի պես էր եւ իր ոտքերը` կրակի սիւներու պես»

(Յայտնութիւն 10.1):

Չէ՞ որ հրեշտակները սպասաւորութիւն ընող հոգիներ են, որոնք սպասաւորութեան կը ղրկուին անոնց համար՝ որ փրկութիւն պիտի ժառանգեն» (Եբրայեցիս 1.14):

Մինչ անոնց միջեւ կան հրեշտակներ որոնց տրուած են յատուկ պարտականութիւններ՝ հոգեւոր աշխարհին մէջ, կան նաեւ ուրիշ հրեշտակներ որոնք երկրի վրայ ծառայութիւն կ՛ընեն Աստուծոյ զաւակներուն: Իւրաքանչիւր հաւատացեալի համար նշանակուած հրեշտակներուն թիւը կը տարբերի՝ ամէն մէկ անձի սրբագործման աստիճանին համեմատ, թէ որքանով անոնք հոգիի մարդիկ կամ լման հոգիի մարդիկ դարձած են: Հրեշտակներուն միջեւ նուիրապետութիւնը կը սահմանուի եւ խստօրէն կը պահպանուի՝ իրենց տերերուն հոգեւոր նուիրապետութեան համեմատ: Նաեւ, կան հրեշտակներ որոնք նշանակուած են իւրաքանչիւր անհատի, հոգ չէ թէ անիկա հաւատացեալ է կամ ոչ: Անոնք այն հրեշտակներն են որոնք կ՛արձանագրեն երկրի վրայ ապրող իւրաքանչիւր անձի ամէն մէկ խօսքը եւ արարքը:

Մինչ հրեշտակներուն երեւոյթը կը նմանի մարդոց երեւոյթին, քերովբէները ունին զանազան կենդանիներու նման երեւոյթներ: Այն քերովբէները որոնք ստանձնած են Աստուծոյ ընկերակցելու պարտականութիւնը՝ ունին տարբեր կենդանիներու կերպարանքներ՝ ինչպէս առիւծի, արծիւի, կովու կամ եզի: Սաղմոս 18.10-ի մէջ կը կարդանք. «Քերովբէի մը վրայ ելաւ ու թռաւ ու հովին թեւերուն վրայ սլացաւ»:

Վիշապը, որուն մասին մարդիկ կը խորհին թէ երեւակայական կենդանի մըն է, իրողութեան մէջ քերովբէներէն մէկն էր: Վիշապը, զոր Աստուած սկիզբը ստեղծեց, չափազանց գեղեցիկ եւ սիրասուն էր, եւ անիկա գուրգուրանքի առարկայ դարձած կենդանիի մը պէս էր Աստուծոյ համար: Անիկա ուներ փափուկ մուշտակ մը, ձեռքեր ու ոտքեր, եւ իր բազմագան գոյնզգոյն գեղեցիկ գոյներով գեղեցիկ էր՝ նկարագրութենէ վեր: Վիշապները քերովբէներուն գլխաւոր առաջնորդներն էին եւ մեծ քանակութեամբ իշխանութիւն ու զօրութիւն կը վայելէին: Անոնք մեծ թիւով պատգամաւորներ ունէին իրենց իշխանութեան տակ:

Քերովբէներուն միջեւ կը գտնուին «չորս կենդանի արարածները»: Անոնք կը նմանին մութ գոյնով պողպատէ կարծր զանգուածի մը: Չորս կենդանի արարածները աղեւններ եւ պատիժներ կը յառաջացնեն՝ Աստուծոյ հրամանով: Անոնք Աստուծոյ մեծապատուութիւնը եւ գերիշխանութիւնը ցոյց կու տան: Անոնք ունին մէկ գլուխ, այլ սակայն չորս դէմքեր՝ որոնք մարդու, առիւծի, կովու, եւ արծիւի դէմքեր են: Անոնք այնպէս կ՚երեւնան՝ որպէս թէ չորս անձեր ութքի կայնած ըլլային՝ իրենց կռնակները դէպի ներս եւ իրենց դէմքերը դէպի դուրս դարձած: Մէջտեղի տարածութեան մէջ կայ կրակի բոց մը՝ որ վեր-վար կ՚ելլէ ու կ՚իջնէ: Անոնց ամբողջ մարմինը լեցուն է աչքերով եւ անոնք ամէն բան կը դիտեն:

Երբ Աստուած հրեշտակները եւ քերովբէները ստեղծեց, անոնց չտուաւ ազատ կամք, ինչ որ մարդոց տուած էր: Անոնք պարզապէս կը հնազանդին Աստուծոյ հրամանին որ կը տրուէր աստիճանական կարգի համաձայն: Նոյնիսկ այսօր Աստուած ամբողջ տիեզերքին վրայ կը տիրէ այս հրեշտակներուն եւ քերովբէներուն միջոցաւ:

Հոգեւոր Թագաւորութիւնը Լաւ Կազմակերպուած եւ Կանոնաւորուած է:

Աստուածաշունչը նաեւ կը նշէ երկնային զօրքերուն եւ հրեշտակապետներուն մասին: Ղուկաս 2.13-ը կ՚ըսէ. «Իսկոյն այն հրեշտակին հետ երկնային զօրքերու բազմութիւն մը եղաւ, որոնք Աստուած կ՚օրհնէին ու կ՚ըսէին»: Երկնային զօրքը երկնային բանակն է:

Նաեւ, Ա. Թեսաղոնիկեցիս 4.15-ը կ՚ըսէ. «Վասն զի Տէրը ինք ազդարարութեան հրամանով, հրեշտակապետին ձայնովն ու Աստուծոյ փողովը երկնքէն պիտի իջնէ եւ Քրիստոսով մեռածները առաջ յարութիւն պիտի առնեն»: Այն իրողութիւնը որ հրեշտակապետներ կան, մեզի կ՚ըսէ թէ հրեշտակներու աշխարհին մէջ կայ կարգապահութիւն եւ կան կանոններ:

Հրեշտակապետները կը փնտռեն ւ լրաբանչիւր գործող

երեւույթ` ինչպէս Աստուծոյ ձեռքերը, ոտքերը, աչքերը, եւ ականջները: Նաեւ անոնք հրամաններ կը ստանան եւ ուղղակիօրէն տեղեկագիրներ կը պատրաստեն Աստուծոյ: Այս հրեշտակապետներուն տակ, որոնք կը նմանին հոգեւոր ծառաներու, կան անհամար թիւով հրեշտակներ որոնք նեցուկ կը կանգնին իրենց: Այս հրեշտակապետները ուղղակիօրէն չեն առաջնորդեր իրենց հրամանին տակ գտնուող բոլոր հրեշտակները. անոնք ունին ուրիշ գլխաւոր հրեշտակներ, որոնք կը կառավարեն հրեշտակներու խումբի որոշ միաւոր մը: Այս դրութեան մէջ, մէյ մը որ հրամանը տրուի, անիկա ճշգրիտ ձեւով կը փոխանցուի, եւ բոլոր տեղեկութիւնները կատարելապէս անսխալ կ՛ըլլան: Յակառակ որ բազմաթիւ քայլեր պէտք է առնուին, այս ընթացքը անմիջական կերպով կը կատարուի:

Աստուած կրնայ կառավարել եւ քննել երկրի վրայ գտնուող ամէն մէկ անհատ` մինչ Ինք Իր աթոռին վրայ է` շնորհիւ հրեշտակներու կատարած դերերուն: Անշուշտ, Աստուած ամենակարող է եւ Ան կրնայ ամէն բան մինակը փնտռել: Այսուհանդերձ, հրեշտակները կը հաղորդեն Աստուծոյ իրենց տեսածը եւ ուղղակիօրէն կը ստուգեն զանոնք: Այս ձեւով, հրեշտակները ոչ միայն տեղեկագրութիւն տուողներ պիտի ըլլան, այլ նաեւ իրենց ըրած տեղեկագրութիւններուն ականատեսները: Ասիկա աւելի լոյս եւ արդարութիւն կ՛աւելցնէ Աստուծոյ կատարած դատաստանին վրայ, երբ Ան բան մը կը դատէ:

Օրինակի համար, մենք կրնանք խոսիլ այն պատիժին վրայ որ սահմանուեցաւ Սոդոմ եւ Գոմոր քաղաքներուն վրայ: Ծննդոց 19.1 կ՛ըսէ. «Այն երկու հրեշտակները իրիկուան դէմ Սոդոմ գացին»: Աստուած Իր հրեշտակները որկեց որպէսզի անգամ մը եւս փնտռեն եւ ստուգեն, նախքան Սոդոմ եւ Գոմոր քաղաքները կործանելը: Եւ սակայն հոն ժողովուրդը չափազանց ընբոստ արարքներ գործեցին: Այսինքն, անոնք փորձեցին նոյնիսկ այս հրեշտակներուն վնաս պատճառել: Ի վերջոյ, Աստուած երկինքէն կրակ իջեցնելով պատժեց Սոդոմը եւ Գոմորը:

Կարգ մը լալ ճանչցուած հրեշտակապետներէն են` Գաբրիէլը եւ Միքայէլը: Գաբրիէլը պատգամաւոր մըն է որ կը թուի թէ մասնայատուկ յայտնութիւն մը կամ

Աստուծոյ խօսքերը կը փոխանցէ: Անիկա հսկայ եւ մեծարուած հրեշտակապետ մըն է, եւ կը հագնի մեծ թեզանիքով զգեստ մը, որ կրնայ Աստուծոյ լայտնութիւնը պարունակել իր մէջ: Ճիշդ ինչպէս թագաւորին հրամանը փոխանցող հոգեւոր ծառայ մը խորհրդանշան մը ունի, Գաբրիէլ հրեշտակապետն ալ կը հագնի զգեստ մը, որ ունի արքայական կնիքի նման գծագրութիւն մը:

Միքայէլ հրեշտակապետը բանակի հրամանատարի մը պէս է, եւ անիկա վեհաշուք արժանապատուութիւն մը ունի իր աչքերուն մէջ: Անիկա գրահապատ զգեստ կը հագնի, եւ իր մէջքին կապած է գօտի մը, որ կրնայ զանազան տեսակի զէնքեր կրել ներսէն: Հոգեւոր աշխարհին մէջ զէնքեր ունենալ կը նշանակէ թէ Աստուած իրեն իշխանութիւն տուած է հոգեւոր պատերազմներ մղելու: Խորհրդանշական տարբեր տեսակի զէնքեր պիտի գործածուին՝ նայած թէ որքան կատադի է պատերազմը:

Կան նաեւ երկու հսկայ հրեշտակապետներ: Անոնք ունին իգական կերպարանքներ, եւ մեծ զօրութիւն ու իշխանութիւն: Սովորաբար անոնք չեն ժպտար: Եթէ երեւնան, Աստուծոյ մեծ գործերը կ՚ընկերակցին իրենց հետ: Անոնք այնքան հասակաւոր են, որ նոյնիսկ եթէ բարձր առաստաղ ունեցող շէնքի մը մէջ ոտքի կայնին, իրենց հագուստներուն ծայրը միայն կրնայ տեսնուիլ: Մենք չենք կրնար չափել թէ որքան հասակաւոր կրնան ըլլալ անոնք, որովհետեւ հոգեւոր աշխարհը ֆիզիքական աշխարհէն բոլորովին տարբեր մտայդացում ունի չափի ու կշիռի նկատմամբ:

Երեք Հրեշտակապետներ, Որոնք Ուղղակիօրէն Կը Պատկանին Աստուծոյ

Այդ բազմաթիւ հրեշտակներէն զատ, Աստուած ստեղծեց կարգ մը հրեշտակներ որոնք ուղղակիօրէն իր իշխանութեան տակ կը գտնուին, եւ որոնք անձնապէս իրեն պիտի ծառայեն: Անոնք այդ երեք հրեշտակապետներն էին՝ ներառեալ Արուսեակը: Անոնք ուրիշ հրեշտակապետներու նման բարձր դիրք եւ արժանապատուութիւն ունէին, սակայն անոնք յատկապէս ունէին շատ մեծ իշխանութիւն:

Ընդհանուր առմամբ խօսելով, հոգեւոր էակներուն

ազատ կամք չեր տրուած։ Անոնք պարզապես առանց պայմանի միայն կը հնազանդէին Աստուծոյ։ Սակայն այդ երեք հրեշտակապետները (որոնք ուղղակիօրէն Աստուծոյ կը պատկանին), Աստուած բացառաբար անոնց տուաւ մարդեղութիւն եւ ազատ կամք, բան մը` որ միայն մարդ արարածները կրնան ունենալ։ Աստուած զանոնք ստեղծեց որպէսզի մարդեղութիւն ունենան եւ սեր բաժնեկցին Իրեն հետ, հակառակ որ անոնք չեն կրնար ճշգրտօրէն նմանիլ Աստուծոյ զաւակներուն, որոնք մարդկային մշակութեան ընթացքով է որ կը շահուին։ Աստուած թոյլ տուած էր որ անոնք սրտանց ծառայէին Իրեն, եւ իրենց ազատ կամքով ուրախութեան ու գնծութեան զգացումներ բաժնեկցէին Իրեն հետ։

Այդ երեք հրեշտակապետները ունէին իգական երեւոյթներ, եւ անոնք քաղցր, հեզ ու բարի սիրտ ունէին։ Անոնց բերնէն ելած խօսքերը բարի անուշահոտութեամբ լեցուած էին, եւ իրենց վերաբերմունքները վայելուչ էին։ Սակայն անոնցմէ իւրաքանչիւրը` իրենց նկարագիրով մէկը միւսէն քիչ մը կը տարբերէին իրարմէ։ Արուսեակը աւելի զօրաւոր նկարագիր ունէր քան միւս երկուքը։ Արուսեակը պատասխանատու էր երաժշտութեան եւ զԱստուած կը հաճեցնէր իր գեղեցիկ ձայնով ու երաժշտական գործիքներով։ Աստուած չափազանց շատ կը հրճուէր Արուսեակին փառաբանութեան երգերով եւ շատ կը սիրէր զինքը։

Անգամ մը, Աստուած ինչի՞ գոյց տուաւ Արուսեակը։ Անիկա հագած էր սկայ եւ փառաւոր հագուստ մը, որ զարդարուած էր թանկարժէք քարերով։ Անոր մագերը զարդարուած էին դեպի վար կախուած գոհարեղէններով, որոնք կատարելապէս կը ներդաշնակուէին իր դեղին մագերուն հետ միասին։ Արուսեակը կը նուագէր երաժշտական հոյակապ գործիք մը։ Թանկարժէք քարերուն հնչուն ձայնը եւ փառաբանութեան ձայնը իրար հետ կը միախառնուէին ու կը տարածայնուէին հովի մը պէս` որ կը փչէ։ Այդ ձայնը հնչելով կը հասներ Աստուծոյ, եւ անիկա շատ գեղեցիկ էր։

Բայց որովհետեւ Արուսեակը չափազանց շատ սիրուած էր Աստուծոյ կողմէ եւ երկար ատեն մեծ իշխանութիւն

16

ու զօրութիւն վայելած էր, ուստի ամբարտաւանութիւնը սկսաւ աճիլ անոր մտքին մէջ: Երբ անիկա տեսաւ Աստուծոյ ըրած բոլոր գործերը եւ Անոր հզօր հեղինակութիւնը՝ իշխելու բովանդակ հոգեւոր աշխարհին վրայ, Արուսեակը նախանձեցաւ Աստուծոյ: Ամբարտաւանութիւնը երթալով աճեցաւ իր մտքին մէջ՝ այն ասիճան որ ան խորհեցաւ որ ինք կրնար Աստուծմէ աւելի բաներ ընել: Վերջապէս, Արուսեակը ծրագիր մը լլացաւ որպէսզի ինքզինքը Աստուծմէ աւելի բարձրացնէ եւ սկսաւ իր զօրքերը հաւաքել:.

Արուսեակը այնքան մեծ իշխանութիւն եւ զօրութիւն ունէր, որ սկիզբը անիկա սկսաւ իր իշխանութեան տակ գտնուող հրեշտակները հաւաքելով իր կողմը քաշել: Անհամար թիւով հրեշտակներու հետ միասին, անիկա վիշապներն ալ դրդեց, ինչպես նաեւ բազմաթիւ քերովբէներ՝ որոնք կը գտնուէին վիշապներուն իշխանութեան: Արուսեակը հրապուրեց զիրենք՝ այնպէս մը ձեւացնելով որ ինքը Աստուծոյ համար գաղտնի առաքելութիւն մը կը կատարէր:

Արուսեակին Զախող Ապստամբութիւնը

Աստուած գիտէր Արուսեակին միտքը եւ անոր առիթ տուաւ դարձի գալու: Աստուած թոյլ տուաւ որ Արուսեակը գիտնայ իր ապստամբութեան հետեւանքները, փորձելով որ անիկա ուղղակի իրականութեան նայի: Բայց եւ այնպես, ամբարտաւանութիւնը արդէն տեղաւորուած էր Արուսեակին մտքին մէջ, եւ անիկա դարձի չեկաւ: Արուսեակը ապստամբեցաւ Աստուծոյ դէմ եւ պարտուեցաւ: Ուստի, ան դուրս վռնտուեցաւ միւս հոգեւոր էակներուն հետ միասին՝ որոնք իրեն հետեւած էին, եւ արգելափակուեցաւ «Անդունդին» մէջ, որ այլապես ճանչցուած է որպէս «դժոխք»:

Եսայեայ 14.12-15 կը բացայայտէ Արուսեակին ապստամբութեան ու պարտութեան մասին, եւ կը յայտնաբերէ վերջնական արդիւնքը.

Ով առտուն ծագող Արուսեակ, ի՞նչպես երկնքէն ինկար ու մինչեւ գետինը կործանեցար, դուն որ ազգերը ընկուն

կ'ընէիր: Դուն սրտիդ մէջ ըսած էիր. "Երկինք պիտի ելլեմ
ու իմ աթոռս Աստուծոյ աստղերէն վեր պիտի բարձրացնեմ
եւ ժողովի լերը, հիւսիսի քովերը պիտի բնակիմ. ամպերու
բարձրութիւններուն վրայ պիտի ելլեմ, բարձրելոյն պիտի
նմանիմ:" Բայց ահա դժոխքը կ'իջնես, գուբին խորունկ
տեղերը»:

Աստուածաշունչը նաեւ կը գրէ այն հրեշտակներուն
մասին որոնք Արուսեակին հետեւեցան: Բ. Պետրոս
2.4 կ'ըսէ. «Վասն զի եթէ Աստուած մեղք գործող
հրեշտակներուն չխնայեց, հապա խաւարի կապերով
տարտարոսը ձգած` դատաստանի պահել տուաւ....».
Յուդայ 1.6 նոյնպէս կ'ըսէ. «Եւ այն հրեշտակները,
որոնք իրենց իշխանութիւնը չպահեցին, հապա իրենց
բնակութիւնը ձգեցին, մշտնջենաւոր կապերով խաւարի
մէջ պահեց մեծ օրուան դատաստանին համար»:

Ծննդոց 1.2-ը նաեւ կը խօսի թէ ինչ պատահեցաւ
հոգեւոր թագաւորութեան մէջ` այս աշխարհը ստեղծուելէն
առաջ: Այդ համարը կ'ըսէ. «Երկիրը անձեւ ու պարապ
էր եւ անդունդին վրայ խաւար կար եւ Աստուծոյ Հոգին
ջուրերուն վրայ կը շարժէր»:

Այս համարը թէ` հոգեւոր եւ թէ` ֆիզիքական
նշանակութիւններ ունի: Այս համարէն կրնանք հետեւցնել
այն` ինչ որ պատահած էր հոգեւոր աշխարհին մէջ, ինչպէս
նաեւ այն բաները որոնք տեղի կ'ունենային ֆիզիքական
աշխարհին մէջ:

Հոգեւորապէս, ըսել թէ` «երկիրը անձեւ էր»,
կը խորհրդանշէ թէ հոգեւոր կարգապահութիւնը
վայրկեանի մը համար խանգարուած էր` Արուսեակին
ապստամբութեան հետեւանքով: «Երկիրը» կը խորհրդանշէ
«խաւարի աշխարհը որ կը կառավարուի Արուսեակին
կողմէ»: Որովհետեւ Արուսեակը եւ իրեն հետեւող եակները
կտրեցին Աստուծոյ կողմէ դրուած կանոնը, անոր համար
կ'ըսուի թէ երկիրը անձեւ էր: Յետոյ, կ'ըսէ թէ երկիրը
«պարապ» էր: Ասիկա կ'արտայատէ Աստուծոյ սիրտը`
Արուսեակին կողմէ իր դալաձանուելէն ետքը. այն
Արուսեակէն` որուն նախապէս Աստուած ա'յնքան շատ
սիրած էր:

Սակայն ապստամբութիւնը շուտով զապուեցաւ եւ չար

ոգիները արգելափակուեցան Դժոխքի ամենէն խորունկ մասին մէջ, որ Անդունդն է: Ասիկա արտայայտուած է հետեւեալ խօսքին մէջ, որ կ՚ըսէ թէ՝ «...անդունդին վրայ խալար կար»: Աստուած դարձեալ կարգապահութիւն եւ խաղաղութիւն բերաւ, խալարի ուժը վերադարձնելով Անդունդը, եւ ասիկա բացատրուած է հետեւեալ խօսքին մէջ, որ կ՚ըսէ թէ՝ «...Աստուծոյ Հոգին ջուրերուն վրայ կը շարժէր»:

Աստուած Առաջին Երկինքին մէջ Ստեղծեց Երկիրը

Երբ առաջին անգամ Երկիրը կազմուեցաւ, այսօրուան պէս չէր պարագան: Հոն կար երկրաշարժային գործունէութիւն, հրաբուխսային ժայթքումներ, երկրին մակերեսային եւ խալային շարժումներ:Նաեւ բազմաթիւ տեսակի գործունէութիւններ տեղի կ՚ունենային օդին մէջ: Ուրեմն, երկրի այս անկայուն վիճակը կը բացատրուի հետեւեալ խօսքին մէջ. «...երկիր անձեւ ու պարապ էր»: Յետոյ, համարը կ՚ըսէ. «...անդունդին վրայ խալար կար»: Այդ կը նշանակէ թէ երբ սկիզբը Երկիրը ստեղծուեցաւ` հոն արեւ, լուսին, կամ որեւէ ուրիշ աստղեր չկային մեր ծիր կաթինին մէջ, եւ ուրեմն Երկիրը խալարով ծածկուած էր: Երբ Աստուած Երկիրը անհրաժեշտ բաներով կը լեցնէր, Ան իր լալագոյն ջանքերը գործածեց: Ճիշդ ինչպէս որ հայր մը, որ բոլոր հոգատարութեամբ կը շինէ ու կը լեցնէ տունը իր ընտանիքին համար, Աստուած ամբողջ Երկիրը պատսպարեց եւ ամբողջացուց իր ստեղծագործութիւնը: Այս ընթացքը կը բացատրուի հետեւեալ արտայայտութեան մէջ. «...Աստուծոյ Հոգին ջուրերուն վրայ կը շարժէր»: Այս ժամանակ, Աստուած Ի՛նքը իջաւ վար` այս Երկիրը: Շրջելով բոլոր երկրին վրայ, Աստուած փնտռեց թէ ինչ բանի պէտք պիտի ունենար Երկիրը եւ թէ ի՛նք ինչպէս պիտի շինէր այդ բաները: Աստուածաշունչը կ՚ըսէ թէ Աստուծոյ Հոգին «ջուրերուն վրայ կը շարժէր»: Ասիկա մեզի կ՚ըսէ թէ այդ ժամանակ Երկիրը ամբողջութեամբ ծածկուած էր ջուրով: Ճիշդ ինչպէս որ սաղմը արգանդին մէջ կ՚աճի սաղմնաբունական հեղուկին մէջ, Երկիրը ջուրերով ծածկուած էր շատ երկար ժամանակ, մինչեւ որ Երկրի վրայ տեղի ունեցաւ վեց-օրուայ ստեղծագործութիւնը:

Ուրեմն, ո՞րկէ եկաւ այս ջուրը որ բոլոր երկիրը ծածկեց: Այս ջուրը կեանքի ջուրն էր որ կը բխէր Աստուծոյ աթոռէն: Աստուած կեանքի ջուրը որալ երբ Անիկա ստեղծեց հոգեւոր ընդարձակ թագաւորութիւնը, եւ այս ջուրը բերաւ դէպի երկիր: Աստուած այս երկիրը կեանքի ջուրով ծածկեց, որպէսզի լաւ միջավայրը մը կազմէ բոլոր կենդանի արարածներուն համար, ներառեալ մարդ արարածները որ ապագային պիտի ապրէին երկրի վրայ:

Մենք արեգակնային դրութեան մէջ չենք կրնար գտնել որեւէ ուրիշ մոլորակ մը որ այնքան շատ լեցուն է ջուրով՝ ինչպէս երկիրը: Իրողութեան մէջ, մենք որեւէ տեղ չենք գտած որեւէ ուրիշ մոլորակ մը որ բալականաչափ ջուր ունի որպէսզի կեանք պահպանէ: Պատճառը այն է՝ որովհետեւ Աստուած կեանքի այս ջուրը բերաւ միայն երկրի վրայ եւ կազմեց այս հիմնական միջավայրը՝ որուն մէջ ապրող բաները կարողանան շարունակել իրենց կեանքերը:

Երբ Աստուած երկիրը կեանքի ջուրով ծածկեց, Ան ուզեց որ բոլոր մարդիկը յաւիտենական կեանք ստանան իր մէջ: Աստուած ուզեց որ բոլոր մարդ արարածները, որոնք երկրի վրայ պիտի ապրէին, յառաջ գան որպէս ճշմարիտ զաւակներ, որոնք հարազատ եւ մաքուր սրտեր ունենան՝ կենաց ջուրին նման:

Աստուծոյ Նախասահմանութիւնը՝ Լոյսը եւ Խաւարը Իրարմէ Բաժնելուն մէջ

Ի վերջոյ, Աստուած սկսաւ Իր ստեղծագործութեան առաջին օրը: Ծննդոց 1.3-4 կ՚ըսէ. «Աստուած ըսաւ. 'Լոյս ըլլայ'ու լոյս եղաւ: Աստուած տեսաւ որ լոյսը բարի է ու Աստուած լոյսը խաւարէն զատեց»: Աստուած ըսաւ. «Լոյս ըլլայ»: Հոս, լոյսը՝ հոգեւոր լոյս է եւ անիկա այն լոյսն է որ Աստուծոյ աթոռէն կը բխի: Հոգեւոր լոյսը Աստուծոյ զօրութիւնը եւ աստուածութիւնը ունի: Աստուած երկիրը հոգեւոր այս լոյսով ծածկեց եւ երկրի հիմը հաստատեց, որպէսզի անիկա անձեւ ու պարապ չըլլայ՝ հապա օրինաւոր եւ կանոնաւոր ձեւով գործէ:

Յետոյ, Ծննդոց 1.4-5 կ՚ըսէ. «Աստուած տեսաւ որ լոյսը բարի է ու Աստուած լոյսը խաւարէն զատեց: Աստուած լյսին անունը Ցորեկ եւ խաւարին անունը Գիշեր դրաւ: Իրիկուն ու առտու ըլալով՝ առաջին օրը եղաւ»: Հրամայելով որ լոյսը գոյութիւն ունենայ, Երկրի վրայ բնութեան հիմնական կանոնը եւ օրէնքները հաստատուեցան, եւ այսպէս, նոյնիսկ երբ արեւ կամ լուսին չկար, այնպէս մը կը գործուէր որպէս թէ արեւ կամ լուսին եղած ըլլար: Այլ խօսքով, Երկրի վրայ ցորեկը եւ գիշերը արեւուն եւ լուսինին միջոցաւ չէ որ յառաջ կու գային: Ցորեկին եւ գիշերուան հետ կապուած կանոնը եւ օրէնքը արդէն Աստուծոյ կողմէ հաստատուած էին, իսկ արեւն ու լուսինը վերջը ստեղծուեցան, որպէսզի կառավարեն ցորեկը եւ գիշերը:

Բայց ցորեկը եւ գիշերը իրարմէ զատելը հոգեւոր աւելի կարեւոր նշանակութիւն ունի քան ֆիզիքական բաժանումը: Այդ կը նշանակէ թէ ստեղծագործութեան առաջին օրը Աստուած Անդունդէն արձակեց Արուսեակը, եւ անոր հետ միասին կարգ մը ինկած ուրիշ հրեշտակներ, եւ այսպէս՝ կազմուեցաւ չար ոգիներու աշխարհը: Աստուած գիտէր թէ հարկաւոր էր հոգեւոր լոյս եւ խաւար՝ մարդկային մշակութեան համար, ճիշդ ինչպէս որ Երկրի վրայ ամէն բան ցորեկի եւ գիշերուայ շրջագայութեան ընթացքով է որ կը գործէ: Աստուած ամէն բան ծրագրեց նոյնիսկ դարերէն առաջ, եւ երբ ժամանակը եկաւ, Աստուած այդ հեղինակութիւնը տուաւ Արուսեակին, որ դաւաճանած էր Աստուծոյ, զինք դարձնելով խաւարի իշխանը:

Բայց այդ չի նշանակեր որ Աստուած Արուսեակին տուաւ միեւնոյն իշխանութիւնը՝ ինչպէս Աստուծոյ՝ որ ընդարձակ տիեզերքին Տէրն ու Տիրակալն է: Աստուած արտօնեց Արուսեակին՝ իրեն հետեւող հոգեւոր էակներ եւ չար ոգիներու աշխարհին օրէնքն ու կանոնը՝ բացառաբար եւ մասնայատուկ կերպով մարդկային մշակութեան նպատակին համար, որպէսզի մարդկային մշակութիւնը յստակ եւ արդար ձեւով կատարուի: Գործնականին մէջ, Արուսեակը (խաւարի իշխանը) նախապէս կը պատկաներ լուսին, բայց անիկա դուրս եկաւ լյսէն եւ ապականեցաւ: Անիկա տակաւին կը գտնուի Աստուծոյ եզրափակիչ զօրութեան եւ իշխանութեան տակ:

Աստուած Արտօնեց որ Խաւարի Տարածաշրջանը Ըլլայ Երկրորդ Երկինքին մէջ

Ծննդոց 1.6-8 կ՚ըսէ. «Եւ Աստուած ըսաւ. 'Ջուրերուն մէջտեղը հաստատութիւն ըլլայ եւ ջուրերը ջուրերէն զատէ': Աստուած հաստատութիւնը ըրաւ ու հաստատութեանը տակ եղած ջուրերը հաստատութեանը վրայ եղած ջուրերէն զատեց ու այնպէս եղաւ: Աստուած հաստատութիւնը երկինք կոչեց եւ իրիկուն ու առտու ըլլալով՝ երկրորդ օրը եղաւ»:

Կենաց ջուրին հետ միասին, որ Աստուծոյ աթոռէն կը բխէր, Աստուած կայունացուց երկիրը՝ որ պիտի դառնար մարդկային մշակութեան բեմը: Յետոյ Աստուած ստեղծեց հաստատութիւնը: Երկրի վրայ եղող հաստատութեան կ՚ակնարկուի օդին՝ որ կազմուեցաւ: Յետոյ Աստուած երկիրը ծածկող ջուրերը բաժնեց երկուքի. մէկը՝ հաստատութեան տակ եղած ջուրերն էին, իսկ միւսը՝ հաստատութեան վրայ եղած ջուրերը:

Հաստատութեան տակ եղած ջուրը այն ջուրն է՝ որ կը մնայ երկրի վրայ: Ստեղծագործութեան երրորդ օրը, ջուրերը մէկ տեղ հաւաքուեցան՝ կազմելով ովկիանոսը, եւ անիկա դարձաւ աղբիւր՝ կազմելու համար ջուրի ուրիշ մարմիններ, ինչպէս՝ երկրի վրայի գետերը եւ լիճերը: Հաստատութեան վրայ եղող ջուրերը կը գործածուէին օդերեւութաբանական ըներեւույթներու համար, ինչպէս՝ ամպի կազմութեան եւ շոգիի խտացման համար, բայց այս ջուրերուն հիմնական գործածութիւնը Եդեմի Պարտէզին համար էր:

Երբ Աստուածաշունչը «հաստատութիւն» կ՚ըսէ, անիկա չակնարկեր միայն այն երկնակամարին՝ զոր մենք կը տեսնենք: Ծննդոց 1-ի մէջ կ՚ըսուի թէ ամէն բան որ Աստուած ստեղծագործութեան վեց օրուան մէջ ստեղծեց՝ «բարի» էր՝ բացի երկրորդ օրուընէ: Երկրորդ օրը Աստուած չըսեց թէ այդ ստեղծագործութիւնը «բարի» էր: Պատճառը այն է՝ որովհետեւ երկրորդ օրը Աստուած արտածեց որ երկրորդ երկինքին մէջ կազմուի խաւարի տարածաշրջանը՝ չար ոգիներուն համար, քանի որ անոնց պիտի տրուէր «օդին իշխանութիւնը», եւ յետագային անոնք պիտի գործածուէին որպէս գործիք՝ մարդկային մշակումի ընթացքին մէջ:

Եփեսացիս 2.2 կ՚ըսէ. «Անոնց մէջ ժամանակին կը

քալէիք այս աշխարհին բռնած ճամբոյը, այս օրին
իշխանութեանը իշխանին ուզածին պէս, այն ոգիին՝
որ հիմա ապստամբութեան որդիներուն ներսիդին
կը ներգործէ»։ Անիկա մեզի կ՛ըսէ թէ խաւարի
տարածաշրջանը, ուր կը բնակին չար ոգիները, «օդն» է։
Այդ այն տարածաշրջանն է որ մօտ է եւ կը գտնուի անոր
արեւելքը։ Հոս է որ չար ոգիները պիտի բնակին՝ մինչեւ
մարդկային մշակութեան լրացումը։

Անշուշտ, Եդեմի Պարտէզը նոյնպէս կը գտնուի
երկրորդ երկինքին մէջ, ինչպէս նաեւ Եօթը-տարուայ
Հարսանեկան Խնճոյքը որ տեղի պիտի ունենայ մարդկային
մշակումի աւարտէն ետք։ Բայց որովհետեւ երկրորդ օրը
կազմուած էր խաւարի տարածաշրջանը, ուր չար ոգիները
իշխանութիւն պիտի ունենային, ուստի Աստուած չըսաւ որ
անիկա «բարի» էր։

Չար Ոգիներու Աշխարհը

Նախքան խաւարի իշխանը դառնալը, Արուսեակը
շատ բան տեսած ու սորված էր՝ չափազանց շատ
մօտիկ ըլալով Հայր Աստուծոյ։ Անիկա տեսաւ թէ ինչպէս
Աստուած ընդարձակ հոգեւոր աշխարհին վրայ կ՛իշխէր
հրեշտակներուն եւ քերովբէներուն միջոցաւ, եւ երբ չար
ոգիներու աշխարհը կազմեց, Արուսեակը ընդօրինակեց
Աստուծոյ ձեւերը։ Անիկա հիմնեց նուիրապետութեան
երկու շրթաներ՝ հրամաններ արձակելու եւ խաւարի
աշխարհը կառավարելու համար։ Մէկը՝ վիշապներուն եւ
անոնց հրեշտակներուն նուիրապետութեան շրթան էր, իսկ
միւսը՝ Սատանային եւ բանսարկուներունը։

Սկիզբը Արուսեակը գործնական իշխանութիւն
տուաւ վիշապներուն, նման այն իշխանութեան՝ զոր
ունին բանակի հրամանատարները, եւ կազմակերպեց
վիշապներուն պատասխանատուութեան տակ եղող
հրեշտակները, որպէսզի նեցուկ կանգնին վիշապներուն։
Չորս վիշապները, որոնք «օդին իշխանութիւնը» ունին,
խաւարի մարդիկը կը կառավարեն որպէսզի անոնց
պաշտամունքը ստանան։ Վիշապները կը թափանցեն
կռապաշտութեան վայրերուն մէջ, որ կը յառաջանան այն

մարդոց մէջ՝ որոնք կը պաշտեն զիրենք:

Արուեստակը «վարագոյրին եւտեւէն» ամէն բան կը դեկավարէ ու կը հսկէ ու կը գործէ Սատանային միջոցով: Սատանան կը կառավարէ անիրաւ խորհուրդները այն մարդոց որոնք Արուեստակին պէս ճիշդ միեւնոյն սիրտը եւ խորհուրդները ունին: Սատանան հաստատ կերպարանք մը չունի, եւ մութ ծուխի մը պէս կ՛երեւնայ: Այս իսկ պատճառաւ, աննք որոնք Սատանային գործերը կը ստանան՝ մութ ամպի պէս բան մը ունին իրենց դէմքին շուրջը: Կարգ մը մարդոց պարագային, այդ մութ ծուխը իրենց ամբողջ մարմինը կը ծածկէ՝ գլուխէն մինչեւ ոտքերը:

Եւ Բանսարկուին գործն է որ մարդիկը կը գրգռէ որպէսզի այդ անիրաւ խորհուրդները գործի դնեն: Ինկած հրեշտակներէն ոմանք ազատ արձակուած էին, եւ աննք կը գործեն որպէս բանսարկուներ: Բանսարկուն ճիշդ հրեշտակներուն ըրածներուն հակառակը կ՛ընէ, ամբողջութեամբ սեւ հագուստով զարդարուած:

Երբ անհատ մը Բանսարկուին դրդումով գէշ բաներ կ՛ընէ՝ այն աստիճան որ մինչեւ իսկ իր սիրտը կուլ տայ անոր, այն ատեն դելը ի վերջոյ պիտի տիրէ իր վրայ: Դելերը չար ոգիներ են, բայց աննք հոգելոր էակներ չեն, ոչ նման հրեշտակներուն՝ որոնք Աստուծոյ կողմէ ստեղծուած էին: Ատեն մը աննք մարդ արարածներ էին որոնք երկրի վրայ կ՛ապրէին: Կարգ մը մարդիկ որոնք առանց փրկութիւն ստանալու մեռած են՝ յատուկ պարագաներու մէջ կը վերադառնան աշխարհ եւ կը գործեն որպէս գործիք՝ չար ոգիներու ձեռքին տակ:

Չար ոգիներու աշխարհը կազմուեցաւ Արուեստակին հետ՝ որպէս իրենց առաջնորդը, եւ աննք կը խանգարեն Աստուծոյ աշխարհը: Աննց ջանքերը նուիրուած են նոյնիսկ մեկ հոգի մը եւս դէպի Դժոխքի ճանապարհը առաջնորդելու մէջ: Ինչո՛ւ Աստուած Արուեստակին եւ չար ոգիներուն խալարի իշխանութիւնը տուաւ: Պատճառը այն է՝ որպէսզի ճշմարիտ զաւակներ վաստկի մարդկային մշակումի ընթացքով: Ճշմարիտ զաւակները աննք են որոնք կ՛ապրին Լոյսի եւ ճշմարտութեան մէջ՝ նմանելով Աստուծոյ: Աննք կը հալատան Աստուծոյ, Յիսուս Քրիստոս Փրկիչին, եւ կամաւոր կերպով կը սիրեն ու կը ինազանդին Աստուծոյ:

Չար ոգիներու աշխարհը կրնայ նմանցուիլ բեղմնաւորիչ պարարտանիւթի մը, զոր պարտիզպանը կը դնէ դաշտին մէջ: Քիմիական պարարտանիւթերը գործական ազդակներ են որոնք ունին որոշ թունոտութիւն, եւ վնասակար են մարդոց՝ երբ կը գործածուին սնունդի մէջ: Բայց եթէ բերքերուն հայթայթուին, այդ պարարտանիւթերը կ'օգնեն որ բերքերը լաւ արդիւնք տան: Նմանապէս, Արուսեակին եւ չար ոգիներուն գործունէութիւններուն միջոցաւ, որոնք Աստուծոյ դէմ կը կենան եւ կը մղեն որ Աստուծոյ զաւակները մեղքեր գործեն, մենք բացայայտ բաղդատութեամբ կու գանք անդրադառնալու թէ պարզապէս որքան ապտոտ է խաւարը եւ որքան թանկագին է Լոյսը: Յետոյ մենք երթալով աւելի ու աւելի եւս կը կարօտինք Լոյսին, եւ կը ցանկանք դառնալ Լոյսի զաւակներ: Հետեւաբար, Արուսեակը եւ չար ոգիները կ'օգնեն Աստուծոյ ծրագիրին՝ մարդկային մշակութեան մէջ:

Աստուած ազատ կամքի միջոցաւ մարդոց տուաւ ազատութիւն՝ որպէսզի անոնք անձնապէս ընտրութիւն կատարեն լոյսի եւ խաւարի միջեւ: Աստուած լոյսի մէջ կը բնակի, եւ ուրեմն զԱստուած սիրողներուն համար բնական է՝ որ անոնք փափաքին ապրիլ Լոյսի մէջ, եւ աւելի մօտ ըլլալ Աստուծոյ: Այս ընթացքին միջոցաւ է որ Աստուած ճշմարիտ զաւակներ կը շահի: Այս ընթացքը կը կոչուի մարդկային մշակութիւնը: Աստուած ճշմարիտ Լոյսն է եւ անոնք որոնք խաւարէն կը դառնան ու Լոյսի մէջ կը մտնեն՝ կու գան նմանելու Աստուծոյ: Անոնք են այն մարդիկը որոնց համար կրնայ ըսուիլ թէ անոնք ճշմարիտ զաւակներ են Աստուծոյ: Անոնք Տէրոջ հետ միասին յաւիտեան պիտի ապրին լոյսի տարածաշրջանին մէջ: Անոնք Աստուծոյ կողմէ տրուած ուրախութիւն եւ փառք պիտի վայելեն յաւիտեան:

Լոյսի եւ Խաւարի Շրջանները Միասնաբար Գոյութիւն ունին Երկրորդ Երկինքին մէջ

Լոյսի տարածաշրջանը կը կառավարուի Աստուծոյ կողմէ: Լոյսի տարածաշրջանին մէջ կան հետեւեալները. Եդեմը՝ որ կը գտնուի Երկրորդ Երկինքին մէջ, Երրորդ Երկինքը՝ որ կը բնակեցնէ երկինքի թագաւորութիւնը, եւ

Չորրորդ երկինքը` որ Աստուծոյ նախնական վայրն է։

Երկրորդ երկինքին մէջ լոյսի եւ խաւարի շրջաններր միասնաբար իրար հետ կը գոյակցին։ Ինչպէս վերը նշուեցաւ, ստեղծագործութեան առաջին օրը Աստուած լոյսը եւ խաւարը բաժնեց իրարմէ։ Առաջին օրը Արուսեակը եւ չար ոգիները ազատ արձակուեցան, եւ ստեղծագործութեան երկրորդ օրուընէ սկսեալ անոնք սկսան բնակիլ երկրորդ երկինքի խաւարի շրջանին մէջ։ Աստուած արտօնած է որ մարդկային մշակութեան ընթացքին անոնք մնան երկրորդ երկինքի խաւարի այս շրջանին մէջ։

Հիմա, ի՞նչ տեսակի տարածաշրջաններ կան երկրորդ երկինքի լոյսի շրջանին մէջ։

Անոնցմէ մէկը Եօթը-տարուալ Հարսանեկան Խնճոյքին վայրն է, որ Տէրը պատրաստած է։ Մարդկային մշակութեան պատուղները եղող փրկուած հոգիները ապագային ներկայ պիտի ըլլան Հարսանեկան այս Խնճոյքին։ Ա. Թեսաղոնիկեցիս 4.16 կ՛ըսէ. «Ետքը մենք ալ, որ ողջ մնացած ենք` անոնց հետ պիտի յափշտակուինք ամպերով Տէրոջը առջեւ ելլելու` օդին մէջ եւ այնպէս յաւիտեան Տէրոջը հետ պիտի ըլլանք»։ Այս համարին մէջ «օդը» երկրորդ երկինքի լոյսի ծալային մէջ գտնուող այդ տարածութիւնն է։

Լոյսի տարածաշրջանին մէջ գտնուող միւս տարածութիւնը` Եդեմի Պարտէզն է։ Շատ մը մարդիկ կը խորհին որ Եդեմի Պարտէզը երկրի վրայ էր։ Ուստի ոմանք զանկիա կը փնտռեին Իսրայելի եւ Միջին Արեւելքի ուրիշ մասերու մէջ։ Բայց մինչեւ հիմա որեւէ մէկը երբելիցէ կարող եղած չէ Եդեմի Պարտէզէն որեւէ հետք գտնել։ Պատճառը այն է` որովհետեւ Եդեմի Պարտէզը երկրի վրայ չէր շինուած` այլ երկրորդ երկինքին մէջ, որ կը գտնուի հոգեւոր աշխարհին մէջ։

Աստուած առաջին մարդը` Ադամը երկրի վրայ ստեղծեց, եւ յետոյ զինք առաջնորդեց Եդեմի Պարտէզը։ Ասոր պատճառը այն է` որովհետեւ Ադամ գետնին հողէն շինուած էր, բայց անիկա ֆիզիքական էակ մը չէր։ Ծննդոց 2.7 կ՛ըսէ. «Տէր Աստուած գետնին հողէն շինեց մարդը եւ անոր ունգունքներէն կենդանութեան շունչ փչեց ու մարդը կենդանի հոգի եղաւ»: Ադամ դարձաւ կենդանի եակ մը, կենդանի հոգի մը, որովհետեւ Աստուած կեանքի Իր շունչը փչեց անոր մէջ: Ֆիզիքական այս տարածաշրջանը պատշաճ վայր մը չէր Ադամի համար, որ հոգեւոր եակ մըն էր, այլ Ադամի համար պատշաճ վայրը Եդեմի Պարտէզն էր, որ հոգեւոր տարածաշրջան մըն է՝ Երկրորդ Երկինքին մէջ:

Եդեմի Պարտէզը հոգեւոր թագաւորութիւն մըն է, բայց անիկա կը տարբերի Երրորդ Երկինքի երկնային թագաւորութենէն: Եդեմի Պատէզը հոգեւոր աշխարհի մըն է, բայց եթէ հոն գտնուող մարդիկը երկիր իջնեն, մենք կրնանք տեսնել զիրենք եւ դպչիլ իրենց: Եդեմի Պարտէզին միջավայրը կը նմանի երկրի միջավայրին, սակայն հոն բոյսերն ու կենդանիները բնաւ չեն մեռնիր կամ չեն կորսուիր, որովհետեւ անիկա հոգեւոր աշխարհի մըն է: Անիկա բոլորովին մաքուր եւ պայծառ վայր մըն է եւ հոն բնական միջավայրը կը պահպանուի՝ ճիշդ ինչպես որ է: Այդ տարածաշրջանին ընդարձակութիւնը մեր երեւակայութենէն շատ վեր է: Քանի որ Ադամ կենդանի հոգի մըն էր, ուստի Աստուած երկրէն անդին, Երկրորդ Երկինքին մէջ, Եդեմի Պարտէզն ալ շինեց Ադամին համար:

Երրորդ Երկինք եւ Չորրորդ Երկինք

Երրորդ Երկինքը այն վայրն է ուր կը գտնուի երկինքի թագաւորութիւնը: Երրորդ Երկինքը կը պատսպարէ Աստուծոյ աթոռը եւ անիկա այնպիսի տարածութիւն մըն է ուր յաւիտեան պիտի ապրին Աստուծոյ զաւակները, որոնք Յիսուս Քրիստոսով փրկութիւ ն գտած են: Պօղոս առաքեալ առաջնորդուեցաւ Երրորդ Երկինք եւ տեսաւ Դրախտը: Աւելին, Յայտնութիւն 21-ի մէջ, Յովհաննէս առաքեալը մանրամասնութեամբ բացատրեց Նոր Երուսաղէմ քաղաքին մասին: Մենք կը տեսնենք թէ երկինքի թագաւորութիւնը բացօղեալ տարածութեան մը չնմանիր, այլ անիկա ունի զանազան տարբեր վայրեր:

Առաջին՝ Դրախտը (որ Պօղոս առաքեալ տեսաւ), բնակավայրն է այն հաւատացեալներուն, որոնք հագիւ փրկութիւն ստանալու չափ հաւատք ունին (Ղուկաս

23.42-43): Անոնք որոնք աւելի մեծ հալատք ունին քան այս մարդիկը` պիտի երթան երկինքի Առաջին Թագաւորութիւնը, իսկ անոնք որոնք նոյնիսկ աւելի մեծ հալատք ունին` պիտի երթան երկինքի Երկրորդ Թագաւորութիւնը:

Անոնք որոնք ձերբազատուած են ամէն տեսակի չարութիւններէ եւ որոնք սրբագործուած են` պիտի երթան երկինքի Երրորդ Թագաւորութիւնը: Իսկ անոնք որոնք ոչ թէ միայն ամէն տեսակ չարութիւններէ ձերբազատուած են, այլ նաեւ իրագործած են այնպիսի հալատք` որ կը հաճեցնէ զԱստուած, այսինքն անոնք որոնք ամբողջութեամբ իրագործած են լման հոգին` պիտի երթան Նոր Երուսաղէմ քաղաքը, ուր կը գտնուի Աստուծոյ Աթոռը: Երրորդ երկինքի զանազան տարբեր վայրերուն միջեւ ամէնափայլունը` Նոր Երուսաղէմն է, որ բացառիկ պայծառութեամբ կը շողշողայ: Այդ պայծառութիւնը երթալով կը նուազի` երբ մէկը աւելի եւս կը հեռանայ Նոր Երուսաղէմէն: Դրախտը նուազագոյն պայծառութիւն ունեցող վայրն է: Այսուհանդերձ, առաջին երկինքը (ուր մենք կ'ապրինք), չկրնար նոյնիսկ բաղդատուիլ Դրախտին հետ: Դրախտը շատ աւելի փայլուն եւ գեղեցիկ է քան մինչեւ իսկ Եդեմի Պարտէզը, որ կը գտնուի երկրորդ երկինքին մէջ:

Չորրորդ երկինքը այն տարածաշրջանն է ուր Աստուած սկիզբէն առանձինը կը գոյանար: Չորրորդ երկինքը տարածաշրջան մըն է որ բացարձակապէս մի միայն Աստուծոյ` երրորդութեան համար վերապահուած է: Այն վայրը ուր նախնական Աստուածը յարակցեցաւ որպէս մէկ լոյս` կը գտնուի չորրորդ երկինքին մէջ: Անիկա նոյն ուղղեգիծին վրայ է` ինչպէս նախնական տիեզերքը: Առաջին, երկրորդ, եւ երրորդ երկինքներուն մէջ կան համեմատաբար ժամանակի տարբեր հոսքեր: Սակայն չորրորդ երկինքին մէջ մենք կրնանք ըսել թէ ժամանակի հոսքը հազիւ թէ գոյութիւն ունի, եւ հոն ժամանակի հետ կապուած սահմանափակում չկայ: Նաեւ, Աստուած կրնայ այնտեղ որեւէ քան ընել, ինչպէս որ Ինք կ'ուզէ, եւ այդ կը նշանակէ թէ հոն տարածութեան սահմանափակում չկայ:

Այս տարածաշրջանէն ներս ոչ մէկ անհատ իր անձնական ընտրութեամբ կրնայ մուտք գործել` ի բաց առեալ Երամէկ Աստուծմէն: Միայն զոյգ մը հրեշտակապետներ եւ Նոր Երուսաղէմէն եղող շատ լատուկ անձեր կրնան մտնել այս տարածաշրջանէն ներս՝ Աստուծոյ արտօնութեամբ միայն: Ոչ մէկը կրնայ նոյնսիկ մօտենալ այս տարածաշրջանին՝ առանց Աստուծոյ թոյլտուութեան: Եթէ որեւէ մէկը առանց Աստուծոյ արտօնութեան կը մտնէ այս տարածաշրջանը, անոր հոգին կը տարտղնուի եւ ծուխի պէս ցիրուցան կ՛ըլլայ:

Մինչեւ հիմա մենք քննեցինք հոգեւոր ընդարձակ տարածաշրջանը: Աստուած նախնական այդ մէկ տարածաշրջանը բաժնեց առաջին, երկրորդ, երրորդ եւ չորրորդ երկինքներու միջեւ՝ որպէս իր ծրագիրէն մաս մը, որպէսզի ճշմարիտ զաւակներ շահի: Ճիշդ ինչպէս որ կան «երկնային» խալանման տարածաշրջաններ, որոնք կը պատկանին երկինքին, նոյն ձեւով կան նաեւ «երկրային» խալանման տարածաշրջաններ, որոնք կը պատկանին երկրին: Ասոնք են՝ Վերին Գերեզմանը, Վարին Գերեզմանը, Դժոխքը, եւ Անդունդը:

Վերին Գերեզմանը եւ Վարին Գերեզմանը

Աստուած այն վայրը որ Աստուծոյ կը պատկանի՝ կ՛ակնարկէ որպէս «երկինք», իսկ այն վայրը որ կը պատկանին թշնամի Բանսարկու Սատանային՝ կ՛ակնարկէ որպէս «երկիր»: Սակայն կայ բացառութիւն մը, եւ անիկա Վերին Գերեզմանն է:

Փրկուած անհատները երեք օր կը մնան Վերին Գերեզմանին մէջ՝ նախքան Դրախտի սպասման սրահ երթալը: Վերին Գերեզմանը կը պատկանի «երկրին» եւ ոչ թէ «երկինքին», որ հոգեւոր աշխարհին մէջ է: Սակայն այդ չի նշանակեր որ Վերին Գերեզմանը կը պատկանի խալարին: Վերին Գերեզմանը նոյնպէս լոյսի շօշան մըն է որ կը պատկանի Աստուծոյ, եւ թշնամի Բանսարկու Սատանան չի կրնար մտնել հոն: Վերին Գերեզմանը բացայայտօրէն կը զանազանուի Վարին Գերեզմանէն որ կը գտնուի խալարի ուժի իշխանութեան տակ: Վերին Գերեզմանը ճշմարտութեան եւ լոյսի շօշան մըն է:

Սակայն տակաւին կ՛ըսուի թէ Վերին Գերեզմանը կը պատկանի «երկրին»: Պպատճառը այն է՝ որովհետեւ նոյնիսկ Վերին Գերեզմանը աւելի լաւ վայր մը չէ քան Եդեմի Պարտեզը, որ կը գտնուի երկրորդ երկինքին մէջ։ Այս իսկ պատճառով, երբ Աստուածաշունչը փրկուածներուն համար կը նշէ թէ անոնք կ՚երթան Վերին Գերեզման, կ՚ըսէ որ անոնք «վար» կ՚իջնեն, եւ ոչ թէ «վեր» կ՚ելլեն։

Ծննդոց 37.35-ի մէջ կը կարդանք. «Իր բոլոր որդիներն ու իր բոլոր աղջիկները զինք մխիթարելու ելան. բայց ինք մխիթարուիլ չէր ուզեր ու ըսաւ. 'Ես սուգով պիտի իջնեմ գերեզման` իմ որդիիս քով'։ Այսպէս անոր հայրը լացաւ անոր համար»։ Հոս, «գերեզման» ըսելով ոչ թէ Վարին Գերեզմանին (որ չփրկուածներուն համար է) կ՚ակնարկէ, այլ կ՚ակնարկէ Վերին Գերեզմանին, որ փրկուածներուն համար վերապահուած է։

Նաեւ, Ա. Թագաւորաց 28.12-13 կ՚ըսէ. «Կինը Սամուէլը տեսնելով` մեծ ձայնով մը պոռաց ու Սաւուղին խօսեցաւ ու ըսաւ. 'Ինչո՞ւ զիս խաբեցիր. քանզի դուն Սաւուղն ես'։ Թագաւորը անոր ըսաւ. 'Մի՛ վախնար. բայց ի՞նչ տեսար'։ Կինը Սաւուղին ըսաւ. 'Գետնէն ելլող աստուած մը տեսայ'»։ Ասիկա այն տեսարանն է ուր այդ կինը, որ վհուկ մըն էր, զարմացաւ երբ մեռած Սամուէլը տեսաւ։ Սամուէլ Վերին Գերեզմանին մէջ էր, եւ այդ է պատճառը որ Աստուածաշունչը կ՚ըսէ որ անիկա գետնէն վեր ելաւ։

Անշուշտ, իրականութիւնը այն չէ որ այս վհուկ կինը Սամուէլին հոգին վեր հանեց։ Գուշակները կամ վհուկները Աստուծոյ հետ հաղորդակցելու կամ մեռած հոգի մը դուրս կանչելու զօրութիւնը չունին։ Անոնք կրնան միայն խաւարի շրջանին հետ հաղորդակցիլ եւ դեւեր կանչել։

Ամէն պարագայի, ասիկա յատուկ պարագայ մըն էր։ Աստուած բացառաբար Սամուէլը դուրս բերաւ, որ կը գտնուէր Վերին Գերեզմանին մէջ, որպեսզի անոնց թոյլ տայ գիտնալու Աստուծոյ կամքը։ Սաւուղը արդէն լքուած էր Աստուծմէ` իր անհնազանդութեան հետեւանքով, բայց Աստուած յատուկ շնորհք տուալ իրեն որովհետեւ ան տակաւին Իսրայէլի թագաւորն էր, եւ Աստուած լիշեց որ Սամուէլ իր ողջ եղած ատենը ողբալով եւ արցունքներ թափելով աղօթած էր Սաւուղի համար, որպեսզի անիկա իր չար ճամբաներէն եւ անհնազանդութենէն դարձի գայ։

Սամուէլ Վերին Գերեզմանին մէջ կը գտնուէր որովհետեւ

այն ատեն Յիսուսի խաչելութենէն առաջ էր: Միայն երբ Յիսուս խաչին վրայ մեռաւ եւ յարութիւն առաւ, անկէ ետոք է որ Անիկա հոգիները տարաւ Վերին Գերեզմանէն առնելով բերաւ Դրախտի սպասման վայրը: Յիսուսի յարութենէն առաջ փրկուած հոգիները կը մնային Վերին Գերեզմանին մէջ Աբրահամի հետ միասին, որ պատասխանատու էր այդ վայրին: Այդ է պատճառը որ Աստուածաշունչը կ՚ըսէ որ փրկուած հոգիները կ՚երթան «Աբրահամի գոգը»: Ղուկաս 16.22 կ՚ըսէ. «Աղքատը մեռաւ ու իրեշտակները Աբրահամի գոգը տարին զանիկա: Հարուստն ալ մեռաւ ու թաղուեցաւ»:

Աստուածաշունչը բացայայտ կերպով չզանազաներ Վերին Գերեզմանին եւ Վարին Գերեզմանին միջեւ, եւ պարզապէս կ՚ըսէ թէ մարդիկ կ՚իջնեն վար՝ դէպի Գերեզման, որ այլապէս կը ճանչցուի որպէս Անդունդ: Բայց եւ այնպէս, հարուստ մարդուն եւ աղքատ Ղազարոսին առակին մէջ Յիսուս խօսեցաւ տարբեր վայրերու մասին՝ փրկուածներուն եւ չփրկուածներուն համար: Ղազարոսը փրկուած էր եւ ուստի անիկա Աբրահամի գոգը գնաց, այսինքն՝ Վերին Գերեզման, եւ այս վայրը տարբեր է Վարին Գերեզմանէն ուր հարուստ մարդը գնաց: Մեծ անդունդ մը կայ այս երկու վայրերուն միջեւ եւ անոնք չեն կրնար այդ անդունդը կտրելով անցնիլ իրար այցելելու համար: Երբ մենք հոգեւոր աշխարհը կը բաժատրենք երկինք եւ երկիր անունանումներով, մենք կ՚ըսենք թէ Վերին Գերեզմանը կը պատկանի երկրին, բայց անիկա որոշապէս կը գտնուի լոյսի տարածաշրջանին մէջ, որ կը պատկանի Աստուծոյ:

Դժոխքը Կը ՛Պարունակէ Կրակի Լիճը եւ Ծծումբով Վառած Լիճը

Խալարի շրջանը Վարին Գերեզմանէն զատ ունի նաեւ կրակի լիճը եւ ծծումբով վառած լիճը: Երբ չփրկուած մարդիկը կը մեռնին, անոնք կը տառապին Վարին Գերեզմանին մէջ, եւ յետոյ Մեծ Դատաստանէն ետք կ՚երթան կրակի լիճ կամ ծծումբով վառած լիճը: Դատաստանը տեղի կ՚ունենայ առանց որեւէ մէկ սխալի՝ Կեանքի Գիրքին (որուն մէջ կը գտնուին փրկուած անձերուն անունները) եւ ուրիշ գիրքերու միջոցաւ, որոնց մէջ կը գրուին իւրաքանչիւր անհատի ըրած գործերը։

Յայտնութիւն 20.12-15 կը պատմէ թէ ի՞նչպէս տեղի կ՛ունենայ այդ դատաստանը։

Տեսայ պզտիկ ու մեծ մեռելներ որոնք Աստուծոյ առջեւ կայնած էին։ Գրքերը բացուեցան եւ ուրիշ գիրք մըն ալ բացուեցաւ, այսինքն կեանքի գիրքը եւ գրքերուն մէջ գրուած մեռելները դատուեցան իրենց գործերուն համեմատ։ Եւ ծովը իր մէջի մեռելները տուաւ ու մահը եւ դժոխքը իրենց մէջի մեռելները տուին։ Ամէն մէկը իր գործերուն համեմատ դատուեցաւ։ Եւ մահը ու դժոխքը կրակի լիճին մէջ ձգուեցան։ Ասիկա է երկրորդ մահը։ Եւ ով որ կեանքի գրքին մէջ գրուած չգտնուեցաւ, կրակի լիճին մէջ ձգուեցաւ։

«Մեռելները» ըսելով կ՛ակնարկէ անոնց՝ որոնք Յիսուս Քրիստոսը չեն ընդունած, կամ անոնք՝ որոնք մեռած հաւատք ունին։ Անոնք պիտի կայնին Աստուծոյ աթոռին առջեւ՝ դատուելու համար։ Հոն ուրիշ գիրքեր ալ կան, որոնք պիտի բացուին։ Կեանքի Գիրքէն զատ, որ կ՛արձանագրէ փրկուած անձերուն անունները, կան նաեւ ուրիշ գիրքեր ուր կը գրուի չփրկուած մեռելներուն իւրաքանչիւր եւ ամէն մէկ արարքը։ Ոչ միայն բոլոր մարդոց արարքները, այլ նաեւ անոնց բոլոր խորհուրդները, եւ ինչ որ պահած են իրենց սրտին ու մտքին մէջ՝ իրենց ծնունդէն մինչեւ իրենց մահը, այս բոլորը արձանագրուած են հրեշտակներու կողմէ։ Չփրկուած անհատները պիտի դատուին իրենց գործած մեղքերուն քանակին համեմատ, որոնք արձանագրուած են գիրքերուն մէջ, եւ անոնք յաւիտենական պատիժ պիտի ստանան։

«Ծովը» ըսելով կ՛ակնարկէ մարդկային մշակութեան թատերաբեմին, որ այս աշխարհն է։ Ուրեմն, հետեւեալ արտայայտութիւնը՝ «...ծովը իր մէջի մեռելները տուաւ», մեզի ըսել կ՛ուզէ թէ անոնք մշակուած էին երկրի վրայ։ Նաեւ, այդ կը նշանակէ թէ աշխարհ իր մեռելները պիտի տայ, այսինքն ֆիզիքական մարմիններ՝ դատաստանի համար։ Երբ մարդիկ առանց փրկութիւն ստանալու կը մեռնին, անոնց հոգիները պոտո արգելափակուին Վարին Գերեզմանին մէջ, մինչ իրենց մարմինները պիտի դառնան ափ մը հողի՝ Երկրի վրայ տեղ մը: Սակայն Վերջին Դատաստանի ատեն, այն հոգիները որոնք կը գտնուէին Վարին Գերեզմանին մէջ, պիտի հագնին իրենց պատշած մարմինները՝ դատաստանի համար:

Նաեւ կ՚ըսէ. «...ու մահը եւ դժոխքը իրենց մէջի մեռելները տուին»: Այդ կը նշանակէ թէ անոնք որոնք կը գտնուէին Վարին Գերեզմանին մէջ եւ որոնց սահմանուած է լալիտենական մահով տառապիլ իրենց մեղքերուն հետեւանքով, անոնք պիտի կայնին Աստուծոյ առջեւ՝ դատուելու համար: Մինչեւ Մեծ Ճերմակ Աթոռի Դատաստանը տեղի ունենալը, անոնք զանազան պատիժներ կը ստանան Վարին Գերեզմանին մէջ, ինչպէս՝ միջատներու կամ կենդանիներու կողմէ բզքտուիլ, եւ կամ տանջուիլ դժոխքի պատգամաւորներու կողմէ:

Մեծ Դատաստանէն ետք, անոնք պիտի իյնան կա՛մ կրակի լիճին եւ կամ ծծումբով վառած լիճին մէջ (Յայտնութիւն 21.8): Կրակի լիճին մէջ տրուած ցաւը անբաղդատելիօրէն շատ աւելի մեծ ցաւ կը պատճառէ՝ քան Վարին Գերեզմանին մէջ սահմանուած ցաւերը: Անոնք պիտի տառապին ու պիտի ողուին կրակով, «ՈՒՐ ԱՆՈՆՑ ՈՐԴԸ ՉԻ ՄԵՌՆԻՐ ՈՒ ԿՐԱԿԸ ՉԻ ՄԱՐԻՐ» (Մարկոս 9.47-49): Ծծումբով վառած լիճը սահմանուած է անոնց՝ որոնք ծանր ու լուրջ մեղքեր գործած են՝ ինչպէս Սուրբ Հոգիին դէմ հայհոյութիւնը ընելը եւ Սուրբ Հոգիին գործերը խանգարելը: Այդ վայրը եօթը անգամ աւելի կիզիչ եւ այրող է՝ քան կրակի լիճը:

Անդունդը

Խալարի շրջանին ամենէն խորունկ մասը Անդունդն է, ուր պիտի մտնեն չար ոգիները: Երբ Տէրը վերադառնայ օդին մէջ, Աստուծոյ փրկուած զաւակները պիտի պիտի ունենան եօթը-տարուայ Հարսանեկան Խնճոյքը՝ օդին մէջ: Նոյն ժամանակաշրջանին մէջ Երկրի վրայ տեղի պիտի ունենայ մեծ նեղութիւնը: Չար ոգիները (որոնք օդին մէջն էին) պիտի քշուին վար՝ դէպի Երկիր, եւ իշխանութիւն պիտի ստանձնեն: Աշխարհը պիտի ալլուի

3-րդ Համաշխարհային Պատերազմով, եւ պիտի պատահին
մեծ ողբերգութիւններ՝ երկրի վրայ դժոխքի նման: Եօթը-
տարուայ Մեծ Նեղութիւնը լմննալէն ետք, չար ոգիները
պիտի արգելափակուին Անդունդին մէջ, եւ Երկրի վրայ
պիտի սկսի Հազարամեայ Թագաւորութիւնը:

Աստուծոյ զաւակները որոնք օրին մէջ ալարտեցին
Եօթը-տարուայ Հարսանեկան Խնճոյքը, Տէրոջ հետ միասին
պիտի իջնեն Երկիր ու Իրեն հետ հազար տարի պիտի
թագաւորեն (Յայտնութիւն 20.4): Երկիրը որ քանդուած
էր Եօթը-տարուած Մեծ Նեղութեանէ, այդ ժամանակ
ամբողջութեամբ պիտի վերանորոգուի՝ ունենալու համար
գեղեցիկ միջավայր մը: Հազարամեայ Թագաւորութենէն
ետք, Աստուծոյ նախասահմանութեամբ, չար ոգիները
անգամ մը եւս պիտի արձակուին վայրկեանի մը համար,
սակայն աննոք դարձեալ պիտի արգելափակուին
Անդունդին մէջ՝ Մեծ Ճերմակ Աթոռի Դատաստանէն ետք:

Մինչեւ Մեծ Ճերմակ Աթոռի Դատաստանը տեղի
ունենալը, Արուսեակը եւ իր պատգամաւորները կը
կառավարեն Վարին Գերեզմանը, բայց Դատաստանէն ետք
Վարին Գերեզմանը եւ Դժոխքը պիտի գործեն Աստուծոյ
իշխանութեամբ միայն: Չար ոգիները թափուելիք աղբի
պէս պիտի նետուին Անդունդին մէջ՝ որ չափազանց մութ
եւ պաղ տեղ մըն է: Աննոք հոն պիտի արգելափակուին
այնպիսի վիճակի մը մէջ՝ ուր բնաւ չեն կրնար շարժիլ,
կարէք թէ հսկայ ժայռի մը տակ ճզմուած ըլլային: Ինկած
հրեշտակները պիտի նետուին իրենց թոչելու թեւերը
հանուած վիճակով՝ որպէս խորհրդանշան անէծքի եւ
ամօթի:

Աղբի պէս նետուիլը կրնայ այդքան ալ սոսկալի չթուիլ՝
որքան Դժոխքի ցաւերն ու պատիժները, սակայն այդպէս
չէ: Ճիշդ ինչպէս որ ճնշումը երթալով կը սաստկանայ երբ
դուն աւելի եւս խորանաս ջուրին մէջ, նոյնպէս մարմնին
ուժը աւելի եւս կը սաստկանայ երբ Դժոխքին աւելի
խորերը իջնես: Անդունդը Դժոխքին ամենախորունկ մասն
է, եւ մարմնաւոր ուժգնութիւնը շատ խտացած պիտի ըլլայ
այդ վայրին մէջ: Շատ աւելի ահաւոր եւ սոսկալի է Անդունդ
երթալ՝ քան թէ դժոխքի պատգամաւորներուն կողմէ

տանջուիլ Վարին Գերեզմանին մէջ կամ չարչարուիլ կրակի լիճին եւ կամ վառած ծծումբի լիճին պատճառած ցաւով:

Երեւակայէ որ դուն արգեալփակուած ըլլաս կոճանման մեծ եւ հաստատուն կաղապարի մը մէջ, բնաւ չկարենալով շարժիլ: Դուն իրագէկ ես եղելութեան, սակայն ո՛չ կրնաս շնչել, ո՛չ ալ կրնաս աչքերդ թարթել: Դուն կենդանի բրածոյ մըն ես: Բրածոյացած ըլլալով, դուն պէտք է կրես տարբեր տեսակի ցաւեր, յուսահատութեան ուժգնութիւնը, եւ ճնշումը, որ քեզ վար կը հրէ, կարծէք թէ պայթելով պիտի ճաթի ու բացուի:

Նախքան իր ապականուիլը, Արուսեակը չափազանց շատ կը սիրուէր Աստուծոյ կողմէ, բայց անիկա պիտի թակարդուի այս յախտենական անէծքին մէջ՝ Աստուծոյ դէմ կենալուն հետեւանքով: Աստուած անմիջապէս չպատժեց Արուսեակը՝ երբ անիկա ապականեցաւ: Արուսեակը պարզապէս ստեղծուած արարած մըն էր եւ ուստի Աստուած կրնար անմիջապէս կործանել զինք, բայց այդպէս չըրաւ՝ որովհետեւ պատճառ մը կար անոր համար:

Պատճառը այն էր՝ որովհետեւ մեր մարդկային մշակութեան ընթացքին մենք պիտի կարենայինք յառաջ գալ որպէս Աստուծոյ ճշմարիտ զաւակներ՝ շնորհիւ խաւարի իշխան՝ Արուսեակի գոյութեան: Մենք կրնանք արթուն ըլլալով եւ աղօթելով կերպարանափոխուիլ՝ դառնալով լոյսի զաւակներ (որոնք կը նմանին Աստուծոյ), մինչ թշնամի Բանսարկու Սատանան մռնչող առիւծի պէս կը սլքտայ, փորձելով գտնել մէկը՝ զինք յօշոտելու համար: Աստուած կ՚ուզէ յախտենական ուրախութիւն բաժնեկցիլ իր լոյսի զաւակներուն հետ Նոր Երուսաղէմի մէջ, որ լոյսի տարածաշրջան մըն է: Հիմա, ի՛նչ են լոյսի տարածաշրջանը մտնելու յատկանիշները:

Լոյսի Տարածաշրջանը Մտնելու Յատկանիշները

Լոյսը եւ խաւարը չեն կրնար
իրար հետ միասին գոյակցիլ։
Լոյսի տարածաշրջանը երթալու համար
մենք պէտք է լուծենք խաւարի հարցը։
Որքան աւելի շատ հաղորդակցինք
Աստուծոյ հետ, որ Լոյս է,
եւ ունենանք Յիսուս Քրիստոսի սիրտը,
այնքան աւելի փայլուն լոյսի
տարածաշրջան կրնանք մտնել։

Աստուած Կը Փափաքի Ունենալ Լոյսի Զաւակներ

Ինքզինքդ Բարութիւն Ընելու Վարժեցուր՝ Հոգիին Սրտովը

Արդարութեան Պտուղը Կրե՛ Հաւատքով

Ճշմարտասիրութեան Պտուղը Կրե՛ Արարքներով

Լոյսի Պտուղները Մեզ Կ՚առաջնորդեն Դէպի Լոյսի Տարածաշրջանը

Մարդիկ պէտք է երթան կա՛մ լոյսի տարածաշրջան եւ կա՛մ խաւարի տարածաշրջան՝ երբ իրենց կեանքերը աւարտին երկրի վրայ: Որովհետեւ մարդոց հոգիները չեն կրնար անյայտանալ, ուստի անոնք պէտք է երթան կա՛մ երկինք եւ կա՛մ Դժոխք:

Այս մասին Եբրայեցիս 9.27 հետեւեալը կ՚ըսէ. «Եւ ինչպէս մարդոց սահմանուած է մէկ անգամ մեռնիլ ու անկէ ետքը դատաստան...» Նաեւ, Յովհաննու 5.29 կ՚ըսէ. «...Անոնք որ բարի գործեր են՝ կեանքի յարութեան համար եւ անոնք որ չար գործեր են՝ դատապարտութեան յարութեան համար»: Երկրի վրայ այս կեանքը վերջաւորութիւնը չէ.: Կայ նաեւ յետագայ կեանք մը՝ որ յաւիտենական է, եւ անգամ մը որ մեր այս ֆիզիքական կեանքը աւարտի, կան երկու փոխրնտորութիւններ միայն: Անոնք կա՛մ Երկինք եւ կա՛մ Դժոխք պիտի երթան:

Սիրոյ Աստուածը կ՚ուզէ որ իւրաքանչիւր անհատ փրկութիւն ստանայ եւ ուրախութիւն վայելէ լոյսի տարածաշրջանին մէջ: Ա. Պետրոս 2.9 կ՚ըսէ. «Բայց դուք ընտիր ցեղ մըն էք, թագաւորական քահանայութիւն, սուրբ ազգ, սեփական ժողովուրդ մը, որպէս զի հռչակէք Անոր առաքինութիւնները, որ ձեզ խաւարէն իր սքանչելի լոյսին կանչեց»:

Եկէ՛ք ստուգենք թէ մենք արդե՞օք կրնանք մտնել Աստուծոյ հրաշալի լոյսի տարածաշրջանին մէջ՝ որպէս թագաւորական քահանայութիւն:

Աստուած Կը Փափաքի Ունենալ Լոյսի Զաւակներ

Պօղոս առաքեալ Աստուծոյ մասին հետեւեալը կ՚ըսէ. «[Աստուած] միայն ունի անմահութիւն՝ անմերձենալի լոյսի մէջ բնակած, որ մարդոցմէ մէ՛կը չտեսաւ, ո՛չ ալ տեսնելու կարող է, որուն պատիւ եւ զօրութիւն յաւիտեանս: Ամէն» (Ա. Տիմոթէոս 6.16): Այդ կը նշանակէ թէ Աստուած լոյսի մէջ կը բնակի, եւ Անիկա յաւիտենական ու կատարեալ է: Ա. Յովհաննու 1.5-ը կ՚ըսէ. «Անիկա է այն պատգամը որ իրմէ լսեցինք ու ձեզի կ՚իմացնենք, թէ՝ Աստուած լոյս է ու Անոր մէջ բնաւ խաւար չկայ»:

Յակոբու 1.17 նոյնպէս կ՚ըսէ. «...[Աստուծոյ] մէջ բնաւ փոփոխութիւն կամ դառնալու շուք մը չկայ»: Աստուած Ինքնին Լոյս է եւ Իր մէջ դառնալու շուք մը իսկ չկայ: Այս պատճառով ալ շատ մը հատուածներու մէջ Աստուածաշունչը մեզի կ՚ըսէ թէ մենք ալ պէտք է դառնանք լոյսի մարդիկ՝ որոնք կը նմանին Աստուծոյ:

Ա. Թեսաղոնիկեցիս 5.5-6 կ՚ըսէ. «Վասն զի դուք ամէնքդ լուսոյ որդիներ էք ու ցորեկուան որդիներ: Մենք գիշերուանը չենք, խաւարինը չենք...» եւ Եփեսացիս 5.8-9 կ՚ըսէ. «Քանզի թէեւ ատեն մը դուք խաւար էիք, բայց հիմա Լոյս էք Տէրոջմով. ուստի Լոյսի որդիներու պէս քալեցէք. վասն զի Հոգիին պտուղը ամէն կերպ բարութիւնով, արդարութիւնով ու ճշմարտութիւնով է»: Նաեւ, Մատթէոս 5.14-16 կ՚ըսէ. «Դուք էք աշխարհի լոյսը. քաղաք մը որ լերան վրայ կեցած է, չի կրնար պահուիլ: Ուլ ճրագը չեն վառեր եւ դներ գրուանին տակ, հապա աշտանակի վրայ որ լոյս տայ բոլոր տանը մէջ եղողներուն: Այնպէս թող լուսաւորուի ձեր լոյսը մարդոց առջեւ, որ տեսնեն ձեր բարի գործերը ու փառաւորեն ձեր Հայրը որ երկինքն է»:

Լոյսը եւ խաւարը չեն կրնար միասին գոյակցիլ: Լոյսի տարածաշրջան երթալու համար, մենք նախ եւ առաջ պէտք է լուծենք խաւարի հարցը:

Հիմա, ի՞նչ է խաւարը որմէ պէտք է ձերբազատուինք, որպեսզի դառնանք Լոյսի զաւակներ: Պարզօրէն խօսելով, խաւար ըսելով կ՚ակնարկուի բոլոր այն բաներուն որոնք կը պատկանին մեղքին: Անմք մարմնաւոր բաներ եւ մարմնաւոր գործեր են, որոնք մանրամասնութեամբ բացատրուած են Հոգի, Շունչ, եւ Մարմին գիրքին Ա. Հատորին մէջ:

Մարմին գործերը այնպիսի մեղքեր են որոնք արարքով կը գործուին, իսկ մարմնաւոր բաները մեղքեր են՝ որոնք մտքին մէջ եւ խորհուրդներով կը գործուին: Օրինակի համար՝ շառութիւնը, ագահութիւնը, եւ նախանձը, բոլորն ալ անարդարութիւններ են, ինչպէս որ արձանագրուած է Հռովմայեցիս առաջին գլխուն մէջ: Նաեւ, Գաղատացիս 5-րդ գլխուն մէջ կը տեսնենք որ շնութիւնը, պոռնկութիւնը, պղծութիւնը, գիճութիւնը, կռապաշտութիւնը, կախարդութիւնը, թշնամութիւններր, կռիւներր, նախանձութիւններր, բարկութիւնր, հակառակութիւնր, երկպառակութիւնր, բաժանումներր, չար նայուածքներր, մարդասպանութիւնր, գինովութիւնր, անառակութիւնր եւ ասոնց նման բաներր բոլորն ալ »մարմինին գործերն են«:

Կան նաեւ բաներ որոնք մեզի չեն թուիր թէ խալարի գործեր են, բայց աննոք շառութիւն են՝ Աստուծոյ տեսանկիւնէն: Ճիշդ ինչպէս որ խալարը չկրնար գոյութիւն ունենալ լոյսին առջեւ, նոյնպէս մեղքը եւ շառութիւնը (որոնք խալարին կը պատկանին), պիտի յայտնաբերուին՝ երբ ճշմարտութեան լոյսը հոսի աննոց վրայ: Աստուծոյ Խոսքով, որ Լոյս է, մենք կրնանք ճանչնալ խալարը՝ որուն չենք կրցած անդրադառնալ մենք մեզի:

Օրինակի համար, Յիսուս բացատրեց որ Ինք շուտով պիտի մեռնէր Երուսաղէմի մէջ, եւ Պետրոս փորձեց կեցնել Զինքը, որովհետեւ կը սիրէր Յիսուսին: Բայց Յիսուս յանդիմանեց զինք, ըսելով. «Ետիս գնա՛, Սա՛տանայ» (Մատթէոս 16.23):

Պետրոս խորիեցաւ որ իր պարտականութիւնն էր կեցնել Յիսուսին, բայց անիկա խալարի գործ էր Աստուծոյ աչքին: Աստուծոյ կամքն էր որ Յիսուս խաչուէր եւ փրկութեան ճամբան իրագործէր: Այսպիսի յանդիմանութեամբ, Պետրոս դարձաւ խոնարհ առաքեալ մր, որ մեռելներր կենդանացուց եւ մէկ օրուայ մէջ հազարաւոր մարդիկ դարձի բերել տուաւ՝ Սուրբ Հոգին ստանալէն ետք:

Ինչպէս որ բացատրուած է, որպէսզի որեւէ մէկ անհատ կարենայ լույսի շրջանը մտնել, ամէն բանէ առաջ անիկա պէտք է դուրս ելլէ խաւարի աշխարհէն եւ գործէ որպէս լույսի զաւակ: Թոյլ տուէք որ աւելի մանրամասնութեամբ եւ յստակօրէն քննենք թէ ի՞նչ պէտք է ընենք:

Հասի՛ր Աստուծոյ Արդարութեան` Հաւատքով

Որպէսզի կարենանք երթալ լույսի տարածաշրջանը, ամէն բանէ առաջ մենք պէտք է զղջանք եւ ապաշխարենք Աստուծոյ չհալատալու մեղքին համար, եւ լետոյ պէտք է Յիսուս Քրիստոսը ընդունինք: Ով որ Յիսուս Քրիստոսի հալատալով մեղքերու թողութիւն ստանայ, անիկա պիտի ունենայ յատկանիշը` մտնելու լույսի տարածաշրջանը: Հռոմայեցիս 3.22 կ՛ըսէ. «Աստուծոյ արդարութիւնը Յիսուս Քրիստոսին հալատքէն է որ բոլոր հալատացողներուն վրայ կ՛ըլլայ. քանզի խտրութիւն չկայ»:

Նաեւ, Յովհաննու 14.6-ը կ՛ըսէ. «Յիսուս ըսաւ անոր. 'Ես եմ ճամբան ու ճշմարտութիւնը եւ կեանքը.մէկը Հօրը քով չի գար` եթէ ոչ Ինծմով'»: Հռոմայեցիս 10.9 կ՛ըսէ. «Վասն զի եթէ քու բերնովդ Յիսուսը Տէր խոստովանիս ու սրտիդ մէջ հալատաս թէ Աստուած զԱնիկա մեռելներէն յարուցանեց` պիտի փրկուիս»:

Եթէ մեր բերնով խոստովանինք որ Յիսուս Տէր է, եւ սրտով հալատանք որ Աստուած մեռելներէն յարութիւն առնել տուաւ Անոր` այդ կը նշանակէ թէ մենք կը հալատանք իսային նախասահմանութեան եւ յարութեան զօրութեան: Այսինքն, մենք կը հալատանք որ Յիսուս իսային վրայ մեռաւ մեզի` մեղաւորներուս փոխարէն, որ մեղքերու հետեւանքով սահմանուած էինք յաւիտենական պատիժ կրելու, եւ թէ Յիսուս իր թանկագին արիւնը թափեց որպէսզի մեր բոլոր մեղքերէն փրկէ մեզի:

Եթէ իրապէս կը հալատանք այս իրողութեան, մենք պիտի խոստովանինք մեր բոլոր մեղքերը, եւ պիտի որոշենք լույսի մէջ ապրիլ` շնորհակալութիւն յայտնելով Տէրոջը, որ տառապեցաւ մեզի համար: Աստուած կը այապիսի մարդոց մեղքերը կը լուա ու կը մաքրէ Տէրոջը արիւնով եւ անոնց կու տայ Սուրբ Հոգիին պարգեւը: Աստուած կը ճանչնայ զիրենք որպէս իր զաւակները եւ անոնց անունները կը գրէ կենաց գիրքին մէջ (Յայտնութիւն 20.15, 21.27): Այս ձեւով է որ մենք կրնանք յաւիտենական կեանք վայելել երկինքի մէջ, որ լոյսի տարածաշրջան մըն է, երբ մենք կ՚ընդունինք որ Աստուծոյ խօսքով չենք ապրած, դարձի կու գանք մեղքերէն, եւ լոյսի մէջ կը բալենք:

Հաղորդակցի՛ր Աստուծոյ Հետ՝ Որ Լոյս Է

Ա. Յովհաննու 1.6-7 կ՚ըսէ. «Եթէ ըսենք թէ Անոր հետ հաղորդակից ենք ու խաւարի մէջ պտրտինք, սուտ կը խօսինք եւ ճշմարտութիւնը չենք ըսեր: Հապա եթէ լոյսի մէջ բալենք, ինչպէս Անիկա լոյսի մէջ է, իրարու հետ հաղորդակից կ՚ըլլանք ու Անոր Որդիին՝ Յիսուս Քրիստոսի արիւնը մեզ ամէն մեղքէ կը սրբէ»: Անգամ մը որ կ՚ընդունինք Յիսուս Քրիստոսը եւ Սուրբ Հոգիին պարգեւը կը ստանանք, մենք պէտք է սերտենք եւ գործադրենք Աստուծոյ խօսքը որ ճշմարտութիւն է, կարենալ նկատուելու զաւակ մը՝ որ հաղորդակցութիւն ունի Աստուծոյ հետ:

Ա. Յովհաննու 2.3-ը կ՚ըսէ. «Եթէ Անոր պատուիրանքները պահենք, այն ատեն կը գիտնանք թէ զԱնիկա կը ճանչնանք», եւ Ա. Յովհաննու 3.23-ը կ՚ըսէ. «Անիկա է Անոր պատուիրանքը, որ Իր Որդիին Յիսուս Քրիստոսին անունը հաւատանք ու մէկզմէկ սիրենք, ինչպէս մեզի պատու իրեց»:

Մենք պէտք է ձերբազատուինք ոչ միայն արարքով գործուած մեղքերէն, այլ նաեւ մեր սրտին մէջ եղող չարութենէն, հնազանդելով Աստուծոյ խօսքերուն, որ մեզի կ՚ըսէ թէ ինչ բան պէտք չէ ընենք եւ թէ ինչ բանք պէտք է ձերբազատուինք: Նաեւ, մենք պէտք է ժրաջանօրէն գործադրենք Աստուծոյ խօսքերը, որ մեզի կ՚ըսէ ուրախ ըլլալ, գոհութիւն տալ, սիրել, ինքզինքնիս խոնարհեցնել, ուրիշներուն ծառայել, եւ պատուիրանքները պահել: Այս ձեւով է որ մենք կրնանք մշակել Տէրոջը սիրտը՝ Աստուծոյ շնորհքովը ու զօրութիւնովը, եւ Սուրբ Հոգիին օգնութեամբ:

Մեր երկնային բնակավայրը պիտի տարբերի՝ նայած թէ մենք ո՛ր աստիճան սրբագործուած ենք, եւ թէ ո՛րքան լոյս կ՚արձակենք՝ դարձած ըլլալով հոգելորապէս լաւ անձ մը՝ հաղորդկացելով Աստուծոյ հետ, որ Լոյս է: Ուրեմն, հակառակ որ մենք փրկութիւն ստացած են եւ լոյսի տարածաշրջանը մտնելու յատկանիշները ունինք, մենք պէտք է միշտ ուժով բռնենք երկնային թագաւորութիւնը, մինչեւ որ հասնինք բարձրագոյն նպատակակէտին, որ Նոր Երուսաղէմ քաղաքն է:

Կան որոշ չափանիշներ որով կրնանք ստուգել թէ մենք ո՛ր չափով լոյսի զաւակները դարձած ենք: Ասանք են հետեւեալները. հոգելոր սէր որ կը գտնուի Ա. Կորնթացիս 13-րդ գլխուն մէջ, Սուրբ Հոգիին ինը պտուղները՝ Գաղատացիս 5-ի մէջ, Երանելիները՝ Մատթէոս 5-ի մէջ, եւ Լոյսին պտուղները՝ Եփեսացիս 5-ի մէջ: Հիմա, թոյլ տուէք որ խորանանք լոյսի տարածաշրջանը մտնելու յատկանիշներուն մէջ, կեդրոնանալով Լոյսին պտուղներուն վրայ:

Ինքզինքդ Բարութիւն Ընելու Վարժեցուր՝ Հոգիին Սրտովը

Եփեսացիս 5.9 կ՚ըսէ. «Վասն զի Հոգիին պտուղը ամէն կերպ բարութիւնով, արդարութիւնով ու ճշմարտութիւնով է»:

Բարութիւն կը նշանակէ ունենալ գեղեցիկ սիրտ մը՝ որ ոչ մէկ չարութիւն ունի, այլ ունի միայն բարութեան յատկանիշները: Դուն բարիք կ՚ընես կարիքաւորներուն, դուն պարզապէս վնաս չես պատճառեր ուրիշներուն, դուն կը հնազանդիս Աստուծոյ Խօսքին եւ քու լաւագոյնդ կ՚ընես քեզի տրուած բոլոր գործին մէջ, որովհետեւ դուն գիտես ու կը ճանչնաս զԱստուած՝ Ստեղծիչը, ճիշդ ինչպէս որ մենք գիտենք ու կը ճանչնանք մեր ծնողներուն ունեցած շնորհքը մեր վրայ:

Աշխարհի մէջ մարդիկ կ՚ըսեն թէ դուն բարի ես՝ եթէ

դուն չարութիւնը չես փոխարինէր չարութեամբ, այլ կը
կրես զայն: Սակայն եթէ դուն տակաւին անհանգիստ
վիճակ կամ ատելութիւն ունիս քու մտքիդ մէջ, արդե՞օք
դուն իրապէս կրնաս բարի սեպուիլ: Մարդոց բարութիւնը
եւ Աստուծոյ բարութիւնը շատ կը տարբերին իրարմէ:
Բարութեան առաջին մակարդակը զոր Աստուած
կ՚ընդունի` ոչ թէ միայն չարութեան փոխարէն չարութիւն
չհատուցանելն է, այլ նաեւ երբելից բնալ անհանգիստ
զգացումներ չունենալը:

Միեւնոյնն էր Յովսէֆի` Կոյս Մարիամի ամուսնոյն
պարագան: Մատթէոս 1.19 կ՚ըսէ. «Յովսէֆ` անոր այրը`
արդար մարդ ըլլալով ու չուզելով որ զանիկա խայտառակ
ընէ, մտածեց որ ծածկաբար արձակէ զանիկա»: Ո՛րքան
խեղճ պէտք էր զգացած ըլլար Յովսէֆ երբ անիկա
յայտնաբերեց որ իր նշանածը` Մարիամը յղի մնացած
էր` առանց իր հետ պառկելու: Սովորաբար մարդիկ
չափազանց շատ տառապած պէտք էր ըլլային սրտով
եւ կամ պէտք էր վիճաբանած ըլլային իր հետ: Սակայն
Յովսէֆի որեւէ չարութիւն չունէր իր սրտին մէջ, եւ ուստի
ան պարզապէս ուզեց հանդարտութեամբ ձգել Մարիամը:

Բարութեան երկրորդ մակարդակը այն է` երբ մէկը
գէշութեամբ կը վարուի մեզի դէմ, եւ մենք ոչ թէ միայն
անհանգիստ զգացումներ չենք ունենար, այլ նաեւ
կարող կ՚ըլլանք անոր սիրտը շարժել` բարի խօսքերով եւ
գործերով: Թշնամի Բանսարկու Սատանան չկրնար որեւէ
բան մը ընել այսպիսի անձի մը դէմ որ բարութեան այս
մակարդակին հասած է:

Յակառակ որ անձնապէս որեւէ սխալ չունէր, Դաւիթ
երկար ժամանակ կը հալածուէր Սաւուղ թագաւորէն` երբ
օր մը անիկա բացառիկ առիթ մը ունեցաւ սպաննելու
Սաւուղը: Դաւիթ հայրենիքին համար պատերազմներ
մղած էր եւ շատ յաջողութիւններ ունեցած էր, բայց
Սաւուղ շնորհակալութիւն իսկ չէր յայտնած` այլ
փոխարէնը նախանձած էր Դաւիթի: Սաւուղ իր բանակով
հալածեց Դաւիթը եւ փորձեց սպաննել զինք:

Օր մը Սաւուղ մտաւ քարայր մը, ուր Դաւիթ
պահուըտած էր: Դաւիթ կրնար սպաննել Սաւուղը, բայց

եւ այնպէս, անիկա միայն Սաւուղի հագուստին ծայրը կտրեց: Յետոյ, երբ Սաւուղ ձգեց քարայրը, Դաւիթ կանչեց Սաւուղին եւ ըսաւ. «Տե՛ս, հայր իմ, տե՛ս, քու վերարկուիդ ծայրը իմ ձեռքիս մէջ է ու ես քու վերարկուիդ ծայրը կտրեցի բայց քեզ չմեռցուցի. ապա հասկցիր ու տես, թէ իմ ձեռքիս մէջ չարութիւն ու անօրէնութիւն չկայ ու քեզի դէմ յանցանք մը չեմ ըրած, բայց դուն զիս մեռցնելու կ՛աշխատիս» (Ա. Թագաւորաց 24.12):

Դաւիթ կանչեց Սաւուղը, որ զինք կը հալածէր՝ մեռնցնելու համար: Անիկա կանչեց Սաւուղը ըսելով «հայր իմ» եւ ճշմարտապէս խոնարհեցուց ինքզինքը: Դաւիթ իրապէս ուզեց Սաւուղին սիրտը հանգստանցել՝ ըսելով որ ինքը շունի մը կամ ճանճի մը նման էր եւ թէ ինք որեւէ մտադրութիւն չունէր Սաւուղը սպաննելու: Սաւուղ չար անձ մըն էր, բայն երբ անիկա այսպիսի խոստովանութիւն մը լսեց Դաւիթէն, բան մը՝ որ բարութենէ յառաջ կու գար, Սաւուղին սիրտը շարժեցաւ եւ սկսաւ արցունքներ թափել: Ա. Թագաւորաց 24.17-18 կ՛ըսէ. «Որդեա՛կ իմ Դաւիթ, ատիկա քո՛ւ ձայնդ է՚: Սաւուղ իր ձայնը վերցուց ու լացաւ ու Դաւիթին ըսաւ.՚Դուն ինձմէ արդար ես. քանզի դուն ինծի բարիք ըրիր, բայց ես քեզի չարիք հատուցանեցի՚»:

Սաւուղ շատ ազդուեցաւ եւ պարզապէս իր տունը գնաց: Եթէ մենք չարութիւնը ոչ թէ չարութեամբ՝ այլ բարութեամբ փոխարինենք, Սատանան չկրնար այլեւս գործել եւ մինչեւ իսկ չար մարդոց սրտերը պիտի շարժին: Անշուշտ Սաւուղ այնքան չար էր որ իր չարութիւնը յետագային դարձեալ երեւան ելաւ, բայց գոնէ այդ վայրկեանին խաւարը անհետացաւ Դաւիթի բարութեան լոյսով եւ Սաւուղ դարձաւ գնաց:

Բայց եւ այնպէս, տակաւին կայ բարութեան աւելի բարձր մակարդակ մը եւս, քան թէ պարզապէս միայն ուրիշներուն սրտերը շարժելը: Այդ մակարդակը մինչեւ իսկ մեր թշնամիները սիրել է, եւ մեր կեանքերը տալ անոնց համար՝ որոնք չարութիւն կը գործեն մեզի դէմ: Աստուծոյ բարութիւնն է որ Աստուած իր միածին Որդին ղրկեց, նաեւ Յիսուս Քրիստոսի բարութիւնն է: Անիկա Աստուծոյ սուրբ Որդին է եւ տակաւին Ան իր կեանքը տուաւ բոլոր մարդկութեան համար:

Մենք կրնանք բարութեան այս մակարդակը զգալ` Մովսէսի եւ Պօղոսի միջոցաւ ալ նոյնպէս: Երբ Աստուած բիչ մնացեր էր որ Աստուած կործանէր Իսրայէլի որդիները` իրենց մեղքերուն հետեւանքով, Մովսէս աղօթեց որ անոնք փրկուին` նոյնիսկ եթէ այդ կը նշանակեր որ իր անունը կեանաց գրքէն պիտի ջնջուէր (Ելից 32.32): Պօղոս առաքեալ ըսաւ. «Քանզի ես ինքս կը փափաքէի նզովուիլ Քրիստոսէն, մարմնի կողմէ իմ եղբայրներուս ու ազգականներուս համար» (Հռովմայեցիս 9.3):

Ստեփաննոս քարկոծուելով նահատակուեցաւ` մինչ ինք աւետարանը կը քարողէր: Անիկա որեւէ դժգոհութիւն չունեցաւ, հակառակ որ առանց որեւէ յանցանք ունենալու կը քարկոծուէր: Ընդհակառակը` անիկա բարձր ձայնով աղաղակեց Տէրոջը, ըսելով. «...Տէ՛ր, այս մեղքը մի սեպեր ատոնց...» (Գործք Առաքելոց 7.59):

Այսօր մարդիկ կը խորհին որ դուք վնասներ պիտի կրէք եւ լիմարներու պէս պիտի վարուին ձեզի հետ` եթէ դուք պարկեշտ ըլլաք կամ ազնուութեամբ վարուիք ուրիշներու հետ: Բայց Աստուած Ինքնին բարութիւնն է, եւ Անիկա կը պաշտպանէ մեզ իր բոցավառ աչքերովը, Սուրբ Հոգւոյն կրակէ պատերովը, եւ երկնային զօրքով ու հրեշտակներով` երբ մենք բարութեան կը հետեւինք: Ուրեմն այսպէս, փորձութիւններն եւ քննութիւնները կ՛անհետանան, եւ նոյնիսկ եթէ գան` մենք բարութեամբ կ՛անցընենք զանոնք: Անիկա մեզի աւելի եւս օրհնութիւններ եւ յաջողութիւն կը բերէ ամէն բանի մէջ:

Անշուշտ, մենք պէտք է երբեմն ինքզինքնիս զոհենք եւ աւելիով ջանք թափենք` որպէսզի կարենանք բարութեան հետեւիլ: Բայց անոնք որոնք բարի են` այսպիսի բաները դժուար ըլլալ չեն սեպեր: Ընդհակառակը, անոնք աւելի ուրախ կը զգան ինքզինքին բարութիւն գործելու վարժեցնելով: Հոգեւոր գործութիւնը մեղք չունենալ կը նշանակէ, եւ մեր հոգեւոր լոյսը աւելի եւս պիտի զօրանայ` այն չափով որ մենք կը ձերբազատուինք չարութենէն եւ բարութիւն կը մշակենք: Անգամ մը որ երթանք բարութեան այն մակարդակին որ Աստուած կը հաճի, չարութիւնը չկրնար նոյնիսկ դպչիլ մեզի մեր ունեցած

լույսին պատճառաւ, եւ մենք պիտի կարողանանք կործանել
թշնամի Բանսարկու Սատանային չար ծրագիրները (Ա.
Յովհաննու 5.18):

Արդարութեան Պտուղը Կը` Հասատքով

Լոյսի երկրորդ պտուղը` արդարութիւնն է:
Ընդհանրապէս արդարութիւնը ճիշդ պատճառին համար
գործել կը նշանակէ` մէկու մը կեանքին մէջ, առանց իր
անձնական շահերը փնտռելու: Սակայն ճշմարտութեան
մէջ արդարութիւն կը նշանակէ ձերբազատուիլ մեղքերէն,
Աստուածաշունչին պատուիրանքները պահել, եւ փնտռել
Աստուծոյ թագաւորութիւնը եւ իր արդարութիւնը` իր
կամքին համաձայն: Դանիէլ լաւագոյն օրինակներէն մէկն
է` մեծ արդարութիւն ունենալուն նկատմամբ:

Դանիէլ եկած էր Յուդայի ցեղին պատկանող
արքայական ընտանիքէ մը: Դալիթ 605 թուականին
գերի տարուած էր` երբ Բաբելոնի Նաբուգոդոնոսոր
թագաւորը յարձակում գործեց Յուդայի հարաւային
թագաւորութեան վրայ: Երբ Բաբելոն պաշտօնէութեան
կը կանչէր ուրիշ ցեղերէ տաղանդաւոր երիտասարդներ,
Դանէլը ընտրուեցաւ իր երեք ընկերներուն հետ միասին,
եւ անիկա երկար ժամանակ գործեց որպէս Բաբելոնի
բարձրաստիճան պաշտօնեայ: Հակառակ որ Դանիէլ
գերի մըն էր, ան բարձր դիրք մը ուներ Բաբելոնի մէջ, եւ
ճանչցուած էր որպէս Աստուծոյ ճշմարիտ մարգարէ մը:
Պատճառը այն է` որովհետեւ Դանիէլ կատարելապէս
Աստուծոյ վստահեցաւ եւ իր հաւատքը պահեց:

Երբ սկիզբը Դանիէլ Բաբելոնի թագաւորին առջեւ
եկաւ, անիկա երիտասարդ պատանի մըն էր: Դանիէլ
պէտք էր երեք տարի մարզուէր եւ ենթարկուէր
թագաւորին կողմէ տրուած ընտիր կերակուրը ուտելու:
Բայց Դանիէլ կը վախնար որ այդ ընտիր կերակուրին
մէջ կռնային ներառուիլ նաեւ զզուելի ուտելիքներ, որոնք
արգիլուած էին Աստուծոյ կողմէ, եւ ուստի Դանիէլ չուզեց
ուտել այդ կերակուրը: Իրողութեան մէջ, որովհետեւ
Դանիէլ գերի բռնուած էր, ուստի անիկա ուրիշ ընտրանք
չունէր. բայց եւ այնպէս, տակաւին Դանիէլ կ՚ատէր ու կը

մեր ժէր այն` ինչ որ զգուելի էր Աստուծոյ համար:

Աստուծոյ հանդէպ իրենց հալատքը պահելու եւ ինքզինքնին չաղծելու համար Դանիէլ ներքինապետէն խնդրեց որ իրենց արտօնէ` որ թագաւորին ընտիր կերակուրին փոխարէն ինք եւ իր երեք ընկերները միայն ընդեղէն ուտեն: Դանիէլ ներքինապետին առաջարկեց որ տասը օր միայն ընդեղէն եւ ջուր տայ իրենց` փորձի համար: Տասը օր ետք, երբ ներքինապետը գիրենք բաղդատեց միւս երիտասարդներուն հետ, անիկա տեսաւ որ Դանիէլին եւ անոր երեք ընկերներուն երեսները եւ անոնց արտաքին երեւոյթը շատ աւելի լաւ էր` քան միւս երիտասարդներուն երեւոյթները:

Աստուած տեսաւ Դանիէլին ու իր ընկերներուն հալատքը եւ հրաշալի օրհնութիւններ տուաւ անոնց: Դանիէլ 1.17 կ՚ըսէ. «Աստուած այս չորս տղաքներուն` ամէն դպրութեան ու իմաստութեան մէջ գիտութիւն ու հանճար տուաւ: Դանիէլ ամէն տեսիլք ու երազ կը հասկնար»: 20-րդ համարը կ՚ըսէ. «Թագաւորը` անոնց հարցուցած իմաստութեան ու գիտութեան վերաբերեալ բոլոր բաներուն մէջ` զանոնք իր թագաւորութեանը մէջ եղող բոլոր մոգերէն ու հմայողներէն տասնապատիկ գերազանց գտաւ»:

Բաբելոնը Մարերու եւ Պարսիկներու կողմէ կործանեցաւ Ք.Ա. 539 թուականին` Բաղտասար թագաւորին իշխանութեան ժամանակ, որ Նաբուգոդոնոսոր թագաւորին որդին էր: Նոր ազգ մը` Պարսկական Կայսրութիւնը փոխարինեց Բաբելոնը: Պարսկաստանի Դարեհ թագաւորը ուզեց Դանիէլը նշանակել որպէս նախարար, որպէսզի Դանիէլ կառավարէ ամբողջ երկիրը, որովհետեւ Դանիէլի վրայ գերազանց հոգի կար: Դանիէլ գերի մըն էր, բայց նոյնիսկ երբ ազգերը եւ թագաւորները փոխուեցան, տակաւին Դանիէլ միւս բոլոր նախարարներէն աւելի սիրուած ու շնորհք գտած էր:

Միւս նախարարները եւ առաջնորդները կը նախանձէին Դանիէլին ու կը փորձէին յանցանք մը գտնել իր վրայ` զինք ամբաստանելու համար (Դանիէլ 6.4-5): Սակայն անոնք բնաւ յանցանք մը կամ չարութիւն մը չկրցան գտնել Դանիէլի վրայ, եւ ուստի թագաւորին առաջարկեցին որ օրէնք մը հաստատէ: Ձեւացնելով որ իրենք նեցուկ կը կանգնէին թագաւորին, նախարարները ըսին որ եթէ մէկը մինչեւ երեսուն օր աղօթէ կամ խնդրուած մը խնդրէ Աստուծմէ մը կամ մարդէ մը՝ բացի թագաւորէն, առիւծներուն գուբը նետուի: Ասիկա ծուղակ մըն էր որ աննոնք յատկապէս Դանիէլի համար լարեցին, գիտնալով որ Դանիէլ օրական երեք անգամ ծունկիվրայ գալով աղօթք կ'ընէր իր սենեակին մէջ՝ պատուհանները դէպի Երուսաղէմ բացուած:

Գիտնալով այս պարագան, տակաւին Դանիէլ կը շարունակէր օրական երեք անգամ աղօթել՝ ծունկի վրայ եկած (Դանիէլ 6.1): Դանիէլ կրնար փոխզիջում կատարել իր հոճակը եւ զօրութիւնը պահելու համար, եւ կամ պարզապէս որպէսզի խոյս տար մահուընէ, բայց եւ այնպէս, Դանիէլ ամբողջութեամբ Աստուծոյ վստահեցաւ: Ի վերջոյ անիկա առիւծներուն գուբը նետուեցաւ հրամանը դրժելուն համար, սակայն Դանիէլ բնաւ որեւէ զայրոյթ կամ դժգոհութիւն չունեցաւ իր թագաւորին դէմ: Այլ ընդհակառակը, Դանիէլ օրհնեց թագաւորը՝ ըսելով. «Ով թագաւոր, յաւիտեան ողջ կեցիր»: Դանիէլ արդարութիւն գործեց, հոգ չէ թէ որքան դժուար էր այդ կացութիւնը:

Դանիէլ որեւէ սխալ մը կամ յանցանք մը չունէր Աստուծոյ եւ մարդոց առջեւ, եւ այս իսկ պատճառով թշնամի Բանսարկու Սատանան չկրցաւ վնաս պատճառէ իրեն՝ որեւէ տեսակի չար ծրագիրով: Աստուած Իր հրեշտակը ղրկեց որպէսզի պաշտպանէ զինք: Դանիէլ ողջ առողջ դուրս եկաւ առիւծներու գուբէն եւ փառք տուաւ Աստուծոյ: Այն տեսակի արդարութիւնը զոր Աստուած կը փափաքի որ ունենանք՝ մեր հաւատքը պահել է, եւ փոխ գիջում չընել՝ նոյնիսկ մահուան դիմաց, եւ բարութեան հետեւիլ՝ ճշմարտութիւնով, հոգ չէ թէ ուրիշներ ինչպէս կը վարուին մեզի հանդէպ:

Ճշմարտասիրութեան Պտուղը Կրէ՝ Արարքներով

Լոյսին երրորդ պտուղը՝ ճշմարտասիրութիւնն է: Ճշմարտասիրութիւնը անփոփոխ պէտք է ըլլայ:

ճշմարտասիրութիւնը նաեւ մաքրութիւն, անկեղծութիւն, եւ անմեղութիւն է՝ չունենալով որեւէ կեղծիք, խորամանկութիւն, կամ ճարպիկութիւն: Նոյնիսկ եթէ դուն ժրաջանութեամբ բարի արարքներ գործես եւ հալատքդ խոստովանիս, Աստուծոյ կողմէ ատիկա չկրնար նկատուիլ որպէս Լոյսի պտուղ՝ այնքան ատեն որ դուն զանոնք կ՚ընես ինքզինքդ ուրիշներուն առջեւ ցուցադրելու համար: Այլ խոսքով, այն ինչ որ Աստուած մեզմէ կ՚ուզէ՝ ճշմարիտ հալատքի խոստովանութիւն է, ճշմարիտ արարքներ, եւ անփոփոխ ճշմարտասիրութիւն՝ որ մեր սրտէն կը բխի:

Ծննդոց 22-ի մէջ մենք կը տեսնենք թէ ինչպէս Աբրահամ հնազանդեցաւ Աստուծոյ Խոսքին, երբ Աստուած իրեն ըսաւ որ իր մէկ հատիկ որդին՝ Իսահակը ընծայէ որպէս զոհ: Առտու կանուխ Աբրահամ իր որդւոյն՝ Իսահակի հետ միասին ճամբայ ելաւ որպէսզի երթայ այն վայրը որ Աստուած նշանակած էր զոհի համար: Աբրահամ երբէ՛ք չվարանեցաւ: Անիկա որեւէ պայքար չունեցաւ իր մտքին մէջ՝ իր անձնական խորհուրդները գործածելով: ճիշդ այն վայրկեանին՝ երբ քիչ մնացեր էր որ Աբրահամ իր որդին Իսահակը որպէս զոհ ընծայէ, Աստուծոյ հրեշտակը երեւցաւ Աբրահամի եւ իրեն ըսաւ որ տղուն ձեռք չպացնէ: Աստուած ըսաւ. «...հիմա գիտցայ թէ Աստուծմէ կը վախնաս...» (Ծննդոց 22.12):

Եբրայեցիս 11.19 կ՚ըսէ. «Քանզի Աբրահամ կը մտածէր թէ Աստուած կարող է մեռելներէն ալ Իսահակը յարուցանել, ուստի որպէս նախատիպար ընդունեց զանիկա»: Աբրահամ իր որդին Իսահակը Աստուծոյ զօրութեամբ ստացած էր՝ Սառայէն, որ շատոնց անցուցած էր յղանալու եւ զաւակներ ծնանելու տարիքը: Ուրեմն, Աբրահամ հալատաց որ Աստուած պիտի վերակենդանացնէր Իսահակը, նոյնիսկ զայն որպէս զոհ ընծայելէ ետք: Այս դէպքին ընդմէջէն մենք կը տեսնենք հաստատատ վստահութիւն մը՝ Աստուծոյ եւ Աբրահամի միջեւ:

Շատ ուրիշ պարագաներու մէջ, մենք կը տեսնենք թէ որքան ճշմարտասէր էր Աբրահամ: Երբ անիկա

Իր եղբօրորդւոյն՝ Ղովտի հետ միասին Բեթէլ հասաւ, իրենց ունեցած ոչխարներուն եւ արջառներուն թիւը այնքան մեծ էր, որ աննեղ հովիւները յածախ վէճեր կ՛ունենային իրարու հետ։ Հոս, Աբրահամ տեղի տուաւ իր եղբօրորդւոյն, ըսելով. «Բոլոր երկիրը քու առջեւդ չէ՞. կ՛աղաչեմ, զատուէ ինծմէ. եթէ դուն ձախ կողմը երթաս, ես աջ կողմը կ՛երթամ եւ եթէ աջ կողմը երթաս, ես ձախ կողմը կ՛երթամ» (Ծննդոց 13.9)։

Ղովտ իր աճնական շահը փնտռելով գնաց դէպի Յորդանանի դաշտը, ուր բալականաչափ ջուր կար, եւ հասաւ Սոդոմ։ Յետոյ Սոդոմ քաղաքին վրայ յարձակում գործուեցաւ եւ շատեր գերի բռնուեցան։ Այս լուրը լսելով, Աբրահամ իր հրամանին տակ գտնուող մարդիկը առաջնորդեց եւ Ղովտն ու Սոդոմի բնակիչները ետ բերել տուաւ։ Սոդոմի թագաւորը առաջարկեց իր գանձերը տալ Աբրահամին, բայց Աբրահամ մերժեց այդ գանձերը եւ չուզեց որեւէ մէկ բան առնել թագաւորէն (Ծննդոց 14.15-23)։

Երբ Սոդոմ ու Գոմոր քաղաքները կործանեցան երկինքէն իջած կրակով, Ղովտը եւ իր երկու աղջիկները ազատեցան շնորհիւ Աբրահամի աղօթքներուն (Ծննդոց 18)։ Նաեւ, երբ Աբրահամ իր կնոջ Սառային համար գերեզմանի կալուածը գնեց, Քետացիները իրենց արտը եւ Մաքփելայի քարայրը առաջարկեցին տալ իրեն՝ որպէս գերեզմանի կալուած, բայց Աբրահամ ուզեց գնել զայն ու զանիկա բարձր գինով գնեց (Ծննդոց 23.16)։ Աբրահամ շատ զաւակներ ունեցաւ իր երկրորդ կնոջմէն, եւ մինչ տակալին ողջ էր՝ Աբրահամ աննեղ իւրաքանչիւրին նուէրներ տուաւ որպէսզի աննեղ լետագային որեւէ անհամաձայնութիւն կամ վէճ չունենային։ Այս բոլորին ընդմէջէն մենք կրնանք տեսնել Աբրահամի ունեցած ճշմարտասիրութիւնը։

Յակոբու 2.23-24 կ՛ըսէ. «Եւ գրքին խօսքը կատարուեցաւ, որ կ՛ըսէ. 'Աբրահամ Աստուծոյ հաւատաց ու ան իրեն արդարութիւն սեպուեցաւ եւ ինք Աստուծոյ բարեկամ կոչուեցաւ': Կը տեսնէ՞ք թէ մարդ գործերով կ՚արդարանայ, ո՛չ թէ՝ միայն հաւատքով»: Աստուած Ինքնին ճշմարտութիւնն է, եւ Աստուած օրհնեց Աբրահամը՝ իր հաւատքի գործերուն համար: Աբրահամ եկաւ բնակելու Աստուծոյ աթոռին շատ մօտ՝ լոյսի ամենափայլուն տարածաշրջանին մէջ, դառնալով Աստուծոյ բարեկամը:

Լոյսի Պատուղը Մեզ Կ՚առաջնորդէ դէպի Լոյսի Տարածաշրջանը

Որպէսզի մեկու մը բարի արարքները տեսնուին որպէս Լոյսի պտուղներ, այդ արարքները պէտք է բովանդակեն արդարութիւն, այսինքն՝ Աստուծոյ արդարութիւնը: Մէկ խօսքով, բարութիւն եւ արդարութիւն ունենալը բաւարար չէ: Այդ արարքներուն մէջ պէտք է ըլլայ ճշմարտասիրութիւն: Ուստի, մենք Լոյսի պտուղը կրնանք կրել միայն այն ատեն՝ երբ ունենանք կատարեալ բարութիւն, արդարութիւն, եւ ճշմարտասիրութիւն:

Հիմա, որպէսզի կարենանք կատարեալ կերպով եւ ամբողջութեամբ կրել Լոյսի պտուղը, մենք պէտք է անցնինք խաւարէն դէպի լոյս՝ յանդիմանութիւններու միջոցաւ: Եփեսացիս 5.11-13 մէջ ըսուած է. «Ու կցորդ մի՛ ըլլաք խաւարին անպտուղ գործերուն, այլ մանաւանդ զանոնք յանդիմանեցէ՛ք: Վասն զի անոնց մէջ գաղտուկ գործուած բաներու մասին խօսիլն ալ ամօթ է: Բայց երբ բան մը լոյսի մէջ ցուցադրուած է՝ յայտնի կ՚ըլլայ վասն զի ամէն բան որ յայտնի կ՚ըլլայ՝ լոյս է»:

Հոս, յանդիմանութիւնը պարզապէս սխալ արարքները յանդիմանել չի նշանակեր: Անիկա յանդիմանութիւն մըն է որպէսզի անհատը խաւարէն դուրս գայ, եւ երթայ դէպի լոյս: Երբեմն, երբ եկեղեցւոյ անդամները դժուար կացութիւններու մէջ գտնուին իրենց մեղքերուն հետեւանքով, փոխանակ զիրենք միսիթարել կամ հանգստացնել փորձելու, ընդհակառակը, ես պէտք է թոյլ տամ որ անոնք հասկնան թէ ինչու համար այդ փորձութիւնները կամ քննութիւնները կը դիմագրաւեն: Ես կը յանդիմանէի զիրենք ճշմարտութեան մէջ չապրելուն համար: Բայց նոյնիսկ եթէ որեւէ մէկը չյանդիմանէ մեզ, կարեւոր է որ Աստուծոյ խօսքին համաձայն մենք ինքզինքնիս յանդիմանենք՝ երբ սխալ բան մը ըրած ենք:

Երբ Աստուած կը յայտնաբերէ եւ կը մատնանշէ մեզմէ իւրաքանչիւրին մեղքերը եւ խալարը, պատճառը այն է՝ որովհետեւ Ան կը սիրէ մեզ: Սիրոյ Աստուածը կը փափաքի որ Իր զաւակները Աստուծոյ կատարեալ լոյսին մէջ բնակին, որպեսզի անոնք երկրի վրայ օրհնութիւններ ստանան, եւ աւելին՝ որպեսզի անոնք ապագային լոյսի աւելի փայլուն տարածաշրջանի մը մէջ բնակին՝ երկինքի յաւիտենական թագաւորութեան մէջ: Այս իսկ պատճառով, մենք պէտք է ձերբազատուինք խալարի բոլոր գործերէն, եւ սրբութիւն ու կատարելութիւն մշակենք, որպեսզի կարենանք նմանիլ Աստուծոյ՝ որ Լոյս է (Մատթէոս 5.48, Ա. Պետրոս 1.16):

Այն ատենէն որ Տէրոջը հանդիպեցաւ՝ Դամասկոս տանող ճամբուն վրայ, Պօղոս առաքեալ ինքզինքը հնազանդեցուց Քրիստոսի եւ աւետարանը քարոզեց անհամար թիւով Հեթանոսներու: Պօղոս ըսաւ. «Կկայ կը բերեմ այն պարծանքը՝ որ ձեր վրայ ունիմ Քրիստոս Յիսուս մեր Տէրոջմով, որ ես ամէն օր կը մեռնիմ» (Ա. Կորնթացիս 15.31):

Եթէ մենք ամբողջութեամբ ձերբազատուինք մարմնաւոր խորհուրդներէն որոնք թշնամական են Աստուծոյ դէմ, եւ եթէ մենք ամէն օր մեռնինք Տէրոջ մէջ, եւ եթէ մենք միայն հոգեւոր խորհուրդներ ունենանք ինչպէս՝ «Ես ի՞նչպէս կրնամ իրագործել Աստուծոյ թագաւորութիւնը եւ արդարութիւնը: Ես ի՞նչպէս կրնամ իմ սիրտս ամբողջութեամբ սրբագործել: Ես ի՞նչպէս կրնամ աւելի մեծ թիւով հոգիներ առաջնորդել դէպի երկինք», այն ատեն է որ մենք պիտի կարողանանք ճշմարիտ խաղաղութիւն վայելել եւ յորդառատ կերպով կրել Լոյսի պտուղները:

Լոյսին պտուղը պարզապէս կատարեալ բարութեան,

արդարութեան, եւ ճշմարտասիրութեան մասին չէ
միայն, այլ անիկա ամէն տեսակի պտուղներու մասին է,
զոր մենք կը կրենք` Աստուծոյ հետ հաղորդակցութիւն
ունենալով եւ Յիսուս Քրիստոսի սիրտը ունենալով, որուն
մէջ կայ հոգեւոր սէր, Երանելիներուն պտուղները, եւ
Սուրբ Հոգիին պտուղը: Այդ բոլոր պտուղները պէտք
է ամբողջութեամբ ծնունդ առնեն մեր մէջը, որպէսզի
մենք կարողանանք մտնել Նոր Երուսաղէմ: Եթէ կարգ
մը պտուղներ լման հասունցած են, իսկ ուրիշներ` ոչ, այն
ատենք մենք պիտի չունենանք Նոր Երուսաղէմ մտնելու
յատկանիշները: Ես կը յուսամ որ դուք կատարեալ
ժրաջանութեամբ պիտի գործադրէք Աստուծոյ Խօսքը,
եւ պիտի ունենաք յատկանիշները` մտնելու լոյսի
ամենափայլուն տարածաշրջանը:

Հոգի, Շունչ, եւ Մարմին՝ Հոգեւոր Տարածաշրջանին մէջ

Երկնային Բնակավայրերու Դասաւորման Ջափանիշները
Փառք՝ որ Կը Տրուի Հոգեւոր Տարածաշրջանին մէջ

«Ահա ձեզի խորհուրդ մը կ՚ըսեմ.՚՚Ամէնքս պիտի չ՚ննանչենք, բայց ամէնքս ալ պիտի փոխուինք, յանկարծակի աչք գոցել բանալու մէջ՝ վերջին փողին հնչուելու ատենը. որովհետեւ փողը պիտի հնչուի ու մեռելները յարութիւն պիտի առնեն առանց ապականութեան, մենք ալ պիտի փոխուինք՚՚։ Վասն զի պէտք է որ այս ապականացու մարմինը անապականութիւն հագնի ու այս մահկանացուն անմահութիւն հագնի» (Ա., Կորնթացիս 15. 51-53)։

Գլուխ 1
Տարբեր Բնակավայրեր

Երկնային բնակավայրը, զոր մենք պիտի ստանանք,
պիտի տարբերի՝ նայած թէ որ աստիճան
մենք կը նմանինք Աստուծոյ
եւ իր կամքին համաձայն կ՚ապրինք:
Երկնային թագաւորութիւնը ունի
տարբեր տեսակի բնակավայրեր:
Որքան աւելի լաւ ըլլայ բնակավայրը,
Մենք այդքան աւելի մեծ պատիւ եւ ուրախութիւն
կը վայելենք հոն:

Երկինքի Մէջ Կան Բազմաթիւ Բնակավայրեր

Երկինքը Ուժով Կ՚առնուի

Պատճառը՝ թէ Ինչո՞ւ Համար Երկնային Բնակավայրերը Դասակարգուած Են

Դրախտ – Բնակավայրը Այն Անձերուն՝ Որոնք Հազիւ թէ Փրկուած Են

Նոր Երուսաղէմ – Բնակավայրը Անոնց՝ Որոնք Լման Հոգիի Տէր Անձեր Դարձած

են

Մարդիկ հակամէտ են բանի մը հալատալու միայն այն ատեն` երբ անոնք կրնան իրենց աչքերով տեսնել եւ ստուգել զայն: Բայց եւ այնպէս, կան շատ բաներ` զոր մարդիկ հսկութեան մէջ չեն կրնար ստուգել իրենց աչքերով: Օրինակի համար, հովը եւ ծաղիկներուն անուշահոտ բոյրը չեն կրնար տեսնուիլ Ֆիզիքական աչքերով, բայց անոնք իրապէս գոյութիւն ունին: Գոյութիւն ունի նաեւ հոգեւոր աշխարհ մը, որ կը գտնուի տարածաշրջաններու աւելի բարձր մակարդակի վրայ` քան այս տեսանելի, Ֆիզիքական աշխարհը: Ճիշդ չէ ուրանալ հոգեւոր այս աշխարհը, պարզապէս որովհետեւ անիկա չկրնար տեսնուիլ մեր Ֆիզիքական աչքերով:

Հոգեւոր այդ ընդարձակ տարածութեան մէջ, երկնային թագաւորութիւնը կը գտնուի երրորդ երկինքին մէջ: Երրորդ երկինքը ընդարձակ տարածաշրջան մըն է, եւ ունի զանազան տարբեր բնակավայրեր` սկսելով Դրախտէն մինչեւ Նոր Երուսաղէմ: Երկնային բնակավայրերը (որ կը տրուին փրկուած անձերուն), մէկը միւսէն պիտի տարբերին` նայած թէ իւրաքանչիւր անհատ ո՞ր աստիճան լաջողած է սրբագործուիլ եւ հաւատքով ապրիլ` Աստուծոյ կամքին համաձայն: Միւսնյն համեմատութեամբ, երկինքի պատկանող իւրաքանչիւր անձ տարբեր փառք պիտի ստանայ երկինքը, նայած թէ մենք ո՞րքանով դարձած ենք այնպիսի անձ մը` զոր Աստուած մեզի համար կը ցանկայ այս կեանքին մէջ:

Ահա թէ ինչու Ա. Կորնթացիս 15-րդ գլխուն 40-41 համարներուն մէջ մենք կը կարդանք հետեւեալը. «Երկնաւոր մարմիններ ալ կան, երկրաւոր մարմիններ ալ, բայց երկնաւորներուն փառքը ուրիշ է ու երկրաւորներունը` ուրիշ: Արեւուն փառքը ուրիշ է ու լուսնին փառքը՝ ուրիշ ու մէկ աստղը միւս աստղէն տարբեր է փառքով».

Անհատական Փառքեր՝ Երկինքի մէջ

Աստուծոյ նախնական բնութիւններէն մէկը՝ սրբութիւնն է։ Աստուածաշունչը յաճախ կը խօսի սրբութեան մասին, որովհետեւ Աստուած կ՚ուզէ որ մարդիկ, որոնք իր պատկերովը ստեղծուած են, Աստուծոյ սրբութիւնը ունենան։ Ղեւտացւոց 20.26-ը կ՚ըսէ. «Եւ դուք սուրբ պիտի ըլլաք Ինծի. քանզի Ես՝ Տէրս՝ սուրբ եմ ու ձեզ միւս ազգերէն զատեցի, որպէս զի Իմս ըլլաք»։ Ա. Պետրոս 1.16-ը կ՚ըսէ. «Վասն զի գրուած է. 'Սուրբ եղէք, քագի Ես սուրբ եմ'»։

Ուրեմն, անոնք որոնք սուրբ Աստուծոյ կամքին համաձայն կ՚ապրին՝ անոնք են որ կը պատկանին երկինքի։ Անոնք երկնային թագաւորութեան մէջ երկնային փառք պիտի վայելեն։ Միւս կողմէն, անոնք որոնք կ՚ապրին մեղքերու եւ չարութեան մէջ (որ Աստուծոյ կամքին հակառակ է), երկրաւոր մարդիկ են, եւ հետեւաբար անոնք պիտի երթան Դժոխք։

Երկրին պատկանող մարդիկը միայն անոնք չեն՝ որոնք Տէր Յիսուս Քրիստոսը չեն ընդունիր եւ որոնք չեն հալատար Աստուծոյ։ Մատթէոս 7.21-ի մէջ Յիսուս կ՚ըսէ. «Ոչ թէ ամէն ով որ Ինծի 'Տէ՛ր, Տէ՛ր', կ՚ըսէ, պիտի մտնէ երկնքի թագաւորութիւնը, հապա՛անիկա՝ որ Իմ երկնաւոր Հօրս կամքը կը կատարէ»։ Նոյնիսկ եթէ անոնք «Տէ՛ր, Տէ՛ր» կանչեն, եւ ըսեն թէ իրենք կը հալատան Յիսուսի, անոնք տակաւին կը պատկանին երկրաւոր մարդոց խումբին՝ այնքան ատեն որ Աստուծոյ կամքը չեն կատարեր։

Ի՞նչ պէտք է ընենք որպէսզի երթանք երկնային թագաւորութիւնը եւ վայելենք արեւին փառքը՝ որպէս անհատ մը՝ որ կը պատկանի երկինքի։ Ի՞նչ պէտք է ընենք Եբրայեցիս 12.4-ի մէջ կը գտնենք որ երկրի վրայ մեր կեանքին ընթացքին, մենք պէտք է պայքարինք եւ մեր բոլոր մեղքերէն ձերբազատուինք՝ «արիւն թափելու աստիճան»։ Ալելին, Ա. Թեսաղոնիկեցիս 5.22 կ՚ըսէ որ մենք պէտք է սրբութիւն իրագործենք՝ ամէն տեսակի չէշ բաներէ հեռու կենալով եւ Սուրբ Հոգիով լեցուելով։ Ճիշդ ինչպէս որ արեւուն լոյսը, լուսինին լոյսը, եւ աստղերուն

լոյսը՝ բոլորն ալ կը տարբերին իրարմէ, նոյնպէս ալ
երկինքի պատկանող անձերուն փառքը իրարմէ տարբեր
պիտի ըլլան:

Եսայեայ 60.1 կ՚ըսէ. «Ելի՛ր, լուսաւորուէ՛, քանզի
քու լոյսդ եկաւ ու Տէրոջը փառքը քու վրադ ծագեցաւ»:
Յիսուս Քրիստոսը ընդունելէ ետք (որ եկաւ որպէս
աշխարհի Լոյսը), այն աստիճան որ մենք Աստուծոյ
խօսքով կը գործենք, նոյնքանով ալ մենք կրնանք հոգեւոր
լոյսերը դուրս բխեցնենք: Որպէս անձեր, որոնք կը
պատկանին երկինքի, մենք պէտք է կեսօրուան արեւուն
լոյսի պայծառութեան չափ պայծառ լոյս բխեցնենք՝
որպէսզի կարենանք դուրս քշել խաւարի ուժը, հոգիները
առաջնորդել դէպի փրկութեան ճամբան, եւ փառք բերել
Աստուծոյ:

Երկինքը Ունի Բազմաթիւ Բնակավայրեր

Յիսուս Չատկուլայ ընթրիքը որաւ Մարկոսի վերնատան
մէջ՝ իր աշակերտներուն հետ միասին, իր մահուընէն ճիշդ
առաջ: Վերջին Ընթրիքին, Յիսուս իր աշակերտներուն
լիշեցուց երկնային թագաւորութեան գոյութեան մասին,
որպէսզի անոնք լոյս ունենան երկինքի համար:

Յովհաննու 14.2-3-ի մէջ Յիսուս ըսաւ. «Իմ Հօրս տունը
շատ բնակարաններ կան. ապա թէ ոչ՝ ես ձեզի պիտի
ըսէի: Հիմա կ՚երթամ, որ ձեզի տեղ պատրաստեմ, նորէն
պիտի գամ եւ ձեզ քովս առնեմ, որպէս զի ո՛ւր որ ես եմ՝
դուք ալ հոն ըլլաք»:

Յիսուս իր խաչելութենէն ետք երրորդ օրը յարութիւն
առաւ մեռելներէն, եւ երկինք համբարձաւ բազմաթիւ
մարդոց առջեւ: Յիսուս գնաց որպէսզի բնակավայրեր
պատրաստէ երկինքի մէջ, ուր Աստուծոյ զաւակները
պիտի բնակին յաւիտեան: Երբ ըսաւ. «Իմ Հօրս տունը
շատ բնակարաններ կան», Յիսուս արտայայտեց իր
փափաքը՝ որ բոլոր մարդիկը պէտք է փրկուին (Ա.
Տիմոթէոս 2.4):

Երկինքը հոգեւոր տարածաշրջան մըն է, որ
ստեղծուած էր Աստուծոյ՝ այսինքն Երրորդութեան կողմէ
երկիրը ստեղծուելէն առաջ իսկ: Երկինքը անհուն եւ
անսահման տարածութիւն մըն է, որուն խորութիւնը,
լայնութիւնը, խտութիւնը, եւ ծաւալը կարելի չէ չափել

մարդկային մոքով։ Երկինքի մէջ կայ Աստուծոյ աթոռը, անհամար թիւով հոգեւոր էակները, եւ տուներ` ուր Աստուծոյ զաւակները պիտի ապրին յաւիտեան։ Երկինքի թագաւորութեան կեդրոնը կը գտնուի Նոր Երուսաղէմ քաղաքը, որ Երկինքի ամենէն փառաւոր բնակավայրն է։

Հոգեւոր լյւսերը, որոնք կը բխին Աստուծոյ աթոռէն, եւ կեանքի գետը աւելի ուրախ եւ աւելի մեծարուած զգացնել կու տան Աստուծոյ զաւակները։ Աստուած մեզմէ իւրաքանչիւրին կու տայ պատշաճ բնակավայր մը, եւ մեզ կը վարձատրէ նայած թէ մենք ինչ տեսակի հաւատք ունեցած ենք եւ երկրի վրայ որքան փառք բերած ենք Աստուծոյ։

Նոր Երուսաղէմ քաղաքը կը գտնուի երրորդ երկինքի գագաթնակէտին վրայ, իսկ Նոր Երուսաղէմին «տակը» կան Երկինքի Երրորդ, Երկրորդ, եւ Առաջին Թագաւորութիւնները, նաեւ Դրախտը։ Այսուհանդերձ, այդ չի նշանակեր որ աննոք երկրի վրայ եղող շէնքի մը նման բարացիորէն վրայ-վրայի խաւելով ծեփուած են։ Երկինքի մէջ բոլոր բնակավայրերը հորիզոնական են, բայց տակաւին աննոք ուղղահայեաց են` ունենալով տարբեր բարձրութիւններ։

Երկինքը Ունժով Կ'առնուի

Մատթէոս 11.12-ը կ'ըսէ. «Ուլ Յովհաննէս Մկրտչին օրերէն մինչեւ հիմա երկնքի թագաւորութիւնը ունժով կ'առնուի եւ ունժեղները կը յափշտակեն զանիկա»։ Երկինքը գեղեցիկ եւ խաղաղութեամբ լեցուն տեղ մըն է, բայց ինչո՞ւ կ'ըսուի թէ անիկա ունժով կ'առնուի, եւ թէ ունժեղները կը յափշտակեն զանիկա։

Այդ կը նշանակէ թէ աննոք որոնք աւելի մեծ յոյս ունին երկնային թագաւորութեան համար` հաւատքի մէջ աւելի ժրաջան կեանք մը պիտի վարեն ու պիտի փորձեն մտնել Նոր Երուսաղէմ քաղաքը։ Այս ժրաջան կեանքը կը վերագրուի հետեւեալ արտայայտութեամբ թէ` «ունժեղները կը յափշտակեն զանիկա»։

Հիմա, ունժեղները որո՞ւ դէմ պետք է յարձակին եւ որմէ՞ պետք է յափշտակեն երկինքը։ Աննոք պետք է ունժեղ ըլլան թշնամի Բանսարկու Սատանային դէմ, որ կը դրդէ մարդիկը որպէսզի մեղքեր գործեն։ Երկինք երթալու

համար, մենք պէտք է կռուինք եւ պայքարինք խաւարին
դէմ, եւ յաղթահարենք զայն: Սատանան կը գրգռէ մարդոց
մեղսալից բնութիւնները եւ գիրենք կը մղէ որ մեղքեր
գործեն, որպէսզի անոնց ինքնացնել տայ: Հոս, անոնք որոնք
իրապէս զօրաւոր տեն ունին երկնային թագաւորութեան
համար՝ անոնք Աստուծոյ Խոսքով պիտի յաղթահարեն
բոլոր փորձութիւններուն:

Մենք կրնանք Նոր Երուսաղէմ քաղաքը առնել ուժով՝
այն չափով որ Աստուծոյ սուրբ զաւակները կը դառնանք՝
Աստուծոյ Խոսքով եւ աղoթքով (Ա. Տիմոթէոս 4.5):
Բ. Կորնթացիս 12:1-էն անդին, մենք կը տեսնենք թէ
Պօղոս առաքեալ գնաց Դրախտ, որ կը գտնուի երրորդ
երկինքին մէջ, եւ իմացաւ մեծ գաղտնիքներ՝ երկնային
թագաւորութեան մասին: Այդ ժամանակէն իվեր Պօղոս
շարունակեց պատերազմիլ հալատքի բարի պատերազմը,
մինչեւ որ նահատակ դարձաւ: Պօղոս ուժով առաւ
Նոր Երուսաղէմ քաղաքը, փնտռելով ու սպասելով
արդարութեան պսակին՝ զոր Աստուած պատրաստած էր
իրեն համար:

Յայտնութիւն 19.7-8 համարներուն մէջ կը կարդանք
հետեւեալը. «Խնդա՛նք եւ ուրախանա՛նք ու փա՛ռք տանք
Անոր, քանզի Գառնուկին հարսանիքը հասաւ ու Անոր
կինը ինքզինք պատրաստեց: Եւ իրեն հագնելու համար
տրուեցաւ մաքուր ու լուսափայլ բեհեզ, (քանզի այն
բեհեզը սուրբերուն արդարութիւնն է). եւ Յայտնութիւն
22.14-ի մէջ նաեւ գրուած է. «Երանելի՛ են անոնք, որ
Անոր պատուիրանքները կը կատարեն [որոնք իրենց
հանդերձները կը լուան], որպէս զի իշխանութիւն ունենան
կենաց ծառին վրայ եւ դռներէն ներս քաղաքը մտնեն»:

Հոս, «հանդերձներ» եւ «մաքուր բեհեզ» ըսելով
կ՚ակնարկէ մարդոց սրտերուն եւ արարքներուն: Մենք
կրնանք մուտքի դռներէն անցնելով մտնել սուրբ քաղաքը՝
միայն այն ատեն՝ երբ կը մաքրագործենք մեր սրտերն ու
արարքները: Ինչպէս որ յոգնակի «դռներ» գործածուած
են, մենք կը տեսնենք թէ հոն կան շատ դռներ: Որպէսզի
կարենանք մտնել Նոր Երուսաղէմ քաղաքը, սկիզբը մենք
պէտք է անցնինք փրկութեան դռնէն ներս, եւ պէտք է
ստանանք Դրախտ մտնելու յատկանիշները: Յետոյ, մենք
պէտք է անցնինք երկինքի Առաջին, Երկրորդ, եւ Երրորդ
Թագաւորութեան դռներէն: Ի վերջոյ, մենք պէտք է
անցնինք Նոր Երուսաղէմի Մարգարիտեայ Դռներէն:

Այս է պատճառը որ այդ համարը «դռներ» կ՚ըսէ, եւ մենք կրնանք այս հատուածէն իմանալ թէ ոչ բոլոր փրկուածները միեւնոյն փառքը պիտի ստանան երկինքի մէջ: Ասիկա բան մըն է որուն համար մենք պէտք է շատ շնորհակալ ըլլանք թէ մենք գիտենք այս երկնային թագաւորութեան մասին, եւ պէտք է ջանք թափենք որպէսզի աւելի լաւ բնակավայրեր առնենք՝ ուժով:

Պատճառը՝ թէ Ինչու համար Երկնային Բնակավայրերը Դասակարգուած են

Անոնք որոնք են Յիսուս Քրիստոսը ընդունած են, սակայն չեն թլփատեր իրենց սրտերը եւ ուրեմն չեն ձերբազատուիր չարութենէ, անոնք շատ աղօտ հոգեւոր լոյս ունին: Անոնք որոնք ձերբազատուած են ամէն տեսակի չարութենէ եւ սրբագործուած են, անոնք շատ զօրաւոր հոգեւոր լոյս ունին: Ինչպէս որ նախապէս լիշուեցաւ, իւրաքանչիւր հալատացեալ ունի տարբեր փայլք՝ իր հոգեւոր լոյսին ընդմէջէն: Որքան աւելի շատ գործադրեն Աստուծոյ Խօսքը եւ որքան աւելի շատ ձերբազատուին մեղքերէ, այնքան աւելի փայլուն եւ աւելի գեղեցիկ է այն լոյսը որ կը բիսի իրենց մէջէն: Այն անհատները որոնք ամբողջութեամբ սրբագործուած են՝ կ՚ունենան այնպիսի փայլուն լոյսեր, որ անոնք որոնք այդ լոյսը չունին՝ չեն կրնար ուղղակիօրէն նայիլ իրենց:
Եթէ միայն մարդկային տրամաբանութեամբ մտածենք, մենք կրնանք շուտով հասկնալ թէ դժուար է զօրաւոր հոգեւոր լոյս ունեցողներուն եւ այդ լոյսը չունեցողներուն համար իրար հետ միանալ եւ միասին ապրիլ: Նոյնիսկ երկրի վրայ, աւելի հանգստաւէտ է որ երեխաներ հալաքուին իրենց տարիքի ուրիշ երեխաներու հետ, պատանիներ՝ պատանիներու հետ, եւ չափահասներ՝ չափահասներու հետ: Երեխաներ եւ չափահասներ չեն կրնար իրապէս ընկերներ դառնալ, որովհետեւ անոնք տարբեր աշխարհներու մէջ կ՚ապրին, եւ անոնց ուշիմութեան մակարդակն ու խորհելակերպերը նշանակալից կերպով կը տարբերին իրարմէ:

Նոյն ձեւով, անոնք որոնք հոգեւոր լոյսի նմանօրինակ պայծառութիւն կամ նման փայլք ունին, անոնք միեւնոյն վայրին մէջ պիտի բնակին: Ի՞նչ պիտի պատահէր եթէ ամէն մարդ միեւնոյն վայրին մէջ բնակեր երկինքի լախտենական թագաւորութեան մէջ: Անոնք որոնք սրբագործուած են՝ անոնք պիտի հասկնան իրարու սրտեր եւ անոնք որեւէ անպատեհութիւններ պիտի չունենան: Սակայն չսրբագործուած անհատները իրապէս չեն հասկնար զիրենք: Այս իսկ պատճառով, Աստուած դասակարգած է զանազան տարբեր բնակավայրեր, որպէսզի նմանօրինակ հոգեւոր պայծառութիւն ունեցող մարդիկ կարենան հանգստաւետ ձեւով ապրիլ իրար հետ:

Յայտնութիւն 21.23 կ՚ըսէ. «Քաղաքը արեւի ու լուսնի պէտք չունի, որ զանիկա լուսաւորեն, վասն զի Աստուծոյ փառքը զանիկա կը լուսաւորէ ու անոր ճրագը Գառնուկն է»: Երկնային զանազան բնակավայրերու միջեւ, Նոր Երուսաղէմ քաղաքը մարդկային մշակութեան բիւրեղանման գոյութիւնն է՝ զոր Աստուած ծրագրած է: Անիկա այն վայրն է՝ ուր Աստուած կրնայ Իր զաւակներուն հետ միասին լախտեան սէր բաժնեկցիլ: Աստուած երկինքի երրորդ, երկրորդ, եւ Առաջին Թագաւորութիւնները, ինչպէս նաեւ Դրախտը, պատրաստած է անոնց համար՝ որոնք կատարելապէս ճշմատալից սրտեր չեն մշակած եւ որոնք որակաւորուած չեն մտնելու Նոր Երուսաղէմ:

Հիմա, թոյլ տուէք որ խօրանանք իւրաքանչիւր բնակավայրի յատկանիշներուն մասին, սկսելով Դրախտէն մինչեւ Նոր Երուսաղէմ քաղաքը: Նաեւ, մենք պիտի քննենք թէ ինչ տեսակի մարդիկ կը մտնեն իւրաքանչիւր բնակավայր:

Դրախտ՝ Բնակավարը Անոնց՝ Որոնք Հազիւ թէ Փրկուած են

Աստուած Իր Որդին՝ Յիսուսը դրկեց երկիր՝ մեզի համար որ դէպի մահուան ճամբան կ՚երթայինք՝ մեղքերու հետեւանքով: Յիսուս Իր խաչելութեամբ փրկեց մեզի մեր բոլոր մեղքերէն: Եթէ մենք հաւատանք որ Յիսուս միակ միջոցն է փրկութեան, եւ եթէ ընդունինք Զինքը որպէս մեր անձնական Փրկիչը, Աստուած մեզի Սուրբ Հոգիին պարգեւը կուլ տայ: Անգամ մը որ ընդունինք Սուրբ Հոգին, մեր հոգին (որ մեռած էր Ադամի մեղքին հետեւանքով), պիտի վերակենդանանայ, եւ մենք պիտի ունենանք իրաւունքը՝ զԱստուած «Հայր» կոչելու: Այդ կը նշանակէ որ եթէ մենք Աստուծոյ զաւակներ դառնանք, մեր անունները կը գրուին Կենաց Գիրքին մէջ, եւ մեզի քաղաքացիութիւն կը տրուի երկնային թագաւորութեան մէջ:

Սակայն մեր մեռած հոգին վերակենդանանալէ ետոք, այս հոգին չկրնար աճիլ՝ եթէ մենք Աստուծոյ Խօսքը չգործածրենք ու չձերբազատուինք մեղքերէ: Մեր հոգին կ՚աճի այն աստիճանոր մենք կը ձերբազատուինք մեղքերէ: Մենք կրնանք մտնել Նոր Երուսաղէմ միայն այն ատեն՝ երբ մենք ամբողջութեամբ վերագտած ենք Աստուծոյ կորսուած պատկերը՝ կատարելապէս աճեցնելով մեր հոգին: Եթէ մեր հոգին չաճիր, եւ եթէ մենք հագիլ թէ փրկութիւն ստանանք՝ մանանեխի հատիկի չափ հաւատք ունենալով, այն ատեն մենք պիտի կրնանք Դրախտ երթալ: Հաւատքի մակարդակներու չափանիշով, այս հաւատքը առաջին մակարդակի պատկանող սկզբնական հաւատքն է: Հաւատքի առաջին մակարդակը այն մակարդակն է՝ որով մենք ամօթալի փրկութիւն կը ստանանք:

Դրախտը այն վայրն է որ կազմուած է Աստուծոյ սիրով եւ ողորմութեամբ: Աստուած այս վայրը պատրաստած է այն մարդոց համար որոնք փրկուած են, բայց որոնք արժանի չեն Աստուծոյ զաւակներ կոչուելու: Մասամբ մը ամօթալի է Աստուծոյ զաւակներ կոչել զանոնք, բայց Աստուած չկրնար Դժոխք ղրկել զիրենք: Սակայն իրողութեան մէջ, Դրախտին մէջ պիտի ըլլան շատ աւելի մեծ թիւով հաւատացեալներ՝ քան միւս բնակավայրերուն մէջ: Այս վայրը նոյնիսկ աւելի ընդարձակ է քան առաջին երկինքի տիեզերքը: Դրախտի մարդիկը շնորհակալ պիտի ըլլան եւ լալիտեան ուրախ պիտի ապրին՝ պարզապէս միայն այն իրողութեան համար որ իրենք Դժոխք չեն գացած՝ այլ փրկուած են:

Հակառակ որ Դրախտը Երկինքի ամենացած մակարդակի բնակավայրն է, տակաւին չկայ երկրի վրայ վայր մը, որ ունի Դրախտին գեղեցկութիւնն ու փառաւորութիւնը՝ կարենալ բաղդատելու համար անոր հետ: Այդ ընդարձակ դաշտավայրին մէջ, որ ունի գեղեցիկ ծաղիկներու եւ կանանչ ծառերու կատարեալ ներդաշնակութիւն, զանազան կենդանիներ աստին-անդին կը թափառին եւ այս բոլոր կենդանիները շատ սիրասուն կ՚երեւին:

Երկրի վրայ ծառերն ու ծաղիկները ժամանակի

ընթացքին պիտի թառամին ու պիտի փճանան: Սակայն Դրախտին մէջ ծառերը միշտ կանանչ պիտի մնան եւ ծաղիկները բնաւ պիտի չթառամին: Երբ մարդիկը մօտենան անոնց, ծաղիկները առջեւ-ետեւ կը ճօճին եւ կամ իրենց ծիլերը կը բանան ու կը զգեն՝ անզուգական եւ հրաշալի բուրմունքներ դուրս տալով, կարծէք բարի գալուստ մաղթելով մարդոց: Հոն կան ա՛յնքան բազմատեսակ պտուղներ: Այդ պտուղները երկրի վրայ գտնուող պտուղներէն քիչ մը մեծ են եւ ունին այգածաղիկի մը փայլքը: Մարդիկ կրնան ուտել զանոնք ուղղակի ծառէն քաղելով, որովհետեւ անոնց վրան փոշի կամ միջատներ չկան:

Անոնք կրնան խոտէ դաշտագետնին վրայ նստիլ եւ բարեկամական խօսակցութիւններ ունենալ իրարու հետ՝ մինչ պտուղը ուտելով: Այս մարդիկը Աստուծոյ թագաւորութեան համար ոչ մէկ բան ըրած են իրենց երկրային կեանքին ընթացքին, ուստի անոնք որեւէ վարձատրութիւն չեն ստանար Երկինքի մէջ: Բայց անոնք ա՛յնքան ուրախ են պարզապէս այն իրողութեան համար որ հոն ոչ վիշտ կայ, ոչ հիւանդութիւն, ոչ ցաւ, եւ ոչ մահ՝ Շատ բացառիկ պարագաներու մէջ եւ արտակարգ առիթներով, անոնցմէ ոմանք կրնան հրաւիրուիլ Նոր Երուսաղէմի մէջ տեղի ունեցող ձեռնարկներուն:

Ամէն պարագայի, լոյսի չափազանց մեծ տարբերութիւն կայ Նոր Երուսաղէմի եւ Դրախտի մէջ գտնուող անձերուն միջեւ, ուստի Դրախտի մէջ գտնուող մարդիկը սովորաբար չեն ընդունիր հրաւէրը, որովհետեւ անոնք շատ ամօթ կը զգան հոն երթալու: Եթէ պատահի որ իրապէս երթան, անոնք պէտք է լատուկ հրահանգներու եւ որոշուած ժամանակներու հետեւին: Անոնք ա՛յնքան ուրախ պիտի ըլլան պարզապէս այդ փառաւոր Նոր Երուսաղէմ քաղաքը այցելելով միայն, եւ Դրախտ վերադառնայէ ետք իրենց համար մեծ գնծութիւն է բաժնեկցիլ այն բաները զոր տեսան եւ որոնց ականատես դարձան Նոր Երուսաղէմի մէջ:

Պարզապէս որովհետեւ Դրախտը Երկինքի մէջ գտնուող ամենէն ցած մակարդակի բնակավայրն է, մենք բնաւ պէտք չէ թերգնահատենք Դրախտին գեղեցկութիւնը եւ անոր մէջի ուրախութիւնը: Հակառակ որ Դրախտը ամօթալի փրկութիւն ունեցող անհատներու վայրն է, տակաւին անիկա այնպիսի վայր մըն է որ չկրնար բաղդատուիլ երկրի վրայ որեւէ ուրիշ վայրի մը հետ, եւ անիկա նոյնիսկ շատ աւելի գեղեցիկ է քան Եդեմի Պարտէզը` ուր Ադամ ապրեցաւ:

Երկինքի Առաջին Թագաւորութիւնը

Երկինքի Առաջին Թագաւորութիւնը Դրախտէն շատ աւելի գեղեցիկ եւ աւելի ուրախ տեղ մըն է: Միջաւայրի տեսակէտով անիկա աւելի գեղեցիկ է քան Դրախտը: Ասիկա վայրն է աննՃ` որոնք ընդունած են Յիսուս Քրիստոսը, որոնց մեռած հոգիները վերակենդանացած են, եւ որոնք փորձած են կատարել Աստուծոյ Խոսքը, սակայն չեն կրցած ամբողջութեամբ գործադրել զայն: Մէկ խոսքով, Երկինքի Առաջին Թագաւորութիւնը այն անձերուն համար է` որոնք իրենց հալատքի աճման ընթացքին հասած են հալատքի երկրորդ մակարդակին:

Երկինքի Առաջին Թագաւորութեան մէջ, անոնք կը ստանան վարձատրութիւններ եւ տուն` նայած թէ իրենք ինչ ըրած են երկրի վրայ: Առաջին Թագաւորութեան մէջ տուները կը նմանին երկրի վրայ եղող յարկաբաժիններուն: Սակայն անոնք շինուած են ոսկիով եւ ուրիշ թանկարժէք գոհարեղէններով` իրենց տէրերուն ճաշակին համաձայն: Շէնքերուն մէջ կան վերելակներ, որոնք կը գործեն Աստուծոյ զօրութեամբ, եւ անոնք յարկ առ յարկ քեզ կը տանին ուր որ ուզես` առանց որեւէ կոճակ մը կոխելու անհրաժեշտութեան:

Այն անձերը որոնք կ'երթան Երկինքի Առաջին Թագաւորութիւնը, անոնց պիտի տրուի անեղծանելի պսակ մը (Ա. Կորնթացիս 9.25): Այդ կը նմանի մասնակցութեան մրցանակի մը: Անոնք գիտէին Աստուծոյ Խոսքը, բայց չգործադրեցին զանիկա երկրի վրայ: Անոնք գիտէին թէ պէտք էր ծերբագատուէին մեղքերէ, բայց չծերբագատուեցան իրենց գործած շատ մը մեղքերէն: Սակայն Աստուած իր Խոսքը գործադրելու համար անոնց ըրած ջանքը ինքնին կը նկատէ որպէս իրենց հալատքը եւ այդ համեմատութեամբ ալ վարձատրութիւններ կու տայ իրենց:

Երկինքի Առաջին Թագաւորութեան մէջ կան բազմաթիւ գեղեցիկ պարտէզներ: Հոն կան նաեւ զուարճանքի դիւլիթիւններ ինչպէս` մեծ գրօսայգիներ լեցուն` ծառերով, գբոսավայրերով, լիճերով, քալելու արահետներով, լողաւազաններով, կոլֆի մրցադաշտերով, գնդակախաղի խաղարաններով, եւայլն: Սակայն բնակելու համար տրուած անհատական վայրերէն եւ տրուած պասքներէն զատ, միւս բոլոր բաները հասարակաց են` հանրային գործածութեան համար: Այդ կը նմանի յարկաբաժինի շրջափակին մէջ գբոսավայրեր կամ մարզանքի սարքեր ունենալուն` հանրային գործածութեան համար:

Անձնապէս ծառայող հրեշտակներ չկան հոն: Ալսուհանդերձ, մարդիկ կրնան ամէն տեղ ուղղութիւն ստանալ հրեշտակներէն: Ա՛յս է որ Երկինքի Առաջին Թագաւորութիւնը հիմնականօրէն կը զատորոշէ Դրախտէն: Օրինակի համար, միՖ նստարանի մը վրայ նստած իրար հետ կը խօսակցին, անոնք կրնան խնդրել հրեշտակէ մը որ քիչ մը պտուլ բերէ իրենց` եթէ ուտել ուզեն: Բայց Դրախտին մէջ, անոնք պէտք է պտուղները իրենց ձեռքով առնեն: Այսպէս ուրեմն, ապրելակերպի մեծ տարբերութիւն կայ Դրախտին եւ Երկինքի Առաջին Թագաւորութեան մէջ գտնուողներուն միջեւ: Երկինքի Առաջին Թագաւորութեան մէջ եղողները չեն նախանձիր իրենցմէ բարձր մակարդակի բնակավայրերու մէջ բնակողներուն վրայ: Ամէն մէկ անհատ ծայրագոյն ուրախութիւն եւ գոհունակութիւն կը զգայ իւրաքանչիւրը իրեն համար յատկացուած բնակավայրին մէջ:

Երկինքի Երկրորդ Թագաւորութիւնը

Երկինքի Երկրորդ Թագաւորութիւնը նոյնիսկ աւելի փայլուն եւ աւելի գեղեցիկ է քան Երկինքի Առաջին Թագաւորութիւնը: Կառուցուած Ֆէնքերը, որոնք շինուած են թանկարժէք քարերով, շատ աւելի շքեղ ու գեղեցիկ են հոն: Տարբեր տեսակի կենդանիներն ու բոյսերը թիւով շատ աւելի եւ այլազան են` քան Դրախտի ու Երկինքի Առաջին Թագաւորութեան մէջինները: Նոյնիսկ միեւնոյն կենդանին կամ միեւնոյն բոյսը շատ աւելի գեղեցիկ է հոն քան Երկինքի Առաջին Թագաւորութեան մէջինը: Կենդանիներու պարագային, Ֆիզիքական շնորհիքը աւելի վայելուչ, եւ գեղեցկութիւնը աւելի հոյակապ, եւ փետուրներուն ու մուշտակին գոյները աւելի փայլուն են: Նոյնն է պարագան անուշահոտ բուրմունքին եւ ծաղիկներու գոյին:

Երկինքի Երկրորդ Թագաւորութիւնը անոնց համար է` որոնք գործադրած են Աստուծոյ Խօսքը, բայց ոչ բոլորովին սրբագործուած են: Մէկ խօսքով, Երկինքի Երկրորդ Թագաւորութիւնը անոնց համար է` որոնք հալատքի երրորդ մակարդակին վրայ կը գտնուին: Անոնք ձերբազատուած են գործնականապէս գործուած բոլոր մեղքերէն, բայց եւ այնպէս, անոնք ամբողջութեամբ ձերբազատուած չեն ըլլար խորհուրդով գործուած մեղքերէն եւ սրտին մէջ եղող մեղքերէն:

Անոնց պիտի տրուի մէկ-յարկանի անձնական տուն, եւ անոնք անուատախտակ մը պիտի ունենան դրան մուտքին: Այս տուները չափազանց գեղեցիկ եւ հոյակապ են, Երկրի վրայ գտնուող ուրիշ որեւէ դղեակէ մը աւելի: Ընդհանրապէս, բացի տունէն, վարձատրութիւնը որ կը տրուի` փառքի պսակն է: Երկրի վրայ անոնք որոշ չափով փառք բերած են Աստուծոյ, եւ այդ իսկ պատճառով Աստուած անոնց կու տայ փառքի անթառամ պսակը (Ա. Պետրոս 5.4):

Փառքի պսակէն եւ տունէն զատ, անոնք որոնք կ'երթան Երկինքի Երկրորդ Թագաւորութիւնը, անոնք կրնան անձնապէս ունենալ բան մը` զոր չափէն աւելի կը ցանկան: Եթէ ուզեն ունենալ լողաւազան մը, անոնք կրնան հոյակապ լողաւազան մը ունենալ` գեղեցիկ գոհարեղէններով շինուած: Եթէ ուզեն ունենալ լիճ մը, անոնք կրնան ունենալ զայն: Եթէ ուզեն պարասրահ մը ունենալ` կրնան ունենալ զայն: Եթէ կը սիրեն քալել, անոնք կրնան ունենալ քալելու արահետներ` շալիռներուն երկայնքին բազմաթիւ բոյսերով ու ծաղիկներով լեցուն, նաեւ հոս ու հան թափառող բազմաթիւ սիրուն կենդանիներով լեցուն:

Որովհետեւ իւրաքանչիւր անհատ տարբեր ճաշակ ունի, ուստի հոն կան տարբեր տեսակի դիւրիթիւններ եւ սարքեր, այնպէս որ անոնք կրնան իրարու տուներ այցելել, տեսնելու եւ միասին գործածելու համար այդ այլազան դիւրիթիւններն ու սարքերը: Երկինքի մէջ իւրաքանչիւր անձ մէկը միւսին կը ծառայէ, եւ ուստի ոչ մէկը կը մերժէ որեւէ մէկուն որ կրնայ իր տունը գալ այցելութեան: Այլ ընդհակառակը, անոնք աւելի ուրախ կը զգան քանի որ կրնան իրար հետ բաժնեկցիլ իրենց ունեցածը: Նաեւ, այցելուները չեն փնտռեր իրենց անձնական շահերը,

ուստի անոնք քաղաքավարութեան սահմաններուն մէջ է
որ կ՚ընեն իրենց այցելութիւնները:

Անոնք որոնք կը գտնուին երկինքի երկրորդ
Թագաւորութեան մէջ, անոնք գէշ չեն զգար կամ
չեն նախանձիր ուրիշ մարդոց ունեցածին վրայ
պարզապէս որ իրենք դիւլիքեան մէկ սարք մը ունին
միայն: Այլ ընդհակառակը, անոնք շնորհակալութիւն
կը յայտնեն Աստուծոյ որ իրենց տուած է այսպիսի մեծ
վարձատրութիւն մը, որ շատ աւելի մեծ է քան ինչ որ
իրենք որին երկրի վրայ: Մէկ բան որ իրենց մտքին մէջ
կայ այն է` որ իրենք ամբողջութեամբ չարբագործեցին
ինքզինքնին երկրի վրայ իրենց ապրած կեանքի
ընթացքին: Անոնք այնքան շատ նուաստացած պիտի
զգան ինքզինքնին այն իրողութեան համար որ իրենք
ամբողջութեամբ չձերբազատուեցան չարութենէ, որ պիտի
չկրնան իրենց դէմքերը վեր վերցնել Աստուծոյ առջեւ:

Երկինքի Երրորդ Թագաւորութիւնը

Երկինքի երկրորդ եւ երրորդ Թագաւորութիւններու
միջեւ փառքի տարբերութիւնը կը նմանի երկինքի եւ
երկրի միջեւ եղող տարբերութեան: Այս տարբերութիւնը
յառաջ կու գայ այն իրողութենէն թէ արդեօք անհատը
սրբագործում իրագործա՞ծ է թէ ոչ: Անոնք որոնք երկինքի
երրորդ Թագաւորութեան մէջ են` կը գտնուին հալատքի
չորրորդ մակարդակին վրայ: Անոնք իրագործած կ՚ըլլան
սրբութիւնը, ուստի, որպէս վարձատրութիւն, անոնք
կրնան ունենալ ամէն տեսակի դիւրիւթեան սարքեր` զոր
կը փափաքին: Անոնք կրնան ունենալ կոլֆի մրցադաշտեր,
լողաւազաններ, պարասրահներ... այսինքն, անոնք կրնան
ունենալ որեւէ բան` զոր կը փափաքին, ուստի անոնք
ստիպուած չեն ըլլար ուրիշ մէկու մը տունին մէջ գտնուող
դիւրիւթեան սարքը գործածելու:

Երկինքի Երրորդ Թագաւորութեան մէջ տուները
ունին բազմապատիկ յարկեր, եւ անոնք այնքան մեծ ու
շքեղ են, որ նոյնիսկ երկրի վրայ գտնուող մեծահարուստ
միլիոնատէրերն իսկ չեն կրնար այսպիսի տուներ
վերարտադրել: Անոնք ունին ընդարձակ պարտէզներ`
լեցուած անուշահոտ բուրմունքներ ունեցող ծաղիկներով
եւ ծառերով, որոնք շատ գեղեցիկ ձեւով զարդարուած են:
Զանազան տեսակի եւ այլազան գոյներով ծուկեր կը լողան

լիճերուն մէջ, որոնք փառաւոր կերպով շողշողուն լոյսեր
կը ճառագայթեն: Անշուշտ, այս տուները աւելի նուազ են
քան Նոր Երուսաղէմի տուները՝ իրենց մեծութեան չափով,
գեղեցկութեամբ, եւ փառքով: Համեմատաբար խօսելով,
եթէ ըսենք թէ Նոր Երուսաղէմի մէջ ամենափոքր տունի
մը հողը 100 միաւոր է, Երկինքի Երրորդ Թագաւորութեան
մէջ ամենամեծ տունին հողը միայն 60 միաւոր է: Ասիկա
մեզի ըսել կ՛ուզէ թէ Աստուած չափազանց շատ կը հոճուլի
այն անձերէն՝ որոնք կը մտնեն Նոր Երուսաղէմ:

Երկինքի Երրորդ Թագաւորութեան մէջ տուները դուրս
կու տան գեղեցիկ անուշահոտ բոյր մը եւ չափազանց
փայլուն լոյսեր, այն աստիճան որ տանտերը կը նմանի
Աստուծոյ: Երկինքի Երրորդ Թագաւորութեան եւ Նոր
Երուսաղէմի մէջ տուներուն միջեւ հասարակ ազդակը այն
է որ անոնք անուատախտակներ չունին: Տուները ինքնին
անզուգական անուշահոտ բուրմունք մը դուրս կու տան
եւ այգածաղիկի մնան լոյս մը, որը կը ներկայացնէ այդ
տանը տէրը, ուստի ամէն ոք գիտէ թէ որուն տունն է այդ՝
առանց անուատախտակի գոյութեան: Պատճառը այն է՝
որովհետեւ այն բոլոր հալատացեալներուն միջեւ որոնք
կ՛երթան երկնային թագաւորութիւն, համեմատաբար
կան շատ քիչեր միայն որոնք կը մտնեն Երկինքի Երրորդ
Թագաւորութիւն կամ Նոր Երուսաղէմ:

Իրողութիւնը միայն տուներուն մասին չէ միայն:
Նոյնիսկ միեւնոյն ուսիկէ փողոցները շատ աւելի փայլուն
եւ շատ աւելի թանկարժէք են քան Երկինքի Երկրորդ
Թագաւորութեան մէջի փողոցները: Պատճառը այն է՝
որովհետեւ անոնք կրնան իրենց ուզած բոլոր սարքերը
եւ դիրիթիւններ ունենալ: Նաեւ, Երկինքի Երրորդ
Թագաւորութեան մէջ բազմաթիւ հրեշտակներ կը տրուին
իրենց: Հոն կան բազմաթիւ օգնական հրեշտակներ
որոնք կը կառավարեն տունը եւ այցելուները: Մինչեւ
Երկինքի Երրորդ Թագաւորութիւն՝ անձնապէս
ծառայող հրեշտակներ չկան, բայց Երկինքի Երրորդ
Թագաւորութեան եւ Նոր Երուսաղէմի մէջ նշանակուած
են հրեշտակներ՝ հոն գտնուող բոլոր բնակիչներուն
համար: Նաեւ անոնք ունին ամպանման ինքնաշարժեր՝
հանրային գործածութեան համար, եւ անոնք կրնան իրենց
ուզածին պէս ճամբորդել երկնային անհուն եւ անսահման
թագաւորութեան մէջ:

Կենաց պսակը կը տրուի Երկինքի Երրորդ

Թագաւորութեան բնակիչներուն: Անիկա հիմնական վարձատրութիւն մըն է որ կը տրուի, որովհետեւ անոնք լաջողութեամբ անցած են բոլոր փորձութիւններէն՝ իրենց կեանքերը տալով Տէրոջը համար (Յակոբու 1.12): Երկինքի Երրորդ Թագաւորութեան մէջ ապրողները չափազանց պանծալի եւ գերազանց կեանքեր ապրած են՝ բաղդատմամբ անոնց՝ որոնք կը գտնուին Երկինքի Երկրորդ Թագաւորութեան մէջ: Սակայն նոյնիսկ այս մարդիկը որոշ չափով կը վշտանան երբ անոնք կը տեսնեն Նոր Երուսաղէմը: Ուրեմն, շատ կարեւոր է որ մենք հաճեցնենք զԱստուած՝ հալատարիմ ըլլալով Աստուծոյ բոլոր տանը մէջ, միաժամանակ սրբութիւն մշակելով մեր մէջը:

Նոր Երուսաղէմ՝ Բնակավայրը Անոնց՝ Որոնք Լման Հոգիի Տէր Անձեր Դարձած Են

Յովհաննէս առաքեալ Նոր Երուսաղէմ քաղաքի փառքին մասին Յայտնութիւն 21.11-ի մէջ հետեւեալը ըսաւ. «... անոր լուսաւորութիւնը խիստ պատուական քարի նման էր, ակնվանիի երեւոյթով յասպիս քարի պէս»:

Ամբողջ քաղաքը շողապատուած է Աստուծոյ փառքով: Լույսերը, որ կը ծագին Նոր Երուսաղէմ քաղաքէն, ա՛յնքան արժանապատիւ եւ ա՛յնքան գեղեցիկ են որ պիտի չկրնանք մեր բացագանչութիւնները զսպել՝ երբ տեսնենք զանոնք: Նոր Երուսաղէմը ա՛յնքան գեղեցիկ եւ ա՛յնքան սքանչելի տեղ մըն է, որ մեր երեւակայութենէն շատ անդին է: Անիկա կը տրուի այն անձերուն որոնք կատարելապէս սրբութիւն իրագործած են, որոնք հալատարիմ են Աստուծոյ բոլոր տանը մէջ, եւ որոնք հետեւած են իր կամքին՝ հասկնալով Աստուծոյ սրտին խորը: Այսինքն, Նոր Երուսաղէմը վայրն է այն մարդոց որոնք կատարեալ հոգի ունին եւ որոնք հասած են հալատքի հինգերորդ մակարդակին:

Այս քաղաքը շողապատուած է բարձր պատերով որոնք շողշողուն լույսեր դուրս կու տան, եւ այս պատերը կը գտնուին Երկինքի Երրորդ Թագաւորութեան եւ Նոր Երուսաղէմի սահմանագիծին վրայ: Նոր Երուսաղէմ քաղաքին լայնքը, բարձրութիւնը, եւ երկայնքը հալասար չափով են: Այսինքն անոր լայնքը, բարձրութիւնը, եւ երկայնքը իւրաքանչիւրը 12.000 ասպարէզ է

(Յայտնութիւն 21.6): Ասպարէզը հեռաւորութեան չափի մըն է, իսկ 12.000 ասպարէզը մօտաւորապէս 2.400 քմ է:

Եթէ Նոր Երուսաղէմ քաղաքը հորիզոնական ձեւով դիտենք (այսինքն միայն լայնքը եւ երկայնքը), անոր մակերեսային տարածութիւնը Հարաւային Քորէայի տարածութենէն 58 անգամ աւելի մեծ է: Սակայն տարածութեան այս հաշուական գործողութիւնը միայն երկատարած է (լայնութիւն եւ երկայնութիւն): Նոր Երուսաղէմ քաղաքը ունի նաեւ 2.400 քմ բարձրութիւն: Ուրեմն, մենք չենք կրնար կատարելապէս հասկնալ Նոր Երուսաղէմ քաղաքի տարածութեան միջոցը՝ պարզապէս մակերեսային տարածութիւնը չափելու մտապատկերով միայն:

Քաղաքին չորս կողմի պատերը իւրաքանչիւրը ունի երեք մարգարիտեալ դռներ, այսինքն բոլորը միասին գումարելով կ՛ըլլան տասներկու դռներ: Քաղաքին պատի հիմնաքարերը շինուած են տասներկու տարբեր տեսակի թանկարժէք գոհարներով: Մուտքի իւրաքանչիւր դրան առջեւ կեցած է պահապան հրեշտակ մը, եւ փողոցները շինուած են մաքուր ոսկիէ, որ նման է բիւրեղանման պայծառ ապակիի: Տասներկու հիմնաքարերէն զատ հոն կը գտնուին նաեւ բազմաթիւ ուրիշ թանկարժէք քարեր եւ գոհարներ: Անոնցմէ ոմանք այնքան մեծ են որ չենք կրնար նոյնիսկ երեւակայել անոնց մեծութեան չափը: Կարգ մը ուրիշներ կրկնապատիկ կամ եռապատիկ խաւերով բազմագոյն լոյսեր կ՛արձակեն:

Նոր Երուսաղէմ քաղաքին ներսի կողմը կը բաժնուի Հայր Աստուծոյ տարածութեան միջոցին, Տէրոջը տարածութեան միջոցին, եւ Սուրբ Հոգիին տարածութեան միջոցին միջեւ: Հայր Աստուծոյ տարածութեան միջոցին մէջ կը գտնուին հաւատքի պատրիարքներուն տուները, այսինքն անոնց՝ որոնք գործած են Հին Կտակարանի ժամանակներուն, բայց անոնք սահմանափակուած չեն միայն Եղիայի, Ենովքի, Մովսէսի, եւ Աբրահամի: Աստուծոյ աթոռին աջ կողմէն դէպի վար Տէր Յիսուսի տարածութեան միջոցն է, ուր տեղաւորուած է Տէրոջը հիմնական դղեակը, որ ունի ոսկիէ տանիք մը: Դղեակին շուրջ կան շատ ուրիշ շինութիւններ՝ զանազան գոյներով եւ կերպարանքներով: Ամենէն մօտիկ հեռաւորութեան վրայ կը գտնուին Տէրոջը առաքեալներուն՝ Պետրոսի, Յովհաննէսի, եւ Յակոբոսի տուները, եւ անկէ ետք՝ միւս առաքեալներուն տունները:

Աստուծոյ աթոռին ձախ կողմէն դէպի վար կը գտնուի Սուրբ Հոգիին շրջանը, որ ընդիանրապես այդ փափուկ եւ մեղմ զգացումը դուրս կու տայ՝ ինչպէս մօր մը տուած զգացումը: Այս շրջանին մէջ կը գտնուին այն անձերուն տունները որոնք լառաջ եկած են որպէս լման հոգիի տէր մարդիկ՝ Սուրբ Հոգիին ժամանակաշրջանին ընթացքին: Այդ տուներէն քանի մը հատը արդէն շինուած վերջացած են, մինչ ուրիշներ կը զարդարուին գեղեցիկ գոհարեղէններով եւ անոնց շինութիւնը գրեթէ աւարտելու վրայ է: Կարգ մը տուներու պարագային, անոնց հողը կը մեծցուի, որովհետեւ այդ տունին տէրը տակաւին երկրի վրայ աւելի եւս հոգիներ շահելու եւՆեւէ ինկած է:

Նոր Երուսաղէմի մէջ տուները մեծ ու փառաւոր են՝ իսկայ դղեակներու նման: Անոնց պիտի տրուի հողը այն աստիճան որ անոնք երկրի վրայ հեգնութիւն իրագործած են, իսկ անոնք որոնք Նոր Երուսաղէմի մէջ են, անոնց պիտի տրուի ընդարձակ հողաշերտ մը իրենց տուներուն համար, քանի որ անոնք մեծ քանակութեամբ հեգնութիւն մշակած են: Իւրաքանչիւր տուն ունի դիւրիւթեան բոլոր սարքերը զոր տանտերը կը փափաքի ունենալ, եւ մէկը կրնայ շատ դիւրիւթեամբ ըսել թէ որու տունն է այդ, որովհետեւ անիկա շինուած է այդ տանը տիրոջը հաւատքին, վարձատրութիւններուն, եւ անոր ճաշակին համաձայն: Աստուծոյ փառքին լոյսը եւ գոհարեղէնները որ կը զարդարեն իւրաքանչիւր տուն, մեզի կը լայտնեն թէ տանտերը ո՜ր աստիճանի սրբութիւն մշակած է եւ երկրի վրայ ո՜րքան շատ հաճեցուցած է զԱստուած: Անոնց կը տրուին գեղեցիկ վարձատրութիւններ՝ նայած թէ անոնք ո՜ր չափով ձեռբազատուած են իրենց սիրած բաներէն, այն բաներէն զոր ուզած են ընել, եւ այն ինչ որ փափաքած են ունենալ Տէրոջը համար:

Ոսկի պասակը եւ արդարութեան պասակը հիմնականօրէն պիտի տրուին անոնց՝ որոնք կը մտնեն Նոր Երուսաղէմ քաղաքէն ներս: Ոսկի պասակը ունի զանազան տեսակի արժէքաւոր քարերով լեցուն զարդարանքներ: Յայտնունթիւն 4.4-ը կ՚ըսէ. «Աթոռին շուրջը քահանաներ՝ զմրուխտի երեւոյթով եւ այդ աթոռին բոլորտիքը քսանըչորս երեցներ նստեր էին՝ ճերմակ հանդերձներ հագած ու գլուխնին ոսկիէ պասակներ ունէին»:

Ոսկի պսակը շինուած է գլուտ մաքուր ոսկիէ, որ ուրիշ որեւէ օտար նիւթ չպարունակեր իր մէջը: Անիկա կը ներկայացնէ ճշմարիտ հալատք` որ բնաւ չխոխուիր: Անիկա վարձատրութիւն մըն է, որ կը տրուի այն իրողութեան համար որ անոնք հասած են հալատքի այն աստիճանին` զոր կը հաճեցնէ զԱստուած:

Արդարութեան պսակը կը տրուի անոնց` որոնք մշակած են մաքուր սիրտ մը, որ անարատ ու անբիծ է, եւ որոնք հալատարիմ եղած են Աստուծոյ թագաւորութեան մէջ (Բ. Տիմոթէոս 4.7-8): Ոսկի պսակէն եւ արդարութեան պսակէն զատ, ուրիշ տեսակի պսակներ ալ պիտի տրուին այն անհատներուն` որոնք կ'երթան Նոր Երուսաղէմ: Ամէն մէկ առիթի համար որ երկրի վրայ մեծապէս փարք բերին Աստուծոյ, անոնք պիտի վարձատրուին պսակով մը:

Ասէնգմէ զատ, կան շատ ուրիշ բաներ զոր Աստուած մեզի համար պատրաստած է Նոր Երուսաղէմ քաղաքին մէջ: Այս մասին Յայտնութիւն 21.2 կ'ըսէ. «Սուրբ քաղաքը` նոր Երուսաղէմը` տեսայ, որ երկնքէն Աստուծմէ կ'իջնէր, իր էրկանը համար զարդարուած հարսի մը պէս պատրաստուած»: Ճիշդ ինչպէս որ պսակին օրը հարսերը ամենագեղեցիկ ձեւով կը զարդարեն ինքզինքնին, նոյնպէս ալ Աստուած Նոր Երուսաղէմ քաղաքը պատրաստած է որպէս ամենագեղեցիկ, ամենէն հանգստաւէտ, ամենէն քնքուշ, եւ ամենէն ուրախ տեղը` երկնային միւս բոլոր բնակավայրերուն միջեւ:

Այլազան գոյները, որոնք բիսին իւրաքանչիւր տան շողշողացող թանկարժէք գոհարներէն, կը կազմեն գոյներու կատարեալ ներդաշնակութիւն մը: Կարգ մը տուներ ունին մեծ լիճ մը, հսկայ անտառ մը, ընդարձակ դաշտ մը, եւ հոյակապ կերպով զարդարուած պարտէզներ, զուարճանքի վայրեր, անհամար թիւով թռչուններ եւ գեղեցիկ կենդանիներ: Պարզապէս միայն Նոր Երուսաղէմ երթալը ինքնին պիտի շարժէ մարդոց սրտերը: Անոնք յալիտենապէս ուրախութիւն պիտի վայելեն` այնպիսի փառքի եւ զգացումի մէջ, որ կարելի չէ պատշաճօրէն նկարագրել:

Ոչ շատեր գացած են Նոր Երուսաղէմ` մարդկային

74

մշակութեան սկիզբէն իվեր: Աստուած կ՚ուզէ որ ամէն անհատ յառաջ գայ որպէս իր ճշմարիտ զաւակը եւ երթայ դէպի Նոր Երուսաղէմ, բայց եւ այնպէս, կան այնքան բազմաթիւ մարդիկ որոնք հագիլ թէ փրկուած են: Անոնք միշտ շնորհակալութեամբ լեցուած են պարզապէս միայն այն իրողութեան համար որ իրենք Դժոխք չինկան, եւ փոխարէնը՝ թէ իրենք կրնան ճշմարիտ խաղաղութիւն վայելել Դրախտին մէջ:

Դրախտին մէջ զգացուած ուրախութիւնը կարելի չէ նոյնիսկ բաղդատել այն ուրախութեան հետ որ կը զգացուի Նոր Երուսաղէմի մէջ: Նոյնպէս, անիկա շատ տարբեր է Երկինքի Առաջին Թագաւորութեան մէջ զգացուած ուրախութենէն: Աստուծոյ արդարութեան համեմատ, միջավայրերու եւ ուրիշ պայմաններու շատ տարբերութիւններ կան երկնային իւրաքանչիւր բնակավայրի միջեւ, եւ իրողութեան մէջ ասիկա իսկապէս Աստուծոյ տածած սիրալիր նկատառութիւնն է մեզի հանդէպ: Աստուած թոյլ տուալ այն անձերուն, որոնք հոգիի նմանօրինակ մակարդակներու վրայ կը գտնուին, որ անոնք զգան ծայրագոյն ազատութիւնը եւ ուրախութիւնը՝ իւրաքանչիւր բնակավայրի մէջ: Այս ձեւով, մարդիկ կ՚ապրին իրենց երկնային մասնայատուկ բնակավայրերուն մէջ, եւ այս տեսակ կեանքի մը համար անոնք կ՚ունենան այնպիսի հոգեւոր մարմին մը՝ որը ամենէն պատշաճն է այդ հոգեւոր տարածաշրջանին համար:

Գլուխ 2

Հոգի, Շունչ, եւ Մարմին՝ Հոգեւոր Տարածաշրջանին մէջ

Աստուծոյ պարգեւը պիտի տրուի տարբեր չափով՝ նայած թէ մենք որ աստիճան մշակած ենք Հոգիին պատկանող Հոգին, շունչը, եւ մարմինը՝ մինչ կ՚ապրինք ֆիզիքական տարածաշրջանին մէջ։ Աստուած մեզի կու տայ երկնային փառք՝ զոր մենք կը վայելենք մեր երկնային բնակավայրին մէջ, ինչպէս նաեւ Հագուստներ, պսակներ, եւ ուրիշ զարդարանքներ՝ այն Համեմատութեամբ թէ մենք ինչ ըրած ենք:

1. Հոգեւոր Կերպարանք

2. Հոգիին Պատկանող Շունչ եւ Մարմին

3. Աստուծոյ Պարգեւը

Շարժանկարներու կամ հեռուստատեսութեան թատերախաղերու մէջ, մենք երբեմն կը տեսնենք թէ ինչպէս հոգին, որ կը նմանի ճիշդ միեւնոյն անձին, դուրս կ՚ելլէ մարմնէն: Հոգին, որ մարմնէն դուրս եկած է, կը տեսնէ մարմինը որ երկնցած է եւ զարմանալով հարց կու տայ. «Ինչո՞ւ համար ինծի նմանող անձ մը հոն՝ վարը պառկած է»: Արդե՞օք այս տեսակի բան մը պարզապէս առասպել մըն է, որ գոյութիւն ունի շարժանկարներու կամ հեռուստատեսութեան թատրեխաղերու մէջ միայն: Աստուածաշունչը կը գրէ հոգեւոր թագաւորութեան եւ մեր հոգիին գոյութեան մասին:

Որպէսզի կարենանք յետազգային ապրիլ երկնային յալիտենական թագաւորութեան մէջ, մենք պէտք է ունենանք հոգի, շունչ, եւ մարմին՝ որոնք կը պատկանին հոգեւոր տարաձայնջանին: Բոլոր մարդիկը կը ծնին հոգիով մը, որ մեռած է՝ Ադամի մեղքին հետեւանքով: Որպէս հետեւանք, անոնք կ՚ապրին հետեւելով իրենց կիրքերուն եւ ցանկութիւններուն: Սակայն անգամ մը որ Յիսուս Քրիստոսը ընդունին եւ Սուրբ Հոգին ստանան, իրենց մեռած հոգիները կրնան վերակենդանանալ, եւ իրենք կրնան դառնալ Աստուծոյ ճշմարիտ զաւակներ, որոնք կարօտը ունին հոգեւոր թագաւորութիւն:

Աստուած մարդ արարածները ստեղծեց եւ զանոնք կը մշակէ, ճիշդ ինչպէս որ պարտիզպանը դաշտին մէջ սերմեր կը ցանէ ու կը մշակէ զանոնք: Երբ մենք հասկնանք Աստուծոյ նախասահմանութիւնը, միայն այն ատեն է որ մենք կրնանք վերակենդանացնել մեր մեռած հոգին, եւ մեր հոգին, շունչը ու մարմինը կը սկսի պատկանիլ հոգիին: Մենք կրնանք երկինքի յախտենական թագաւորութեան մէջ վայելել կեանքը, ունենալով երկնային կատարեալ մարմին մը միայն այն ատեն՝ երբ մենք ունենանք այնպիսի հոգի, շունչ, եւ մարմին՝ որոնք կը պատշաճին երկինքի երրորդ թագաւորութեան, որը լոյսի տարածաշրջանն է:

Արդեօք մենք ինչպէ՞ս պիտի երեւնանք եւ ի՞նչ բանի պիտի նմանինք լոյսի այս տարածաշրջանին մէջ: Երկրի վրայ մենք ունինք հոգի, շունչ, եւ մարմին, որոնք կը պատշաճին ֆիզիքական այս տարածաշրջանին: Սակայն այնգամ մը որ մտնենք հոգեւոր տարածաշրջան, մենք պիտի ունենանք հոգի, շունչ, եւ մարմին՝ որոնք պատշաճ են այդ տարածաշրջանին համար:

1. Հոգեւոր Կերպարանք

Հոգեւոր կերպարանքը հոգիին երեւոյթն է: Անիկա նաեւ կրնայ ընկատուիլ անօթ մը՝ որ իր մէջ կը պարունակէ հոգին: Իւրաքանչիւր փրկուած անհատ ունի որոշ կերպարանք մը, որ կը պատկանի երկինքի, այսինքն երկնային մարմին մը, եւ իւրաքանչիւր մարմնի փառքը մէկը միւսէն կը տարբերի: Իւրաքանչիւր հոգեւոր մարմնի լոյսը կը տարբերի միւսէն՝ նայած ամէն մէկ անհատի սրբութեան աստիճանին: Մենք պիտի ունենանք յարութիւն առաձ մարմինը, եւ անկէ ետք պիտի ունենանք կատարեալ դարձած երկնային մարմինը:

Կերպարանքը հիմնական մարմնին ձեւն է: Կերպարանքը իսկական էութեան երեւոյթն է: Երբ մենք տեսնենք արծիւ մը՝ որ կը թռչի երկնակամարին մէջ, մենք կրնանք ըսել թէ անիկա արծիւ մըն է, որովհետեւ անիկա ունի իւրայատուկ կերպարանք մը: Առիւծները ունին առիւծի կերպարանք2 իսկ արծիւները ունին արծիւի կերպարնք, որով մենք կրնանք զանոնք իրարմէ զանազանել:

Ֆիզիքական մարմինը ֆիզիքական այն կերպարանքն է՝ զոր մենք կը նշմարենք մեր ֆիզիքական աչքերով: Մարդոց պարագային, մենք ունինք կերպարանք մը՝ որ կը պատկանի երկրին, որը մեր ֆիզիքական մարմինն է: Սակայն մենք կրնանք նաեւ ունենալ հոգեւոր կերպարանք մը որ կը պատկանի երկինքին, որը երկնային մարմին է:

Ա. Կորնթացիս 15.38-40 կ՚ըսէ. «Ու Աստուած անոր մարմին կու տայ ինչպէս կ՚ուզէ եւ ամէն մէկ սերմին իր յատուկ մարմինը: Ամէն մարմին մէկ մարմին չէ. հապա մարդոց մարմինը ուրիշ է ու անասուններուն մարմինը՝ ուրիշ, ձուկերուն ալ՝ ուրիշ եւ թռչուններունը՝ ուրիշ: Երկնաւոր մարմիններ ալ կան, երկրաւոր մարմիններ ալ, բայց երկնաւորներուն փառքը ուրիշ է ու երկրաւորներունը՝ ուրիշ: Ճիշդ ինչպէս որ մենք ունինք ֆիզիքական աչքերով տեսանելի մարմին մը՝ որ մեր ֆիզիքական մարմինն է, հոգին ալ նոյնպէս ունի որոշ կերպարանք մը: Մենք կրնանք ըսել թէ հոգեւոր կերպարանքը այն անօթն է՝ որ կը պարունակէ ինքնին հոգին: Գալով մարդոց, երբ երկրի վրայ մեր կեանքերը կ՚աւարտին, հոգիին պարունակութիւնը չանյայտանար, այլ անիկա կ՚ամբարուի հոգեւոր մարմնին մէջ: Հոգեւոր մարմիններուն լոյսերը իրարմէ կը տարբերին այն չափով որ մէկը ճշմարտութիւն ի գործ դրած է երկրի վրայ: Իւրաքանչիւր անձի հոգեւոր մարմինը մէկը միւսէն կը տարբերի, որ կը նշանակէ թէ մարմին մը կրնայ զանազանուիլ ուրիշ մարմնէ մը: Հոգեւոր մարմնին լոյսը տեսնելով, մենք կրնանք նոյնիսկ ըսել թէ ամէն մէկ անհատ երկնային ո՛ր մէկ բնակավայրը պիտի ժառանգէ՝ երբ Աստուած այդ մարդ կամ այդ կինը այս վայրկեանին իր քով կանչէ:

Հոգեւոր կերպարանքը շուքի նման պատկեր մը չէ բնաւ: Անոր երեւոյթը որոշակի կերպով հաստատուն է: Հակառակ որ այնպէս կը թուի թէ անիկա ծանրութիւն ունի, բայց այդպէս չէ: Ամէն պարագայի, մինչ կը զգացուի թէ անիկա ծանրութիւն չունի, տակաւին հոն ծանրութիւն մը կայ: Այդ կը նմանի նուրբ թուղթի կտոր մը վերցուելուն: Այնպէս կը զգաս թէ անիկա ծանրութիւն չունի, բայց իրականութեան մէջ հոն որոշ ծանրութիւն մը կայ: Բայց այդ չի նշանակեր որ հոգին ա՛յնքան տկար է որ անիկա այնպիսի բան մըն է որ կրնայ մինչեւ իսկ հովէն ծածուիլ: Անիկա ա՛յնքան թեթեւ որ չկրնար կշռուիլ, բայց տակաւին անիկա կայուն է:

Ադամին Հոգեւոր Կերպարանքը

Ադամ առաջին մարդն է զոր Աստուած ստեղծեց: Աստուած մեծ փափկութեամբ կազմեց Ադամի բոլոր փորոտիքները, ոսկորները, եւ մարդուն լման երեւոյթը, եւ Ադամ դարձաւ կենդանի արարած մը, այսինքն կենդանի հոգի՝ երբ Աստուած Ադամի ռնգունքներուն մէջ կեանքի շունչը փչեց: Ադամի սիրտը սկաւ զարնել, արիւնը սկաւ շրջան ընել, եւ իր մարմնին գործարանները ու բջիջները սկսան պաշտօնավարել: Ադամ գեղեցիկ արարած մըն էր որ ունէր մարմին ու ոսկորներ, որոնք բնաւ չէին ծերանար եւ բնաւ չէին փճանար: Աւելին, երբ Աստուած կեանքի շունչը փչեց Ադամի մէջ, անոր հոգին սկաւ միեւնոյն երեւոյթը ունենալ՝ ինչպէս իր ֆիզիքական մարմինը: Ճիշդ ինչպէս որ Ադամի մարմինը որոշ երեւոյթ մը ունէր, Ադամի հոգին ալ նոյնպէս սկաւ ունենալ կերպարանք մը, որ կը նմանէր անոր ֆիզիքական մարմնին: Ադամի հոգին կը հաղորդակցէր Աստուծոյ հետ, եւ իր շունչը՝ որ կ՚օգնէր հոգիին, կը պարունակուէին Ադամի մարմնին մէջ:

Ադամ կրնար Աստուծոյ խօսքը պահել եւ հաղորդակցիլ Աստուծոյ հետ, որովհետեւ իր շունչը եւ իր մարմինը կը հնազանդէին իր հոգիին: Երբ Ադամ ստեղծուեցաւ, իր հոգին, որ սահմանափակուած էր իր հոգեւոր մարմնին մէջ, կը նմանէր թուղթի պարապ կտորի մը: Ուստի Աստուած զինք առաջնորդեց Եդեմի Պարտէզ ու սորվեցուց հոգիին գիտութիւնը: Եւ Աստուած ըսաւ Ադամին. «Բայց բարիի ու չարի գիտութեան ծառէն մի՛ ուտեր. քանզի այն օրը որ անկէ ուտես, անշուշտ պիտի մեռնիս (Ծննդոց 2.17):

Եդեմի Պարտէզին մէջ երկար ժամանակ անցընելէ ետք, Ադամ կերաւ արգիլուած պտուղէն՝ զոր Եւա տուաւ իրեն, եւ զոր Եւա կերած էր Սատանային փորձուելէն ետք: Որպէս հետեւանք, ճիշդ ինչպէս որ Աստուած իր խօսքերով ըսած էր. «Անշուշտ պիտի մեռնիս», այդպէս ալ Ադամի հոգին մեռաւ: Հետեւաբար, Աստուծոյ հետ Ադամի հաղորդակցութիւնը չափազանց խստացաւ:

Անշուշտ, Ադամի հոգին Աստուծմէ եկաւ, ուստի անիկա բնաւ չկրնար ամբողջութեամբ անյայտանալ: Կեանքի շունչը, զոր Աստուած փչեց Ադամի ռունգներուն մէջ, ունի չիճանալու յատկութիւն: Այսինքն, անիկա ունի «բնաւ չիճանալու» հանգամանքը:

Հոս, Ադամի հոգին մեռաւ ըսելը կը նշանակէ թէ Աստուծոյ հետ իր հաղորդակցութիւնը խստացաւ եւ անոր գործունէութիւնը կատարելապէս դադրեցաւ: Քանի որ Ադամի հոգին այլեւս գործունեայ չէր, Ադամին շունչը գրաւեց իր հոգիին տեղը՝ որպէս մարդուն տերը, եւ իր շունչը սկսաւ իշխել իր մարմնին վրայ: Ադամի անկումէն իվեր, հոգիին գիտութիւնը որ Ադամը կը պահէր որպէս կենդանի հոգի՝ սկսաւ դուրս հոսիլ: Յետոյ, մամնաւոր յատկանիշները, որոնք կը պատկանին խաւարին, սկսան յայտնուիլ որպէս հոգեւոր կերպարանք: Այդ վայրկեանէն սկսեալ Ադամի մարմինը ինկաւ ֆիզիքական կանոնին իշխանութեան տակ: Ադամ դարձաւ արարած մը՝ որ պէտք էր փոխուէր, պէտք էր ծերանար, եւ ի վերջոյ պէտք էր դիմագրաւէր մահը:

Անհատի մը Հոգեւոր Կերպարանքը՝ Իր Մահուան Ժամանակ

Գալով մարդոց, իրենց ֆիզիքական մարմինները մեռնելէն ետք, իրենց հոգին եւ շունչը պիտի պարփակուին հոգեւոր կերպարանքին մէջ եւ գոյութիւն պիտի ունենան յաւիտեան։ Նոյնիսկ ֆիզիքական մահուընէ ետք՝ շունչը չանյայտանար, որովհետեւ անիկա միացած է հոգիին հետ եւ կը շարունակէ կատարել շունչին գործունէութիւնները։ Նոյնիսկ երբ մարմինը մեռնի եւ ուղեղին գործունէութիւնները դադրին, ուղեղին մէջ պարփակուած գիտութիւնը պիտի մնայ հոգեւոր կերպարանքին մէջ։ Խորհուրդները եւ զգացումները նոյնպէս կը մնան։ Իրար հետ բաղադրուած հոգին եւ շունչը կը ճանչցուի որպէս «հոգի-շունչ», բայց մեծ մասամբ պարագաներու մէջ մենք աննց պարզապէս կ՛ակնարկենք որպէս «հոգի»։

Մէկ կողմէն, երբ մէկը Յիսուս Քրիստոսի կ՛ընդունի ու Աստուծոյ Խօսքով կ՛ապրի, եւ լոյսի տարածաշրջան երթալու իրաւունքը կը ստանայ, անոր հոգեւոր կերպարանք պիտի սկսի փայլիլ։ Միւս կողմէն, երբ մէկու մը հոգին մեռած է՝ որովհետեւ հաղորդակցութիւն չունի Աստուծոյ հետ, որ Լոյս է, այլ անիկա մեղքերու եւ չարութեան մէջ կ՛ապրի՝ արատաւորուելով աշխարհէն, իր հոգեւոր կերպարանքը պիտի ունենայ միայն խաւարի երեւույթ։

Փրկուած անձերուն ու չփրկուած անձերուն երեւույթները իրարմէ բոլորովին տարբեր եւ հակառակ կ՛ըլլան իրենց մահուան ժամանակ։ Անոնք որոնք փրկուած չեն՝ ընդհանրապէս վախի մէջ կը մեռնին՝ աչքերը բաց վիճակի մէջ։ Բայց անոնք որոնք փրկուած են՝ խաղաղութեամբ կը մեռնին՝ աչքերնին գոց վիճակի մէջ։ Այն վայրկեանին որ հոգին դուրս կու գայ իրենց մարմնէն, անոնք կը սկսին գիտնալ որ կայ Երկինք եւ կայ Դժոխք։

Չփրկուողներէն ոմանք կը տեսնեն թէ ինչպէս դժոխքի պատգամաւորները իրենց կը սպասեն։ Դժոխքի պատգամաւորները լեցուն են մութ խաւարով՝ իրենց գլուխէն մինչեւ իրենց ոտքին մատը։ Անոնք սեւ հագուստներ հագած են, ունին տժգոյն երեսներ, սեւցած-կարմիր շրթունքներ, եւ իրենց աչքերուն տակ կայ խաւարի զօրաւոր ուժ։ Որքան ահաւոր վախով լեցուն կրնայ դառնալ մէկը՝ մինչ դժոխքի պատգամաւորները կը մօտենան ալղքան տգեղ եւ արտասովոր երեւույթներով։ Ադ վայրկեանին ալդ անհատը կը գիտնայ թէ վստահաբար կյ Երկինք եւ Դժոխք եւ ահ ու դողով կը մեռնի։ Սակայն արդէն շատ ուշ է իրեն համար։ Անգեալին համար ներողւիլը օգուտ մը պիտի չբերէ իրեն։ Ան չկրար փախուստ տալ դէպի Դժոխք քաշքշուելէ:

Սակայն անոնք որոնք կը պահեն իրենց հաւատքը եւ որպէս Քրիստոնեայ լաւ կեանք մը կ՚առաջնորդեն` անոնք պէտք չունին որեւէ բանէ վախնալու: Անոնք կը տեսնեն ճերմակ հանձերձներ հագած երկու հրեշտակներ, որոնք իրենց կը սպասեն իրենց մահուընէ ճիշդ առաջ. ուստի իրենց երեսները վարդագոյն եւ խաղաղութեան մէջ կ՚ըլլան: Այն վայրկեանին որ իրենց հոգին կը բաժնուի իրենց մարմնէն, անոնք անդիմադրելի ու անբացատրելի գնծութիւն եւ ուրախութիւն կը զգան:

Մեր եկեղեցիին մէջ կար հաւատացեալ մը որ մահացաւ` որոշ ժամանակ մը հաւատքի մէջ կեանք մը առաջնորդելէ ետք: Անիկա իրապէս բարեսիրտ եւ ա՛յնքան քաղցր անձ մըն էր որ բնաւ որեւէ հարց կամ վեճ չունէր որեւէ մէկու մը հետ: Անիկա ամէնուն հետ խաղաղութիւն ունէր եւ բարութեամբ, սիրով ու քաղցրութեամբ լեցուն ճշմարտութեան խօսքեր կը խօսէր միայն: Անիկա սրտանց ու մեծ նախանձախնդրութեամբ կը սիրէր զԱստուած, եւ ուստի իր առաջին նախընտրութիւնը միշտ Աստուծոյ գործը եղած էր: Ան բնաւ իր կեանքը չէր խնայեր երբ հարցը Աստուծոյ թագաւորութեան համար էր: Ես կարողացայ տեսնել ա՛յնքան փայլուն լոյսեր` որոնք կը դուրս կու գային անոր յուղարկաւորութեան վայրէն: Երբ տեսայ արժանապատիւ երեւոյթը հրեշտակներուն` որոնք եկած էին անոր հոգին առնելու, ես կրնայի երեւակայել երկնային այն բնակավայրը ուր ինք պիտի մտներ:

Փրկուածներուն Հոգեւոր Երեւոյթը

Երբ փրկուած անձ մը երկրի վրայ կը մեռնի, անոր հոգին դուրս կ՚ելլէ իր մարմնէն: Հիմա, կան երկու հրեշտակներ որոնք իրեն հետ կ՚ընկերակցին եւ զինք կ՚առաջնորդեն դէպի երկինքի սպասման վայրը: Նախքան մեր Տէրոջ՝ Յիսուս Քրիստոսի յարութիւն առնելը, Վերին Գերեզմանը երկինքի սպասման վայրն էր: Սակայն Յիսուսի յարութենէն ետք այդ վայրը փոխուեցաւ: Հոգիները (հոգի-շունչ) կը մնան սպասման ուրիշ վայրի մը մէջ` Դրախտի սահմաններուն վրայ: Այն հոգիները որոնք Հին Կտակարանի ժամանակներու ընթացքին փրկուած էին` նոյնպէս փոխադրուած էին սպասման այս վայրը:

Նոր Կտակարանի ժամանակներուն փրկուածներ՝ երբ իրենց հոգիները կը ձգեն իրենց մարմինը, սկիզբը անոնք կ՚երթան Վերին Գերեզման: Հոն անոնք կը մնան երեք օր, որպէսզի ինքզինքնին վարժեցնեն հոգեւոր աշխարհին ու ստանան պէտք եղած վարժութիւնը եւ գիտութիւնը՝ որը անհրաժեշտ է հոգեւոր թագաւորութեան համար: Անկէ ետք անոնք կը փոխադրուին սպասման վայրը՝ Դրախտի սահմաններուն վրայ: Մարդկային մշակութեան ընթացքը պիտի աւարտի օրին մէջ Տէրոջը երկրորդ գալուստով: Անկէ ետք կու գայ Հազարամեայ Թագաւորութիւնը, եւ երբ ասիկա ալ կ՚աւարտի, տեղի պիտի ունենայ Մեծ Ճերմակ Աթոռին Դատաստանը: Այս Դատաստանին միջոցաւ Աստուած ամէն մէկ անհատի պիտի տայ երկնային բնակավայր մը եւ վարձատրութիւններ՝ իւրաքանչիւր անձի ըրած արարքներուն համեմատ:

Հիմա, ի՞նչպիսի երեւույթներ կ՚ունենան փրկուածներուն հոգեւոր կերպարանքները: Եթէ գիտնանք հոգեւոր կերպարանքին մասին, մենք կրնանք աւելի դիւրիւթեամբ հասկնալ յարութեան եւ Յափշտակութեան մասին: Երբ մէկը իր մանկութեան ժամանակ մեռնի, անոր հոգեւոր կերպարանքը նոյնպէս կ՚ունենայ մանուկի մը երեւույթը: Եթէ անիկա իր երիտասարդութեան ատեն մեռնի, անոր հոգեւոր երեւույթը նաեւ երիտասարդի մէ պէս կ՚երեւնայ: Երբ մէկը ծերացած մեռնի, անոր հոգեւոր կերպարանքը նոյնպէս ծերի մը պէս պիտի երեւնայ: Սակայն հոգեւոր կերպարանքները որեւէ մորուք, անկարողութիւններ, վէրքի նշաններ, կամ կնճիռներ չունին: Նոյնիսկ եթէ մէկը հիւանդութեամբ մեռնի, անոր հոգեւոր կերպարանքը տակաւին առողջ եւ գեղեցիկ պիտի ըլլայ: Մահուան ժամանակ ծեր մարդոց հոգեւոր կերպարանքները կը նմանին իրենց ֆիզիքական մարմնի երեւույթին: Այսուհանդերձ, անոնք տկար կամ դիւրաբեկ չեն երեւնար, այլ կ՚ունենան առողջ եւ աշխույժ մարմնի մը երեւույթը:

Անոնք բոլորն ալ ճերմակ հանդերձներ հագած կ՚ըլլան եւ ինքնին այդ հոգեւոր կերպարանքները լույսեր կը լարաջացնեն: Իւրաքանչիւր անհատի համար իր ունեցած լույսին գօրոթիւնը մէկը միւսէն կը տարբերի: Որքան աւելի սրբութիւն իրագործած ըլլայ անհատը, այնքան աւելի փայլուն եւ գեղեցիկ կ՚ըլլայ անոր լույսը: Նայած լույսին փայլունութեան, երկնային բնակավայրը եւ փառքը որ կը տրուի իւրաքանչիւր անհատի՝ նոյնպէս իրարմէ տարբեր պիտի ըլլան: Կիներուն համար, անոնց մազերուն երկայնութիւնը մէկը միւսէն կը տարբերի՝ իրենց մշակած սրբութեան աստիճանին համեմատ: Ա. Կորնթացիս 11.15 կ՚ըսէ. «Բայց կինը եթէ երկար մազերով է, իրեն փառք է. վասն զի մազերը ծածկոցի տեղ դրուած են իրեն»:

Այս կիները որոնք կ՚երթան Դրախտ, Երկինքի Առաջին Թագաւորութիւն, կամ Երկինքի Երկրորդ Թագաւորութիւն, անոնց մազերը կ՚իջնեն մինչեւ իրենց ուսին մակարդակը: Անոնք որոնք կ՚երթան Երկինքի Երրորդ Թագաւորութիւն, անոնց մազերը կ՚իջնեն մինչեւ իրենց կռնակին մէջտեղը, իսկ անոնք որոնք կ՚երթան Նոր Երուսաղէմ, իրենց մազերը կ՚իջնեն իրենց մէջքը: Այդ մարդոց պարագային, անոնց մազերուն երկայնքը միեւնոյնն է, որ կ՚իջնէ մինչեւ վիզին ծօծրակը: Երկինքի մէջ մազերը ալիքանման խարտեաշ կ՚ըլլան թէ՛ մարդոց եւ թէ՛ կիներուն համար:

Երկինքի սպասման վայրին մէջ անհատին հոգեւոր կերպարանքը տակաւին ամբողջական եւ կատարեալ չէ: Անոնք տակաւին կը սպասեն օդին մէջ Տէրոջը Երկրորդ Գալուստին, որ իրենց յարութեան ժամանակն է: Անոնք կրնան յարուցեալ մարմիններ ունենալ միայն այն ատեն՝ երբ Տէրը դարձեալ կ՚երեւնայ օդին մէջ:

Յարուցեալ Մարմինը

Երբ Տէրը դարձեալ գայ օդին մէջ, այն հոգիները որոնք կը գտնուին Երկինքի սպասման վայրին մէջ՝ պիտի միանան իրենց ֆիզիքական մարմիններուն հետ, որոնք յարութիւն առած պիտի ըլլան իրենց գերեզմաններէն: Այդ է պատճառը որ Աստուածաշունչը կ՚ըսէ թէ անոնք որոնք մեռան հալատալով՝ մեռած չեն, այլ քնացած: Անոնց մեռած եւ կամ այրած մարմինները յարութիւն պիտի առնեն ու պիտի յափշտակուին օդին մէջ, եւ պիտի միանան իրենց պատկանեալ հոգի-շունչին: Այս միացեալ մարմինը կը կոչուի «յարուցեալ մարմին»:

Երկար ժամանակ անցնելէ ետք եթէ մարմինը գերեզմանին մէջ վերածձուած էր ափ մը հողի, եւ կամ եթէ դիակիզուած էր, ուրեմն անիկա ի՞նչպէս կրնար յարութիւն առնել եւ միանալ հոգիին հետ։ Հակառակ որ մեր ֆիզիքական աչքերով կարելի չէ տեսնել, այն տարրերը որոնք մարմինը կը կազմէին՝ տակաւին գոյութիւն կ՚ունենան երկրի վրայ։ Երբ Տէրը վերադառնայ, այդ բոլոր տարրերը իրար հետ հաւաքուելով պիտի միանան իրարու եւ Աստուծոյ ուժով յարութիւն պիտի առնեն։ Այս մարմինը պիտի ժամադրուի հոգի-շունչին հետ եւ պիտի դառնայ լման ու կատարեալ հոգին, շունչը, եւ մարմինը։

Յետոյ, անոնք որոնք Տէրը կը դիմաւորեն ողջ վիճակի մէջ, անոնք ալ նոյնպէս պիտի փոխուին՝ դառնալով հոգեւոր մարմին ու պիտի յափշտակուին օդին մէջ։ Այս է որ կը կոչուի «Յափշտակութիւնը»։ Այդ կրնայ նմանցուիլ հսկայ մագնէտի մը՝ որ երկաթի փոշիները կը քաշէ վեր՝ օդին մէջ։

Ա. Թեսաղոնիկեցիս 4.15-16 կ՚ըսէ. «Վասն զի Տէրը Ինք ազդարարութեան հրամանով, հրեշտակապետին ձայնովն ու Աստուծոյ փողովը երկնքէն պիտի իջնէ եւ Քրիստոսով մեռածները առաջ յարութիւն պիտի առնեն։ Ետքը մենք ալ, որ ողջ մնացած ենք՝ անոնց հետ պիտի յափշտակուինք ամպերով Տէրոջը առջեւ ելլելու՝ օդին մէջ եւ այնպէս յաւիտեան Տէրոջը հետ պիտի ըլլանք»։

Ա. Կորնթացիս 15.51-53 կ՚ըսէ. «Ահա ձեզի խորհուրդ մը կ՚ըսեմ. "Ամէնքս պիտի չննջենք, բայց ամէնքս ալ պիտի փոխուինք, յանկարծակի աչք գոցել բանալու մէջ՝ վերջին փողին հնչուելու ատենը.որովհետեւ փողը պիտի հնչուի ու մեռելները յարութիւն պիտի առնեն առանց ապականութեան, մենք ալ պիտի փոխուինք:" Վասն զի պէտք է որ այս ապականացու մարմինը անապականութիւն հագնի ու այս մահկանացուն անմահութիւն հագնի»։

Այս փրկուած հոգիները Տէրոջը պիտի հանդիպին օդին մէջ, եւ հարսանեկան խնճոյք մը պիտի ունենան միասին՝ եօթը տարի շարունակ։ Հոս, «օրը» ըսելով կ՚ակնարկուի յատուկ տարածութեան մը, որ կը գտնուի երկրորդ մէջ՝ Եդեմի մէկ կողմը։ Եդեմը ընդարձակ տարածութիւն մըն է որուն մէջ պարփակուած է Եկեմի Պարտէզը։ Եօթը-տարուայ Հարսանեկան խնճոյքը ժամանակ մըն է փրկուած հոգիներուն համար, որպէսզի անոնք հանգստութիւն գտնեն ու վայելեն։ Անիկա առիթ մըն է տօնախմբելու երկրի վրայ մարդկային մշակութեան շրջանին այդ ուղղութեամբ թափուած ջանքերը։ Նաեւ, անիկա ժամանակ մըն է շնորհակալութիւն յայտնելու Աստուծոյ՝ յիշելով երկրի վրայ իրենց անցուցած կեանքերը։

Երբ փրկուած հոգիները կերպարափոխուին՝ դառնալով
յարուցեալ մարմիններ, անոնք պիտի կարողանան տեսնել
սրբագործման աստիճանը զոր իրագործած են՝ Տէրոջը
սիրտը մշակելու իրենց ջանքին մէջ: Նաեւ, այն ատեն
անոնք տարտամ հասկացողութիւն մը պիտի ունենան այն
վարձատրութիւններուն եւ փառքին համար՝ զոր ետքը իրենք
պիտի ստանան Վերջին Դատաստանին ատենը: Անոնք եօթը-
տարուայ Յարսանեկան Խնճոյքը պիտի ունենան օդին մէջ՝
յարուցեալ մարմիններով, եւ անկէ լետոյ անոնք պիտի իջնեն
վար՝ Երկիր, որպէսզի հազար տարի անցրնեն միասին:

Ուրեմն, յարուցեալ մարմինը ի՞նչ բանով կը տարբերի
հոգեւոր կերպարանքէն: Յարուցեալ մարմինը եւ հոգեւոր
կերպարանքը՝ իւրաքանչիւրը շատ տարբեր զգայնութիւն
կ՚ունենայ հոգեւոր տարածաշրջանին նկատմամբ: Հոգեւոր
կերպարանքը առանձին չկրնար կատարեալ մարմին մը
ըլլալ հոգեւոր տարածաշրջանին մէջ: Մենք կրնանք ըսել թէ
մէկը հոգեւոր տարածաշրջանին մէջ ապրելու հիմնական
կերպարանքը կ՚ունենայ այն ատեն՝ երբ անիկա ունենայ
յարուցեալ մարմինը: Հոգեւոր կերպարանքը կ՚ունենայ այդ
անձին երեւոյթը՝ իր մահուան ատենը: Սակայն յարուցեալ
մարմինը բոլորին համար ալ պիտի ըլլայ երեսուն-երեք
տարեկանի նման մարմին մը:

Յիսուս աւարտեց Իր երկրաւոր կեանքը երեսուն-
երեք տարեկան հասակին: Երեսուն-երեք տարիքը մէկու
մը կեանքին զագաթնակետն է, ճիշդ ինչպէս որ արեւը իր
ամենէն զօրաւոր փայլքը կու տայ կէսօր ատեն: Այդ տարիքին
անոնք բաւականաչափ հասունցած կ՚ըլլան, բայց տակաւին
ոչ այնքան չափահաս՝ ունենալու համար կատարեալ ուժ
եւ եռանդ: Անոնք պէտք է ձեռք բերած ըլլան հասունցած
գեղեցկութիւն մը՝ իրենց քանակական տարիքը անցնրնելէ
եւք: Բաղդատելով ծաղիկներուն հետ, այդ տարիքը կը նմանի
ծաղիկի մը կատարեալ ու լման ծաղկելուն:

Այս իսկ պատճառով, Աստուած Իր զաւակներուն տուաւ
հոգեւոր մարմին մը՝ երեսուն-երեք տարեկանի երեւոյթով:
Այր մարդոց հասակը պիտի ըլլայ շուրջ 190 սանթիմեթր, իսկ
կիներունը՝ մօտ 170 սանթիմեթր: Ոչ մէկը չափազանց գեր
կամ չափազանց նիհար պիտի ըլլաէ, ամէն մէկ անհատ պիտի
ունենայ իրեն յատուկ ամենալաւ ու ամենագեղեցիկ երեւոյթը:

Յարութիւն առած մարմինը շօշափելի է: Անիկա կարելի է ֆիզիքապէս զգալ ձեռքերով, քանի որ անիկա հոգի եւ շունչ է՝ բացադրուած ֆիզիքական յարուցեալ մարմնին հետ միասին: Յիսուս Քրիստոս միակն է որ մեզի ցոյց տուալ այս յարութիւն առած մարմինը: Յարութիւն առած Տէրը երեւցալ իր առաքեալներուն եւ ըսաւ. «Տեսէ՛ք ձեռքերս ու ոտքերս, որ ես ինքս եմ. Շօշափեցէ՛ք Զիս ու տեսէ՛ք, վասն զի ոգին մարմին ու ոսկոր չունենար, մինչդեռ կը տեսնէք թէ ես ունիմ» (Ղուկաս 24.39): Ինչպէս որ Յիսուս ըսաւ, յարութիւն առած մարմինը կ՚ունենայ մարմին եւ ոսկորներ:

Այս յարուցեալ մարմինը նաեւ անկորնչելի կամ անեղծանելի մարմին մըն է, որ կաշկանդուած չէ այս աշխարհի ֆիզիքական սահմանափակումներով: Յարութիւն առած Տէրը իր աշակերտներուն երեւցալ՝ պատերուն մէջէն անցնելով, ինչպէս որ նշուած է Յովհաննու 20-րդ գլխուն 19 եւ 26 համարներուն մէջ: Յովհաննու 20.22 կ՚ըսէ թէ Յիսուս «փչեց անոնց վրայ»: Յարուցեալ մարմինը կրնայ շնչել, նաեւ կրնայ ուտել եւ խմել: Սպառած ուտելիքը կը լուծուի եւ անիկա կրնայ դուրս փչուլի: Ո՛րքան ապշեցուցիչ է որ սպառած ուտելիքը շնչառութեան հետ միատեղ դուրս կը փչուի անուշահոտ բոյրով մը, եւ լետոյ կ՚անհետանայ օդին մէջ:

Ղուկաս 24.41-43-ի մէջ հետեւեալը գրուած է. «երբ տակաւին իրենց ուրախութենէն չէին հալատար եւ զարմանքի մէջ էին, ըսաւ անոնց. 'Ուտելիք մը ունի՛՞ք հոս:' Անոնք ալ կտոր մը խորով ած ձուկ ու մեղրախորիսխ տուին իրեն: Առաւ կերաւ անոնց առջեւ»: Տէրը իր աշակերտներուն առջեւ կերաւ որպէսզի անոնց թոյլ տայ ունենալու յարութեան հալատքը, եւ որպէսզի թոյլ տայ որ անոնք ճանչնան թէ ինչ է յարուցեալ մարմինը: Նաեւ, որպէսզի անոնք գիտնան այն իրողութիւնը թէ հոգեւոր մարմինն ալ նոյնպէս կրնայ ուտել: Մարիամ Մագթաղենացին եւ աշակերտները սկիզբը չկրցան ճանչնալ յարութիւն առած Յիսուսը: Պատճառը այն էր՝ որովհետեւ զօրաւոր լոյս մը դուրս կու գար Յիսուսի յարուցեալ մարմնէն: Յարուցեալ մարմինը որեւէ սպի կամ որեւէ վերքի նշան չունենար իր վրայ, բայց Թովմասին ունեցած կասկածին համար Յիսուս իր ձեռքերը ցոյց տուաւ անոր: Յիսուս թոյլ տուաւ որ Թովմաս վայրկեանի մը համար տեսնէ այդ վերքի նշանները, որպէսզի ան կարենայ հալատք շահիլ:

Կատարեալ Դարձած Երկնային Մարմինը

Բացատրուած է թէ անոնք որոնք յարուցեալ մարմինը պիտի ունենան՝ անոնք պիտի յափշտակուին վեր՝ օդին մէջ, Եօթը-տարուայ Հարսանեկան Խնճոյքին համար: Անկէ ետք, այդ միեւնոյն մարմնին մէջ, անոնք պիտի իջնեն վար՝ այսինքն երկիր, Քրիստոսի Հազարամեալ Թագաւորութեան ընթացքին: Երբ ասիկա աւարտի, անոնք պիտի ժառանգեն իրենց պատկանեալ յատուկ երկնային բնակավայրը՝ Մեծ Ճերմակ Աթոռի Դատաստանին ընդմէջէն: Երբ ասիկա տեղի ունենայ, անոնք պիտի փոխուին՝ դառնալով կատարելագած երկնային մարմին, որ կրնայ նկատուիլ որպէս հոգեւոր մարմին մը՝ որ աւելի բարձր մակարդակի վրայ է՝ քան յարուցեալ մարմինը: Հիմա, ինչո՞ւ համար Աստուած արտօնեց որ մենք միջանկեալ հանգրուան մը ունենանք: Ինչո՞ւ համար սկիզբէն չենք ստանար կատարեալ դարձած մարմինը, այլ կը ստանանք յարուցեալ մարմինը:

Մեծ մասամբ պատճառը այն է՝ որովհետեւ երկնային թագաւորութիւնը որ կը գտնուի երրորդ երկինքին մէջ՝ եւ Եօթը-տարուայ Հարսանեկան Խնճոյքը որ երկրորդ երկինքին մէջ է՝ պիտի ունենան շատ տարբերութիւններ՝ ներառեալ հոգիին խտութիւնը եւ ժամանակի հոսքը: Այս իսկ պատճառով Աստուած մեզի կու տայ այն մարմինը՝ որ կը յարմարի իւրաքանչիւր տարածաշրջանի համար: Հոգեւոր կերպարանքին, յարուցեալ մարմնին, եւ կատարելագած երկնային մարմնին միջեւ հասարակ յատարարը այն է՝ որ անոնք բոլորն ալ կը ցոլացնեն տարբեր փայլք մը՝ դուրս բխելով այլգածադիկի նման լոյսեր՝ որոնք կը ճագին այն չափով որ իւրաքանչիւր անհատ որքան սրբութիւն իրագործած է: Անկէ զատ, ամէն մէկուն սրբութեան աստիճանի չափին համեմատ լոյս ճագեցնելէն զատ, կատարելագած հոգեւոր մարմինը նաեւ կը ցոլացնէ այն վարձատրութիւնները եւ փառքը, որ իւրաքանչիւր անհատ կը ստանայ Աստուծմէ: Ա՛յս է ամենամեծ տարբերութիւնը յարուցեալ մարմնին եւ կատարելագած երկնային մարմնին միջեւ:

Երբ մարդակային մշակումը աւարտի, ամէն մէկ անհատի սրբագործման մակարդակը պիտի ճշդուի ու ամբողջացուի, եւ այդ համեմատութեամբ պիտի տրուին վարձատրութիւնները: Այսպէս ուրեմն, մէկը կրնայ փառքի եւ վարձատրութիւններու միջեւ տարբերութիւնները իրարմէ զանազանել՝ տեսնելով իւրաքանչիւր անհատի հոգեւոր լոյսը: Բայց անշուշտ ամէն բաները յստակօրէն պիտի յատնուին միայն Մեծ Ճերմակ Աթոռին Դատաստանէն յետոյ: Մէկը կատարելագործած երկնային մարմինը պիտի ունենայ միայն այն ատեն՝ երբ Աստուած պաշտօնապէս կը ճանչնայ եւ կը յայտարարէ փառքը եւ վարձատրութիւնները որոնք պիտի տրուին իւրաքանչիւր անհատի:

Փառքի Լոյս

Հոգեւոր կերպարանքին այգածաղիկներու նմանող լոյսին պայծառութիւնը մէկը միւսէն կը տարբերի՝ նայած իւրաքանչիւր անհատի սրբութեան մակարդակին, զոր այդ անձը իրագործած է Երկրի վրայ: Այս իսկ պատճառով այդ փայլուն պայծառութիւնը կը կոչուի «փառքի լոյս»: Որքան աւելի շատ սրբութիւն եւ նմանութիւն իրագործած ըլլայ անհատ մը Տէրոջը նկատմամբ, այնքան աւելի յստակ եւ աւելի փայլուն պիտի ըլլայ այս լոյսը: Նաեւ, մենք պիտի կարողանանք ըսել թէ անհատ մը հոգեւորապէս ո՞ր դասակարգի աստիճանին վրայ կը գտնուի՝ պարզապէս միայն տեսնելով իրմէ բխող լոյսին պայծառութիւնը: Մասնաւորաբար անոնք որոնք կը գտնուին երկինքի երկրորդ Թագաւորութեան մէջ՝ կ՚ունենան շատ տարբեր երեւոյթներ՝ քան անոնք որոնք կը գտնուին երկինքի երրորդ Թագաւորութեան մէջ: Պատճառը այն է՝ որովհետեւ լոյսին փառքը, իրենց հագած հագուստները, իրենց հագուստներուն վրայի գծագրութիւններն ու զարդարանքները, եւ իրենց մազի ձեւերը բոլորը իրարմէ տարբեր պիտի ըլլան:

Յայտնութիւն 19.8 Կ՚ըսէ. «Եւ իրեն հագնելու համար տրուեցաւ մաքուր ու լուսափայլ բեհեզ, (քանզի այն բեհեզը սուրբերուն արդարութիւնն է:) Ինչպէս որ ըսուեցաւ, երկինքի մէջ թէ՛ այր մարդիկը եւ թէ՛ կիները, բոլորն ալ ճերմակ լուսափայլ բեհեզ կը հագնին:

Հագուստները մետաքսի նման փափուկ են եւ կ՚երերան, որովհետեւ անոնք շատ թեթեւ են: Հոն փոշի չկայ եւ մարդիկ չեն քրտտինր, ուստի հագուստները բնաւ չեն աղտոտուիր, նոյնիսկ եթէ ան անոնք երկար ատեն հագցուին: Անոնց վրայ կան բազմատեսակ զարդարանքներ եւ գծագրութիւններ, որով անոնք հագուստները կը դարձնեն չափազանց փառաւոր եւ գեղեցիկ՝ երկրի վրայ որեւէ հագուստի հետ բաղդատութենէ շատ վեր: Ալելին, ծիածանի գոյներ, նաեւ զանազան լոյսերու ուրիշ գոյներ ալ նոյնպէս դուրս կու գան այդ հագուստներէն:

Կան հագուստներ՝ ամենօրեալ գործածութեան համար, հալաքոյթի հագուստներ, հագուստներ՝ պաշտամունքի արարողութեան համար, մարզանքի հագուստներ, եւ նոյնիսկ հագուստներ՝ զանազան խաղեր խաղալու համար: Անոնք կրնան ունենալ պատշաճ հագուածքներ՝ իւրաքանչիւր առիթի համար: Երկինքի մէջ, մարդիկ կը ստանան վարձատրութիւններ՝ երկրի վրայ իրենց ըրած արարքներուն համեմատ: Ուստի իւրաքանչիւր անհատ կը ստանայ տարբեր տեսակի եւ տարբեր թիւով հագուստներ: Անոնցմէ ոմանք ունին պարզապէս քանի մը հագուստներ, սակայն ուրիշներ՝ կրնան զանազան տեսակի անհամար թիւով հագուստներ ունենալ: Անշուշտ, մէկու մը փառքը ոչ միայն հագուսներուն համեմատ է որ կը նշմարուի, այլ նաեւ մենք կրնանք իւրաքանչիւր անհատին փառքը եւ վարձատրութիւնները նշմարել՝ իրենց գլխուն վրայի պսակներուն եւ ուրիշ զարդարանքներու ընդմէջէն:

Տրուած պսակներուն թիւը, տեսակը, լոյսը, եւ փառաւորութիւնը իրարմէ կը տարբերին՝ նայած թէ անհատը ո՞ր աստիճանի սրբութիւն մշակած է եւ թյ անիկա ո՞րքան հալատարմութեամբ ծառայած է Աստուծոյ փառքին համար՝ հալատքով: Երկնային ամէն մէկ բնակավայրի մէջ գոյներուն խտութիւնը, ուրուագծերը, պայծառութիւնը եւ փայլքը իրարմէ տարբեր են: Բայց եւ այնպէս, երկինքի ամենացած բնակավայրին մէջ իսկ, հագուստները շատ աւելի փառաւոր, գեղեցիկ, ե շատ աւելի բացայայտ գոյներով պիտի ըլլան՝ քան երկրաւոր հագուստները: Կատարելագած երկնաւոր մարմինը ինքնին այնքան գեղեցիկ է, որ անիկա պետք չունի այլեւայլ զարդերու եւ պճնանքներու, հապա Աստուած կու տայ հագուստներ, պսակներ, եւ աննց յարակից այլ զարադարանքներ՝ամէն մէկուն իր գործած արարքներուն համեմատ:

2. Շունչ եւ Մարմին՝ Հոգիին Պատկանող

Աստուծոյ փրկուած զաւակները Երկինքի մէջ պիտի ապրին կատարելացած մարմնով՝ Մեծ Ճերմակ Աթոռի Դատաստանէն ետք: Կատարելացած երկնաւոր մարմինը ունի շունչ՝ որ կը հնազանդի հոգիին, եւ հոգեւոր մարմին մը, որ որեւէ տեսակի մարմնաւոր ախտ չարտադրեր:

Ինչո՞ւ համար կարեւոր է հասկնալ հոգիին, շունչին, եւ մարմնին մասին: Պատճառը այն է՝ որովհետեւ մենք պէտք է վերստանանք հոգին, շունչը, եւ մարմինը, որոնք Ադամի մեղքին հետեւանքով փոխուած են: Նաեւ, այս է պատճառը թէ ինչու համար Աստուած Երկրի վրայ կը մշակէ մարդ արարածներ: Երբ մենք Յիսուս Քրիստոսը կ՚ընդունինք եւ Սուրբ Հոգին կը ստանանք, մեր մեռած հոգին կը վերակենդանանայ, եւ յետոյ մենք կը վերագտնենք մեր հոգին: Այն չափով որ մենք կը վերագտնենք մեր հոգին, նոյն չափով ալ մենք պիտի ունենանք հոգիին պատկանող շունչը եւ մարմինը: Այն ատեն է որ մենք կրնանք դառնալ այնպիսի մարդիկ՝ որոնք կը պատկանին հոգիին:

Երբ մէկը ունի շունչ եւ մարմին՝ որոնք կը պատկանին հոգիին, այս է այն վիճակը որուն համար կ՚ըսուի թէ «հոգին յաջողութեան մէջ է»: Գ. Յովհաննու 1.2-ի մէջ արձանագրուած է, որ կ՚ըսէ. «Սիրելիս, աղօթք կ՚ընեմ որ ամէն կողմէ յաջողիս ու առողջ ըլլաս, ինչպէս քու հոգիդ ալ յաջողութեան մէջ է»:

Երբ մէկու մը հոգին յաջողութեան մէջ է, այդ անձը կրնայ մարմնաւոր խորհուրդները կտրելով դուրս նետել: Եթէ անոնք ուզեն բանի մը մասին խորհիլէ դադրիլ, այդ կրնայ անմիջապէս կատարուիլ: Անհատ մը կրնայ դադրիլ որոշ բաներ հոտոլըստալէ եւ որոշ բաներ լսելէ: Յալի զգացումը կրնայ զգացուիլ կամ ոչ՝ ինչպէս որ մէկը կ՚ուզէ: Քանի որ խորհուրդները եւ զգացումները կրնան մէկու մը կամքին համաձայն կառավարուիլ, ուստի շարունակ կայ գնծութեան եւ շնորհակալութեան լեցունութիւն մը (Հռովմայեցիս 8.6): Այսպիսի անձ մը առողջ կ՚ըլլայ եւ ամէն բան լաւ կ՚ընթանայ իր հետը: Հիւանդութիւնները չեն կրնար անոր վրայ ազդել, որովհետեւ ան կրնայ իր մարմինն ալ կառավարել: Նոյնիսկ եթէ իր սխալին հետեւանքով հիւանդութիւն մը ստանայ, ան կրնայ անմիջապէս լարթափարել զայն՝ հաւատքով:

Հոգիին Պատկանող Շունչ

Ադամ, առաջին մարդը զոր Աստուած ստեղծեց, կենդանի հոգի մըն էր եւ անիկա ունէր հոգի, շունչ եւ մարմին՝ որոնք կը պատկանէին հոգիին: Ադամի հոգին էր իր տէրը: Ան կը կառավարէր իր շունչն ու մարմինը՝ ճշմարտութեան մէջ: Սակայն այն ատենէն որ Ադամ մեղանչեց եւ իր հոգին մեռաւ, Ադամի հոգին, շունչը, եւ մարմինը սկսան պատկանիլ մարմինին: Երբ Ադամ կենդանի հոգի մըն էր, անիկա միայն Աստուծմէ եկող ճշմարտութեամբ կը հայթայթուէր, եւ ուրեմն Ադամ միայն հոգիին պատկանող գործունէութիւններ կ՚ունենար: Բայց եւ այնպէս, Սատանան սկսաւ իշխել մարդուն շունչին՝ այն ատենէն որ մարդուն հոգին մեռաւ: Մեռած հոգիով՝ մարդը այլեւս չէր կրնար հոգիին պատկանող շնչաւոր գործունէութիւններ ունենալ:

Ամէն պարագայի, երբ մէկը կ՚ընդունի Յիսուս Քրիստոսը, ան կրնայ դարձեալ վերագտնել հոգիին պատկանող շնչաւոր գործունէութիւնները՝ այն չափով որ այդ անձը ծնունդ կու տայ հոգիի՝ Սուրբ Հոգիին միջոցաւ, եւ այն չափով որ ան կը հնազանդի Աստուծոյ Խօսքին: Իր սխալ գիտութիւնն ու տեսութիւնները, եւ իր խորհուրդները որոնք հաճելի չեն Աստուծոյ առջեւ՝ պիտի փոխուին ու դառնան ճշմարտութեան: Ինչպէս որ գրուած է Բ. Կորնթացիս 10.5-ի մէջ. «Մենք խորհուրդներ կը բակենք եւ Աստուծոյ գիտութեանը դէմ բոլոր հպարտացած բարձր բաները ու բոլոր մտքերը Քրիստոսին կը հնազանդեցնենք»:

Մարդիկ բնականաբար Սատանային գործերը կը ստանան՝ այն չափով որ անոնք ունին մարմնին պատկանող շունչ: Եթէ նոյնիսկ փորձեն հոգիին պատկանող շնչաւոր գործունէութիւններ ունենալ, չեն կրնար իրենց ցանկացածին պէս ընել զայն: Ուրեմն, անոնք պէտք է միշտ փորձեն փոխել իրենց շնչաւոր գործունէութիւնները, զանոնք դարձնելով ճշմարտութեան պատկանող գործունէութիւններու, ամէն ժամանակ ստուգելով իրենց խորհուրդները, խօսքերը, եւ գործերը: Մինչ շարունակ կը փորձեն՝ չերմեռանդ աղօթքներ ընելով, անոնք պիտի կարողանան հոգիին պատկանող շնչաւոր գործունէութիւններ ստանալ՝ Աստուծոյ շնորհքով եւ իր զօրութեամբ, նաեւ Սուրբ Հոգիին օգնութիւնով:

Շունչը որ կը պատկանի հոգիին՝ կը հնազանդի հոգիին, որովհետեւ հոգին, որ մարդուն նախնական տերն է, իր դերը կը կատարէ որպէս տեր: Յետոյ, այս անձը պիտի ունենայ միայն բարութեան, սիրոյ, եւ ճշմարտութեան պատկանող խորհուրդներ, որովհետեւ անիկա ունի միայն հոգիին պատկանող շնչաւոր գործունէութիւններ: Օրինակի համար, նոյնիսկ եթէ ուրիշներ կոշտութեամբ գործեն եւ կամ չար բան մը ընեն իրեն, այդ անձը որ հոգիին պատկանող շունչ ունի՝ պիտի չագդուի եւ իր զգացումները պիտի չվիրաւորուին: Անիկա կը փափաքի խաղաղութիւն ունենալ եւ կը հասկնայ ուրիշներուն՝ առանց որեւէ բաղդատութիւն կամ ճակատում ունենալու անոնց հետ: Փոխանակ գրգռուած զգացումներ ունենալու, անիկա համակարանք կ՚ունենայ ուրիշներուն հանդէպ՝ իրենց մէջ չարութիւն ունենալուն համար:

Անշուշտ, նոյնիսկ այն անձերուն համար՝ որոնց հոգիները յաչողութեան մէջ են, տակաւին անոնք կ՚ունենան անիրաւութիւններ՝ որոնք ներմուծուած էին իրենց լիշողութեան մէջ: Սակայն հակառակ որ լիշողութիւնը հոն է, Սատանան չկրնար գործել անոր վրայ անգամ մը որ անիրաւութիւնները դուրս նետուած են սրտին մէջէն: Բնականաբար, անոնք միայն հոգիին պատկանող շնչաւոր գործունէութիւններ կ՚ունենան: Անոնք կը հետեւին Սուրբ Հոգիին առաջնորդութեան, ուստի չեն տեսներ այն բաները զոր պետք չունին տեսնելու: Անոնք որեւէ ամբաստանութիւն չեն ըներ, կամ որեւէ դատաստան չեն արձակեր, եւ կ՚ապրին ճշմարտութեան համաձայն:

Եթէ անոնք շարունակեն հոգիին պատկանող շնչաւոր գործունէութիւններ ունենալ, ինքնին մարմնին պատկանող շնչաւոր գործունէութիւնը կրնայ բոլորովին անհետանալ: Անոնք կը սկսին ատել՝ տեսնել, լսել, կամ խոսիլ որեւէ բան որ անիրաւութենէ կու գայ: Այս կը նշանակէ թէ իրենց սրտին անօթը ամբողջութեամբ լեցուած է ճշմարտութիւնով: Քանի որ անիրաւութիւնները ամբողջութեամբ վերցուած են իրենց սրտերէն, անիրաւութիւնները նաեւ իրենց խորհուրդներէն ալ նոյնպէս պիտի անհետանան: Այսպէս ուրեմն, եթէ մենք մեր սրտերը միայն ճշմարտութիւնով լեցնենք, եւ եթէ ամբողջութեամբ զայն լեցնենք լեցնենք ճշմարտութիւնով, այն ատեն մենք կ՚ունենանք շունչ՝ որ կը պատկանի ճշմարտութեան:

Շունչը Ամէն Բան Գիտէ, Բայց Միայն Ճշմարտութիւն Կը
Մտածէ

Երբ մենք յետագային Երկինք երթանք, միայն մեր
հոգին չէ որ Երկինք կ՚երթայ: Մեր շունչն ալ նոյնպէս պիտի
պարփակուի հոգեւոր կերպարանքին մէջ: Այս շունչը
հոգիին պատկանող շունչն է, այսինքն՝ ճշմարտութիւնը:
Մեր շունչին այն մասը որմէ անիրաւութիւնը դուրս
նետուած է, եւ որ մշակուած է որպէս ճշմարտութիւն,
միայն այդ բաժինն է որ պիտի մնայ հոգիին: Արդե՞օք
այս կը նշանակէ թէ մենք անիրաւութեան մասին ոչ
մէկ բան պիտի գիտնանք՝ երբ Երկինքի մէջ ըլլանք: Ո՛չ,
այդպէս չէ: Մենք պիտի գիտնանք անիրաւութեան մասին
եւ շատ աւելի մանրամասնութեամբ՝ քան ինչ որ հիմա
մենք գիտենք:
Ա. Կորնթացիս 13.12-ը կ՚ըսէ. «Քանզի հիմա մենք
որպէս թէ հայելիի մէջ կը տեսնենք անյայտ կերպով, բայց
այն ատեն երես առ երես: Հիմա շատէն քիչ մը տեղեակ
եմ, բայց այն ատեն այնպէս պիտի ճանչնամ՝ ինչպէս
ճանչցուեցայ»: Այն հայելիները որոնք 2000 տարի առաջ
կը գործածուէին, փայլեցուած արծաթէ, պղինձէ, կամ
պողպատէ շինուած թիթեղներ էին, եւ անոնք աղօտ
էին բաղդատմամբ արդի հայելիներուն: Անոնց միջոցաւ
մարդիկ կրնային տեսնել իրերու ընհանուր կերպարանքը,
բայց այդ իրերը յստակ չէին երեւնար հայելիին մէջ:
Սակայն ներկայի հայելիները շատ յստակ են: Նոյնն է
պարագան Երկինքի մէջ: Մենք ամէն բան յստակօրէն եւ
ճշգրտութեամբ պիտի իմանանք, նոյնիսկ այն բաները զոր
չենք գիտեր հոս՝ Երկրի վրայ:
Այնքան ատեն որ մենք ունինք շունչ՝ որ կը պատկանին
հոգիին, հակառակ որ մենք կրնանք խորհիլ կարգ
մը բաներու մասին որոնք ամօթ կամ անարգանք
բերած են մեզի հոս Երկրի վրայ, այսուհանդերձ մենք
որեւէ անիրաւ խորհուրդ կամ գէշ զգացումներ պիտի
չունենանք այդ մասին: Մենք միայն պիտի ունենանք
հոգեւոր խորհուրդներ, ինչպէս նաեւ քաղցրութեամբ,
խաղաղութեամբ եւ ողորմութեամբ լեցուն ճշմարիտ
խորհուրդներ:

Մէկս Միւսին Սիրտը Հասկնալ՝ Հոգիով

Երկինքի մէջ ուրիշ մարդոց սրտերը կրնան զգացուիլ եւ ճշգրտօրէն զանազանուիլ, եւ հոն մենք պիտի կարողանանք հասկնալ եւ զգալ ուրիշներուն զգացումները: Նաեւ անոնք որեւէ չարութիւն չեն ունենար իրենց սրտերուն մէջ, եւ ուրեմն, հոն ոչ մէկ անհասկացողութիւն եւ ոչ մէկ նախապաշարում կամ դատաստան գոյութիւն չունի: Մասնաւորաբար Նոր Երուսաղէմի մէջ, անոնք ամբողջութեամբ կը հասկնան իրարու սրտերը՝ հոգիով: Իւրաքանչիւր խօսք զոր կը խօսին, իր մէջ կը բովանդակէ նկատառութիւն, սէր, եւ ծառայութիւն՝ ըստ որում դպչելով դիմացիններուն սրտերը: Անոնք կը հասկնան Հայր Աստուծոյ եւ Տէր Յիսուսի սիրտը, ինչպէս նաեւ ուրիշ մարդոց սրտերը, ուստի անոնք պիտի հասկնան թէ ի՛նչ տեսակի միտք եւ զգացումներ կ՚ունենար Աստուած՝ մինչ անոնք Երկրի վրայ կ՚անցնէին մարդկային մշակումի ընթացքէն: Նաեւ անոնք պիտի ընբռնեն թէ ինչ տեսակի զգացումնր կ՚ունենար մեր Տէրը՝ երբ Ան խաչը կը կրէր:

Անգամ մը, ներշնչումի ընդմէջէն, Աստուած ինծի թոյլ տուաւ որ զգամ Մովսէսի սիրտը: Ես հանդիպեցայ Մովսէսին որ կեցած էր չափազանց փայլուն լյսերու միջեւ, եւ լեցուած էր բարութեան անուշահոտ բույրովը: Երբ անիկա իմ ձեռքս բռնեց, Աստուծոյ սէրը փոխանցուեցաւ ինծի: Երբ իր բերանը բացաւ խօսելու, Մովսէս ունէր միեւնոյն համարձակութիւնը եւ հանգամանքը զոր ինք ժամանակին ունէր՝ երբ անապատին մէջ Աստուծոյ խօսքը կը փոխանցէր Իսրայէլի որդիներուն:

Մովսէս ինծի թոյլ տուաւ գիտնալու իր մանկութեան ատենի բաներուն մասին՝ Եգիպտոսի անապատին մէջ: Ան ինծի թոյլ տուաւ գիտնալու թէ ինք ինչպէս սկսաւ իմանալ Ամենակարող Աստուծոյ մասին, եւ թէ ինք Եբրայեցի մըն էր: Այս բոլորը Մովսէս իմացաւ իր իսնամակալ կնոջ միջոցաւ, որ իրականութեան մէջ իր մայրն էր: Մովսէս ինծի թոյլ տուաւ գիտնալու այն պարագան երբ Իսրայէլի որդիները անապատին մէջ կուռքեր պաշտեցին, եւ թէ ինչ տեսակի զգացումներ եւ վրդովմունքներ ունեցած էր ինք՝ որպէս Եղիցի առաջնորդը: Մովսէսի աչքերը արցունքներով լեցուեցան այդ յուղիչ վայրկեանները յիշելով:

Երբ մէկը արցունքներ կը թափէ լիշելով այն բաները
որ պատահեցան երկրի վրայ, այդ արցունքները շուտով
պիտի վերածուին գեղեցիկ լոյսերու: Անոնք որոնք կը լսեն
խոսուած բաները, անոնք ալ նոյնպէս պիտ զգան այդ
հոգիներուն բարութիւնը եւ սէրը, որ իրենց սիրտը պիտի
շարժէ:

Անոնք անգամ մը եւս շնորհակալ պիտի ըլլան
Աստուծոյ սիրոյն համար որ իրենց տուած է երկինքի մէջ
ուրախութիւն եւ սրտանց փառք պիտի տան Աստուծոյ:
Անոնք իրենց ամբողջ սրտով, մտքով, եւ հոգիով կը սիրեն
զԱստուած, եւ իրենց սէրն ու երախտագիտութիւնը բնաւ
չփոխուիր: Անոնք խորապէս կը հասկնան Աստուծոյ
նախասահմանութիւնը՝ թէ Ան կ՚ուզէ ճշմարիտ զաւակներ
շահիլ որպէսզի Իր սէրը բաժնեկցի անոնց հետ, հակառակ
որ այդ կը նշանակէ թէ Ինք պիտի անցնի ա՛յնքան ցաւալի
բաներէ՝ մարդկային մշակումի ընթացքին մէջ: Այդ է
պատճառը որ անոնք լալիտեան երախտապարտ պիտի
ըլլան Աստուծոյ՝ իրենց սրտին խորերէն:

Հոգիին Պատկանող Մարմինը

Կենդանի հոգիին նման, Ադամ կատարեալ չէր:
Հոգին չգիտէր մարմնին մասին թէ անիկա կատարեալ
չէ: Նոյն ձեւով, մարմինը չգիտէր թէ հոգին արժէք չունի:
Բոլոր անոնք որոնք չեն ընդունիր Յիսուս Քրիստոսը
որպէս իրենց անձնական Փրկիչը՝ մարմնաւոր մարդիկ
են: Այս իմաստով, անոնք չեն կրնար իրապէս ճանչնալ
Աստուծոյ թագաւորութիւնը եւ հոգեւոր աշխարհը:
Վերջաւորութեան, անոնք պիտի օրհասական տանջանք
պիտի կրենք Դժոխքի լալիտենական կրակին մէջ:
Ուստի ի՞նչ արժէք պիտի ունենան անոնք: Անոնք որոնք
կը ճանչնան թէ՝ մարմնաւոր աշխարհը եւ թէ՝ հոգեւոր
աշխարհը, եւ որոնք կը ձերբազատուին մարմնաւոր
բաներէն որպէսզի հոգիով քալեն, միայն անոնք է որ
արժէք կ՚ունենան որպէս մարդ:

Այն չափով որ մենք սրբութիւն կը մշակենք մեր
սրտերուն մէջ, մեր մարմինն ալ նոյնպէս պիտի փոխուի
դառնալով այնպիսի մարմին մը՝ որ կը պատկանի հոգիին:
Անոնք որոնք տկար էին եւ հիւանդոտ, պիտի ըլլան առողջ՝
այն միեւնոյն չափով որ կը փոխուին հոգիի ուղղութեամբ,
հակառակ որ անոնք տակաւին ամբողջութեամբ

արբագործուած չեն:

Անգամ մը որ երթանք դէպի հոգիի ուղղութեամբ, մեր հոգին պիտի ողջագուրէ շունչը եւ մարմինը, որպէսզի անոնք միասին շարժին որպէս մէկ էութիւն: Հակառակ որ մենք կ՛ապրինք այս ֆիզիքական տարածաշրջանին մէջ, հոգիին միջոցաւ մենք կրնանք կատավարէնք մեր շունչն ու մարմինը, ուստի միեւնոյնն է պարագան որպէս թէ մենք հոգեւոր տարածաշրջանին մէջ ապրած ըլլայինք: Այն աստիճան որ մենք կը վերագտնենք Աստուծոյ պատկերը, որ Ադամի մեղքին հետեւանքով կորսուած էր, նոյն չափով ալ մենք կրնանք յստակօրէն հաղորդակցիլ Աստուծոյ հետ, եւ օրհնութիւններ ստանալ, եւ ամէն բան լաւ պիտի ընթանայ մեզի հետ:

Նաեւ, անգամ մը որ մենք հոգիի մարդիկ դառնանք, մեր ծերանալը պիտի դանդաղի: Ալելին, եթէ լման հոգիի մէջ երթանք, այն ատեն մենք կրնանք երիտասարդանալ: Մովսէսի պարագային, անոր աչքերը աղօտ չէին եւ իր ուժը չտկարացաւ մինչեւ իր մեռնիլը, այսինքն մինչեւ իր 120 տարիքը տակաւին Մովսէսի տեսողութիւնը եւ ուժը տեղն էր: Աբրահամ ունեցաւ իր Իսահակ որդին, հակառակ որ ինք շատ ծերացած էր կարենալ զաւակ մը ունենալու համար: Ալելին, Իսահակի ծնունդէն քառասուն տարիներ ետոբ, Աբրահամ վեց ուրիշ զաւակներու հայր դարձաւ (Ծննդոց 25): Եղիայի ու Ենովքի պարագային, անոնք ծերբագատուեցան ամէն տեսակի մարմնաւոր բաներէն, եւ մտան հոգիի ա՛յնքան խորունկ մակարդակներու մէջ, որ անոնք Աստուծոյ նկարագիրը ցոյց տուին: Այս իսկ պատճառով, անոնք հոգիի աշխարհին օրէնքին տակ չէին այլեւս, որ կ՛ըսէ թէ մեղքին վարձքը մահ է, եւ ուրեմն անոնք կարողացան խուսափիլ մահուընէ:

Մարմինը՝ որ Ունենիք Պետրը Չունի

Երբ Աստուծոյ զաւակները կը մտնեն երկնային թագաւորութիւն, ի վերջոյ անոնք պիտի ունենան կատարելացած երկնային մարմին: Անոնց մարմինները պիտի չկորսուին կամ պիտի չփճանան, եւ անոնք յաւիտենական կեանք պիտի վայելեն: Մատթէոս 26.29 կ՛ըսէ. «Բայց կ՛ըսեմ ձեզի, ՛Ասկէ լետոյ որթին բերքէն բնալ պիտի չխմեմ, մինչեւ այն օրը՝ երբ ձեզի հետ նոր գինին խմեմ Իմ Հօրս թագաւորութեանը մէջ'»:

Յարուցեալ Տէրը որեւէ բան պիտի չուտէ մինչեւ որ Անիկա ուտէ փրկուած հաւատացեալներուն հետ, երբ մարդկային մշակութիւնը կը հասնի իր աւարտին: Ճիշդ ինչպէս յարութիւն առած Տէրոջը նման, անգամ մը որ մենք հոգեւոր մարմին ունենանք, մենք ուտելու պէտք չեն ունենար՝ կարենալ մեր կեանքերը շարունակելու համար:

Սակայն անուշահոտ բոյրը եւ երկնային ուտելիքին մէջ պարփակուած տարրերը լալ ազդեցութիւն ունին հոգեւոր կերպարանքին վրայ, ուստի անոնք կրնան ուտել կամ շնչել այդ անուշահոտ բոյրը: Անոնք կրնան ներս շնչել ծաղիկներու կամ պտուղներու անուշահոտ բոյրը ոչ միայն քիթով, այլ նաեւ ամբողջ մարմնով, ինչպէս նաեւ սրտին միջոցաւ: Հին Կտակարանի ժամանակներուն երբ մարդիկ կենդանիներու զոհեր կը մատուցանէին, Աստուած կը շնչէր սրտին անուշահոտ բոյրը որ յառաջ կու գար այն անհատներէն որոնք զոհ կը մատուցանէին Աստուծոյ: Նոյնիսկ այսօրէ, երբ մենք պաշտամունքի արարողութիւններ, փառաբանութիւններ, եւ զոհեր կ'ընծայենք, Աստուած մեր սրտերուն անուշահոտ բոյրը կ'ընդունի:

Այդ անուշահոտ բոյրը շնչելով, երկնային աւելի մեծ ցնծութիւն եւ ուրախութիւն կը զգացուի: Նոյնիսկ Երկրի վրայ, մենք աւելի ուրախ կը զգանք երբ այլազան լյամ տեսակաւոր ուտելիքներ ուտենք: Նոյն ձեւով, հոգեւոր մարմինները հաճոյք կը զգան այդ անուշահոտ բոյրերը շնչելով: Երկինքի մէջ ոչ մէկը կը յոգնի կամ կը ձանձրանայ որեւէ բանէ, եւ անոնք կրնան միեւնոյն ուրախութիւնը եւ գոհունակլութիւնը զգալ, հակառակ որ անոնք միշտ նոյն անուշահոտ բոյրը կը շնչեն ամէն ատեն: Երբ պտուղներուն եւ ծաղիկներուն անուշահոտ բոյրը կը շնչեն, անոնք որոշ ժամանակ մը ամբողջ մարմնին մէջ կը ներծծուին եւ յետոյ դուրս կը հանուին օդին մէջ: Այս ընթացքին մէջ մարդոց սրտերը աւելի եւս ուրախութեամբ պիտի լեցուին:

Մարմնաւոր Աղտ Գոյութիւն Չունի

Կատարելագործուած երկնային մարմինը մարմին մըն է: Անիկա կրնայ շնչել եւ կերակուր ուտել: Անիկա կրնայ ուտել զանազան տեսակի պտուղներ, եւ խմել զանազան ըմպելիքներ՝ կենաց ջուրով շինուած: Կենաց ծառին տասներկու պտուղներէն զատ, երկինքի մէջ կան նաեւ բազմաթիւ այլ տեսակի պտուղներ, եւ մենք կրնանք այդ պտուղներէն ուտել որչափ որ կ՚ուզենք: Հոն կան նաեւ այլազան տեսակի ըմպելիքներ:

Արդեօք երկինքի մէջ մենք պիտի ուտե՞նք այն կերակուրները զոր կը սիրէինք երկրի վրայ: Արդեօք հոն պիտի ըլլա՞ն միս, հաց, եւ կարկանդակներ: Արդեօք պիտի կարօտնա՞նք կարգ մը կերակուրներ զոր կ՚ունենայինք երկրի վրայ: Անգամ մը որ երկինք երթանք, մենք այլեւս պիտի չուզենք ուտել այն կերակուրները զոր կ՚ունենայինք երկրի վրայ: Անգամ մը որ ունենանք մարմին մը որ լաւագոյն ձեւով կը պատշաճի երրորդ երկինքի մէջ եղող տարածաշրջանին, այն ատեն մենք կրնանք նոյնիսկ առանց ուտելու ապրիլ յաւիտեան:

Անշուշտ դուն կրնաք յիշել մասնայատուկ տեսակի ուտելիք մը զոր կը վայելէիր երկրի վրայ եւ թերեւս պիտի փափաքէիր անոր նման բան մը ուտել երկինքի մէջ: Այն ատեն դուն կրնաս անոր մօտ բան մը շինել: Բայց որովհետեւ երկինքի մէջ պտուղներն ու ըմպելիքները շատ աւելի համեղ են քան երկրի վրայ, ուստի դուն պիտի չուզես որեւէ տեսակի ֆիզիքական կերակուր ուտել անգեալէն:

Երբ մենք երկինքի մէջ բան մը ուտենք, անիկա պիտի լուծուի եւ լեռոյ դուրս պիտի ելլէ շնչառութեան ընթացքին, ուստի ոչ մէկ ձելի արտաքսում տեղի կ՚ունենայ՝ ինչպէս երկրի վրայ: Սպառած ուտելիքը բնական ձեւով դուրս պիտի ելլէ շունչին հետ միասին, որոշ ատեն մը պիտի մնայ որպէս անուշահոտ բոյր, եւ լեռոյ պիտի անհետանայ օդին մէջ: Որքան պատշաճ եւ զարմանալի է, որ մենք պէտք պիտի չունենանք մարսելու կամ արտաքսելու, ինչպէս երկրի վրայ կ՚ընենք... Բացայայտ է որ հոն պիտի չըլլայ արտաքնոց, որ կրնայ առարկութեան նիւթ դարձող հոտեր ունենալ: Երկինքի մէջ մենք պիտի ունենանք այս կատարելագացած երկնային մարմինը:

Միեւնոյնն է պարագան երկնային թագաւորութեան

մէջ ուրիշ որեւէ բնակավայրի մը: Բայց եթէ մեր շունչը աւելի եւս պատկանի մարմնին եւ աւելի նուազ պատկանի հոգիին, այն ատեն մեր հոգեւոր կերպարանքին փայլքը տկար պիտի ըլլայ: Նայած թէ մենք ո՞ր աստիճան կամ ո՞րչափ կը մշակենք մեր շունչը՝ որպէսզի անիկա պատկանի հոգիին, այդ համեմատութեամբ է որ մեզի պիտի տրուի բնակավայր մը՝ Դրախտին մէջ, Երկինքի Առաջին Թագաւորութեան մէջ, կամ Երկինքի Երկրորդ Թագաւորութեան մէջ: Մենք կրնանք Երկինքի Երրորդ Թագաւորութիւն կամ Նոր Երուսաղէմ մտնել միայն այն ատեն՝ երբ մեր շունչը ամբողջութեամբ հոգիին պատկանիլ կու տանք, առանց որ անկէ որեւէ մաս մը պատկանի մարմնին:

Աստուած մեզի թոյլ կու տայ որ մեր ցանածը հնձենք եւ մեզի ետ կու տայ այն չափով՝ ինչպէս որ մենք գործած ենք իր սիրոյն եւ արդարութեան մէջ: Երկնային բնակավայրը եւ երկնային դասակարգի աստիճանը պիտի որոշուի մեր հոգեւոր լոյսի փայլունութեան համեմատ, եւ ուրեմն, մենք պէտք է ջերմեռանդ աղօթքներով ջանք թափենք եւ մեր լալագոյնը ընենք դառնալու այնպիսի մարդ մը, որ ունի հոգի, շունչ, եւ մարմին՝ որոնք կը պատկանին հոգիին:

3. Աստուծոյ Պարգեւը

Աստուած պարգեւ մը պատրաստած էր փրկուած զաւակներուն համար, եւ անիկա յաւիտենական կեանքն է՝ երկնային Թագաւորութեան մէջ: Մենք երկնային տարբեր բնակավայր պիտի ստանանք նայած թէ երկրի վրայ ինչպէս կ՚անցնինք մարդկային մշակումի ընթացքէն, դառնալու համար անձ մը՝ որ Աստուծոյ սիրտը կը փնտռէ:

Աստուծոյ հսկայ ծրագիրը՝ քաղելու համար հաւատացեալներ, որոնք հունձքին «գործեն են», տակաւին ընթացքի մէջ է այսօր: Աստուած կը փնտռէ անհատներ՝ որոնք կը հաւատան Աստուծոյ զօրութեան եւ իր Աստուածային բնութեան, որը կը տեսնուի բնութեան մէջ գտնուող բոլոր բաներուն մէջ, նաեւ կը փնտռէ անհատներ՝ որոնք Աստուծոյ Խօսքով կ՚ապրին: Անանք այնպիսի հոգիներ են որոնք յստակ ու գեղեցիկ են բիւրեղի մը նման: Աստուածաշունչը մեզի կը խօսի վերջին օրերու մասին: Անոնք որոնք հոգեւորապէս արթուն են՝ կը զգան թէ մարդկային մշակումը շատ մօտեցած է իր աւարտին:

Ադամի անկումէն ի վեր, մարդկութիւնը արտադրած է սերունդներ եւ յառաջացուցած է քաղաքակրթութիւններ: Նաեւ անոնք փորձառութիւնը ունեցած են կեանքի, ծերութեան, հիւանդութեան, եւ մահուան: Մարդկային մշակումի աւարտէն յետոյ, Աստուած բոլոր հաւատացեալները պիտի հրաւիրէ մտնելու «օրին մէջ», որ կը գտնուի երկրորդ երկինքին մէջ: Հոն Աստուած հարսանեկան «հմայիչ» խնճոյք մը պիտի սարքէ, եւ մեզի պիտի արտօնէ որ մեր Տէրոջը՝ Յիսուս Քրիստոսի հետ միասին սեր բաժնեկցինք եօթը տարի շարունակ:

Յայտնութիւն 19.7-9 հետեւեալ ձեւով կը նկարագրէ զայն.

Խնդա՛նք եւ ուրախանա՛նք ու փա՛ռք տանք Անոր, քանզի Գառնուկին հարսանիքը հասաւ ու Անոր կինը ինքզինք պատրաստեց: Եւ իրեն հագնելու համար տրուեցաւ մաքուր ու լուսափայլ բեհեզ, (քանզի այն բեհեզը սուրբերուն արդարութիւնն է:) Եւ ինծի ըսաւ. «Գրէ՛. 'Երանելի են անոնք, որ Գառնուկին հարսանիքին ընթրիքին կանչուած են'» ու ինծի ըսաւ. «Անոնք են Աստուծոյ ճշմարիտ խօսքերը»:

Աստուծոյ սէրը հոս չվերջանար: Յարսանեկան խնճոյքը վերջանալէն ետքը, ճիշդ ինչպէս որ նոր ամուսնացած զոյգեր մեղրալուսնի կ՚երթան երբ հարսանեկան խնճոյքը կ՚աւարտի, Աստուած ալ մեզի թոյլ պիտի տայ որ Տէրոջը հետ միասին իջնենք երկիր, եւ Իրեն հետ թագաւորենք հազար տարի: Տէրը պիտի վերանորոգէ Առաջին երկինքը, որ մարդակին մշակումի օթեւանն էր, եւ թոյլ պիտի տայ որ փրկուած հաւատացեալներ իրենց սէրը բաժնեկցին Տէրոջ հետ՝ խառատ եւ ամբողջական չափով:

Յայտնութիւն 20.6 կ՚ըսէ. «Երանելի եւ սուրբ է ա՛ն, որ առաջին յարութեանը մէջ բաժին ունի: Ասոնց վրայ երկրորդ մահը իշխանութիւն չունի, հապա անոնք Աստուծոյ եւ Քրիստոսին քահանաները պիտի ըլլան ու Անոր հետ հազար տարի պիտի թագաւորեն»:

Յազարամեայ Թագաւորութիւնը աւարտելէն ետքը, Աստուած պիտի յայտնաբերէ այն պարգեւներն ու վարձատրութիւնները զոր Ինք պատրաստած է Իր սիրելի զաւակներուն համար: Մեծ ճերմակ Աթոռին Դատաստանէն յետոյ, Աստուած վարձատրութիւններ պիտի տայ երկրի վրայ անոնց ըրածներուն համար, եւ երկինքի մէջ իրենց բնակելիք վայրը պիտի սահմանէ՝ իւրաքանչիւրին հաւատքի չափին համեմատ: Անոնց պիտի տրուին տեղական բնակավայրեր երրորդ երկինքի մէջ, որ արցունքներէ, միշտերէ, ցաւերէ, հիւանդութիւններէ, եւ մահուընէ զուրկ տեղ մըն է, որպէսզի հոն անոնք կարենան ապրիլ կեանք մը՝ որ լեցուն է բարութեամբ, սիրով, գնծութեամբ, եւ ուրախութեամբ՝ երկնային կատարելագացած մարմնին մէջ:

Յովհաննու 14.2-3-ի մէջ Յիսուս հետեւեալը կը խոստանայ. «Իմ Յօրս տունը շատ բնակարաններ կան. ապա թէ ոչ՝ ես ձեզի պիտի ըսէի: Յիմա կ՚երթամ, որ ձեզի տեղ պատրաստեմ: Եւ եթէ երթամ ու ձեզի տեղ պատրաստեմ, նորէն պիտի գամ եւ ձեզ քովս առնեմ, որպէս զի ո՛ւր որ ես եմ՝ դուք ալ հոն ըլլաք»:

Ի՞նչ բանի կը նմանի լայիտենական թագաւորութիւնը եւ մենք ի՞նչ տեսակի կեանք մը պիտի ապրինք հոն:

Նոր Երկինք եւ Նոր Երկիր

Երկինքի մէջ երկնակամարը մաքուր, պայծառ եւ յստակ

կապոյտ է: Պատճառը՝ որ Աստուած երկնակամարին գոյնը կապոյտ ըրած է՝ որովհետեւ կապոյտ գոյնը մեզի զգալ կու տայ խորութիւն, բարձրութիւն, եւ պայծառութիւն: Աստուած կ՛ուզէ որ Իր սիրելի զաւակները յաւիտեան ուրախ ապրին, ունենալով բիւրեղի մը նման մաքուր ու զեղեցիկ:

Երկնային Թագաւորութեան երկնակամարին մէջ կան նաեւ ամպեր: Այդ ամպերը զարդարանքի պէս բան մրն են՝ զեղեցկութիւնը աւելցնելու համար: Այդ ամպերը կ՛աւելցնեն երկնային քացաքացիներուն ուրախութիւնը: Երբ Նոր Երուսաղէմի մէջ գտնուողները կը խորհին Աստուծոյ մասին եւ կը փառաբանեն Իր սէրը, նայելով վեր՝ դէպի երկնակամար, հրեշտակները կը կարդան իրենց տերերուն միտքը եւ երբեմն անոնք սրտի ձեւով ամպեր կը շինեն, եւ կամ ամպեր գործածելով բաներ կը գրեն:

Երկինքի մէջ Աստուծոյ փառքին լոյսը կայ, որ կարելի չէ բաղդատել նոյնիսկ արեւու լոյսին հետ: Անիկա ամբողջ երկինքը կը լուսաւորէ, սկսելով Նոր Երուսաղէմէն մինչեւ Դրախտ (Յայտնութիւն 22.5):

Աստուծոյ փառքին լոյսը ա՛յնքան յստակ ու պայծառ է, որ եթէ անիկա փայլելու ըլլար այն հոգիներուն վրայ որոնք Դրախտին մէջն են, անոնք նոյնիսկ իրենց գլուխները վեր բարձրացնելու կարող պիտի չըլլային՝ այդ լոյսին չափազանց զօրաւոր պայծառութեան համար: Այս իսկ պատճառով, բաղդատմամբ Նոր Երուսաղէմին, միւս բնակավայրերուն մէջ Աստուած երթալով կը նուազեցնէ այդ լոյսին պայծառութիւնը: Երբ աւելի եւս կը հեռանաս Նոր Երուսաղէմէն ու Երկինքի երրորդ Թագաւորութենէն՝ իջնելով դէպի Երկինքի երկրորդ Թագաւորութիւն, Երկինքի Առաջին Թագաւորութիւն, եւ Դրախտ, այդ լոյսին փայլքը երթալով կը նուազի:

Աստուծոյ զօրութեամբ է որ Երկինքի մէջ գոյութիւն ունին չորս եղանակները - գարուն, ամառ, աշուն, եւ ձմեռ: Իրականութեան մէջ Երկինքի քաղաքացիները պէտք չունին չորս եղանակներու, բայց այդ եղանակները պատրաստուած են Աստուծոյ զաւակներուն համար որպէսզի անոնք կարենան վայելել իւրաքանչիւր եղանակի բնական երեւոյթը: անոնք կրնան տեսնել աշնանային տերեւները եւ նոյնիսկ ձմեռուան ձիւնը:

Աստուած ամէն բան շինած է կատարելագոյն եւ

ամենագեղեցիկ ձեւով, որպէսզի մենք կարենանք զգալ այն գեղեցկութիւնը զոր երկրի վրայ ունեինք՝ տարբեր եղանակներու մէջ։ Սակայն այդ չի նշանակեր թէ երկինքի մէջ պիտի ըլլայ «ցուրտ» կամ «տաք» օր՝ կլիմայի եւ եղանակներու հետ կապուած։ Կան զանազանութիւններ՝ տարբեր եղանակնրեու միջեւ, սակայն այդ զանազանութիւնը ո՛չ եղանակի տաքութեամբ եւ ո՛չ ալ ցուրտ եղանակով պիտի նշուի։ Ջերմաստիճանը միշտ պիտի մնայ յարմարագոյնը՝ ամէն ժամանակ ապրելու համար։

Երկինքի մէջ հողը կազմուած է ո՛չ թէ աւազէ՝ այլ ոսկիէ, արծաթէ, եւ տարբեր գոհարեղէններէ։ Երկրի վրայ պողպատը ունի չափաւոր խտութիւն մը, բայց երբ փոշիացուի՝ անիկա փչուելով կը տարուի հովէն։ Սակայն եթէ գնդակի ձեւ ունենայ, անիկա պիտի հովէն պիտի չտարուի։ Ոսկին, արծաթը, եւ ուրիշ գոհարեղէններ շռջանակաձեւ են, ուստի երկինքի մէջ բնաւ փոշի չկայ։

Ոսկիէ Ճամբան եւ Գոհարեղէնէ Ճամբան

Երկնային իւրաքանչիւր բնակաւայրի մէջ կայ ոսկիէ ճամբայ մը։ Անշուշտ, այն փայլքը որ դուրս կը ցոլայ ոսկիէ ճամբայէն՝ տեղէ տեղ տարբեր է երկինքի մէջ։ Որքան աւելի կը մօտենաս Նոր Երուսաղէմի, այդքան աւելի պայծառ ու լուսաւոր կը դառնայ այդ փայլքին ցոլացումը։ Երկրի վրայի մաքուր ոսկիէն բոլորովին տարբեր, երկինքի մէջ ոսկին կարծր է, բայց անիկա շատ փափուկ կը թուի երբ անոր վրայ քալես։ Երկրի վրայ կտոր մը ոսկին մարդու ձեռքի չափ է, եւ բաւական հագուագիւտ։ Սակայն երբ տեսնես անվերջանալի ոսկիէ ճամբան որ ապակիի նման կը փայլի, պարզապէս կրնա՛ս երեւակայել թէ ո՛րքան հոյակապ պիտի ըլլայ անիկա... Չուտ ոսկին կը ներկայացնէ հոգեւոր հաւատքին անփոփոխելի յատկանիշը։ Ոսկիէ ճամբուն պայծառութիւնը եւ անոր շողշողուն փայլքը ամէն մէկ բնակավայրի մէջ մէկը միւսէն կը տարբերի, որովհետեւ երկնային բնակավայրը իւրաքանչիւր անհատի հաւատքի աստիճանին համեմատ է որ պիտի սահմանուի։

Աստուած շատ մեծ իմաստ չվերագրեր Դրախտի ոսկիին հանդէպ։ Այսուհանդերձ, մինչ կը տեղափոխուիս Երկինքի Առաջին Թագաւորութենէն դէպի Երկինքի

Երկրորդ եւ երկինքի երրորդ Թագաւորութիւն, բնակիչները աւելի եւս մօտիկ պիտի ըլլան հալատքի կատարեալ աստիճանին, ուստի աւելի աւելի բարձր բնակավայրերու մէջ գուտ ոսկին աւելի խորունկ իմաստ պիտի ունենալ, որ կը յայտնաբերուի ոսկիի ցոլացման աւելի եւս շողշողուն փայլքովը:

Ոսկիէ ճամբայէն զատ, կան նաեւ ուրիշ տեսակի ճամբաներ, ինչպէս՝ ծաղիկէ ճամբան եւ գոհարեղէնէ ճամբան: Հոն կան նաեւ որոշ ճամբաներ ուր կրնաս Աստուծոյ զօրութեամբ տեղափոխուիլ պարզապէս այդ ճամբուն վրայ կայնելով միայն: Հոգեւոր կերպարանքը շատ թեթեւ կ'ըլլայ, կարծէք թէ անիկա որեւէ ծանրութիւն չունի: Ուստի եթէ ծաղիկներուն վրայ քալելու ըլլաս, ծաղիկները չեն փճանար: Ծաղիկները կը գնձան աւելի եւս անուշահոտ բոյր դուրս կու տան երբ Աստուծոյ զաւակները մօտենան իրենց:

Գոհարեղէնէ ճամբաները ունին զանազան տեսակի գոհարներ եւ թանկագին քարեր, որոնք հրաշալի լոյսեր կը ցոլացնեն: Եթէ կոխես անոնց վրայ, անոնք աւելի եւս գեղեցիկ լոյսեր դուրս կու տան: Բայց եւ այնպէս, գոհարեղէնէ ճամբաները չենք կրնար ամէն տեղ տեսնել երկնային թագաւորութեան մէջ: Անոնք շինուած են միայն տուներուն շուրջը այն անձերուն՝ որոնք ամբողջութեամբ Տէրոջը կը նմանին, եւ որոնք մեծ նպաստ բերած են մարդկային մշակութեան նկատմամբ Աստուծոյ նախասահմանութիւնը իրագործելու մէջ:

Կեանքի Ջուրի Գետը

Կեանքի Ջուրի Գետը կը բիսի Աստուծոյ աթոռէն: Անիկա ծայրէ ծայր կը հոսի երկնային թագաւորութեան մէջ ամբողջութեամբ, եւ յետոյ դարձեալ կը վերադառնայ իր սկզբնական վայրը: Կեանքի Գետը բիւրեղի մը նման պայծառ ու մաքուր է, եւ անիկա կը հոսի շատ մեծ հանդարտութեամբ, որպէս թէ բնաւ հոսած չըլլար: Անիկա բնաւ չշողիաննար եւ կամ բնաւ չապականիր: Անիկա կը նմանի ծովուն ալիքներուն որ գոհարներու նման կը փայլի, ցոլացնելով արեւուն լոյսը՝ պայծառ օրուան մը մէջ: Կեանքի Գետը կը ներկայացնէ Աստուծոյ սիրտը՝ որ ակն ու աղբիւրն է կեանքի ջուրին, որ կը վերակենդանացնէ բնութեան մէջ բոլոր բաները: Աստուծոյ սիրտը գեղեցիկ սիրտ մըն է որ հրապուրիչ ու շողշողուն կերպով կը փայլի, եւ անիկա գուրգ է որեւէ մէկ բիծէ կամ արատէ: Աստուծոյ սիրտը ամէն բանի մէջ կատարեալ է:

Այն իրողութիւնը որ կեանքի ջուրի գետը կը հոսի ամբողջ երկնային թագաւորութեան մէջ ծայրէ ծայր, այն նշանակութիւնը ունի թէ Աստուած կ՚իշխէ Երկինքի մէջ բոլոր հոգիներուն վրայ, արտօնելով որ անոնք ամէն օր Իր շնորհքով ապրին գնծութեամբ եւ ուրախութեամբ լեցուն կեանք մը: Կեանքի ջուրին համը որոշ չափով քաղցր է եւ այնպիսի բան մըն է` զոր բնաւ չենք կրնար համտեսել երկրի վրայ: Անիկա մեզի կու տայ կեանք, ուժ, զօրութիւն, եւ ուրախութիւն` երբ կը խմենք զայն:

Յայտնութիւն 22.2 կ՚ըսէ թէ կեանքի ջուրի գետը կը հոսի հրապարակին մէջ: Ուստի, գետին երկու կողմերը կան ճամբաներ: Կեանքի ջուրի գետը կը բիսի Աստուծոյ աթոռէն եւ կը հոսի երկնային թագաւորութեան բոլոր անկիւնները, ուստի եթէ քալելու ըլլաս ճամբուն վրայ` գետին մէկ կամ միսս կողմէն, ի վերջոյ դուն պիտի հասնիս Աստուծոյ աթոռին: Այս իրողութիւնը հոգեւորապէս կը նշանակէ թէ` եթէ մենք Աստուծոյ Խոսքով ապրինք, որ ներկայացուած է կեանքի ջուրով, այն ատեն մենք ոչ միայն պիտի հասնինք երկնային թագաւորութիւն, այլ նաեւ պիտի հասնինք Երկինքի ամենագեղեցիկ վայրը` Նոր Երուսաղէմ:

Կեանքի ջուրի գետին եւ անոր երկու կողմերու ճամբաներուն վրայ կը գտնուին գետեզերքները, որոնք ծածկուած են ոսկեայ եւ արծաթեայ աւազներով: Հակառակ որ անոնք կարծ են, բայց եւ այնպէս, Երկինքի մէջ այդ գնդակածել աւազները փափուկ կը թուին ըլլալ: Մարդիկ չեն վնասուիր կամ չեն վիրաւորուիր եթէ այդ աւազներուն վրայ գալարուին կամ անոնց վրայ վազեն, եւ անոնց մորթը չքերթուիր այդ աւազներէն: Նաեւ, Երկինքի մէջ աւազը հովէն չիչուիր կամ եւ Երկրի աւազին նման չփակիր երկնային հագուստին վրայ:

Նաեւ, դուն կրնաս լողալ այդ գետին մէջ: Հակառակ որ թերեւս Երկրի վրայ դուն չիր գիտեր լողալ, բայց եւ այնպէս, Երկինքի մէջ դուն կրնաս ազատօրէն լողալ: Երկրի վրայ լողալու երթալու համար սովորաբար մենք պէտք է մեր հագուստները փոխենք եւ լողազգեստներ հագնինք: Սակայն Երկինքի մէջ ջուրը չի թափանցեր

Երկնային հագուստէն ներս: Ան պարզապէս սահելով կը
գլորուի հագուստին մակերեսին վրայէն: Ուստի, դուն
կրնաս ազատօրէն լողալ՝ քու սովորական հագուստներդ
հագած վիճակիդ մէջ:

Ոսկիէ ճամբաներուն վրայ կան գեղեցիկ նստարաններ
որոնք կ՚երկարին գետին երկու կողերը: Անոնց շուրջը կը
գտնուին կենաց ծառին տասներկու տարբեր տեսակի
պտուղները: Յայտնութիւն 22.2 կ՚ըսէ. «Այն քաղաքին
հրապարակին մէջ ու այն գետին մէկ կողմէն ու միւս
կողմէն կենաց ծառ մը կար, որ տասներկու կերպ պտուղ
կը բերէր: Ամէն ամիս իր պտուղը կու տար»: Այս չի
նշանակեր թէ պտուղը պիտի իյնայ, եւ յետոյ ուրիշ պտուղ
մը պիտի փոխարինէ զայն ամէն ամիս: Այդ կը նշանակէ
թէ տասներկու տեսակի պտուղները միշտ հոն ներկայ են
ծառին վրայ:

Կենաց ծառին պտուղը ձմերուկի մը չափի մեծ է,
սակայն անոր ձեւը կը նմանի խնձորի: Անիկա կարմիրի
կը զարնէ, եւ անոր գոյնը շատ գեղեցիկ է: Այդ տասներկու
պտուղները թեթեւ մը իրարմէ կը տարբերին փայլքով,
մեծութեամբ, կերպարանքով, եւ համի տեսակէտով: Եթէ
մէկը այդ պտուղներէն մէկը փրցնելու ըլլայ, անմիջապէս
նոր պտուղ մը պիտի ածի եւ պիտի փոխարինէ զայն:
Կենաց ծառին պտուղը շատ աւելի անուշահոտ բուրմունք
ունի քան երկրի վրայ ուրիշ որեւէ պտուղ մը, եւ անոր
համը մարդկային բառերու նկարագրութենէն շատ վեր է:
Անիկա բերնին մէջ կը հալի բամպակէ շաքարի մը նման:

Անգամ մը, տեսիլքի մը մէջ Աստուած ինծի ցոյց տուաւ
կեանքի ջուրի գետին տեսարանը: Աստուծոյ զաւակները
նստեր էին նստարաններու վրայ, որոնք զարդարուած էին
ոսկիով եւ թանկարժէք քարերով ու գոհարներով: անոնք
հաճելի խօսակցութիւններ կ՚ունենային իրար հետ: Եթէ
անոնք խօսակցութեան ընթացքին կենաց ծառին պտուղը
ուտելու խորհուրդը ունենային, ծառայող հրեշտակները
իրենց մօտը պիտի կարդային եւ այդ պտուղները իրենց
պիտի հրամցնէին՝ ոսկիէ կողովի մը մէջ դրուած: Դուք
կրնաք ձեր սիրելիներուն շուրջ, նստարաններուն վրայ
նստած, դիտել կեանքի ջուրի գետը, կամ կրնաք հաճելի
խօսակցութիւններ ունենալ անոնց հետ՝ մինչ պարզապէս
կը քալէք միասին: Ո՛րքան ուրախ պիտի ըլլայ այդպիսի
կեանք մը...

Երկինքի Կենդանիներն ու Թոյսերը

Երկինքի մէջ կենդանիներուն, թռչուններուն ու ձուկերուն թիւը, եւ անոնց տեսակները անհամար են: Հոն կան որոշ տեսակի կենդանիներ որոնք գոյութիւն չունին երկրի վրայ, նաեւ կան նաեւ ուրիշ տեսակներ, որոնք երկրի վրայ ներկայ են, բայց երկինքի մէջ չեն գտնուիր: Այն կենդանիները որոնք զգուելի կը սեպուին, ինչպէս որ նշուած է Ղեւտացւոց Գրքին 11-րդ գլխուն մէջ, երկինքի մէջ չեն գտնուիր:

Երկինքի մէջ կենդանիները չնչին ձեւով մը աւելի մեծ են երկրի կենդանիներէն: Անոնք քիչ մը աւելի շքեղ կը թուին ըլլալ, այսուհանդերձ տակաւին անոնք խառնուածքով մեղմ են ու հնազանդ: Ստնաւորներուն մուշտակը եւ թռչուններուն փետուրները դուրս կ՚արձակեն փայլուն լյսեր եւ անուշահոտ քաղցր բուրմունք: Նոյնիսկ առիւծը վայրի չէ հոն՝ այլ մեղմ: Հրաշալիորէն սքանչելի է դիտել անոր մաքուր մուշտակը եւ ոսկէ գանգուր խոպոպները:

Երկինքի մէջ կենդանիները բարի գալուստ կը մաղթեն Աստուծոյ զաւակներուն եւ ուրախութեամբ կը գնձան երբ կը տեսնեն զիրենք: Մասնաւորաբար Նոր Երուսաղէմի մէջ պիտի ըլլան կարգ մը մարդիկ որոնք սիրելու կամ զգուելու համար անձնապէս կենդանիներ կամ նոյնիսկ կենդանաբանական պարտէզ պիտի ստանան որպէս վարձատրութիւն: Կենդանիները խելացի եւ հրապուրիչ խաղեր կ՚ընեն իրենց տէրը հաճեցնելու համար: Այդ չի նշանակեր թէ անոնք կը հասկնան իրենց տէրերուն միտքը քանի որ հոգի ունին: Անոնք պարզապէս հրեշտակներու նման կը հնազանդին Աստուծոյ հրահանգներուն: Հոգեւոր արարածներ ըլլալով, երկինքի մէջ կենդանիները գրեթէ ինքնագործ կերպով կը գործեն այնպիսի ձեւով մը՝ որպէսզի սիրուին իրենց տէրերէն:

Երկինքի մէջ կան բազմատեսակ թոյսեր՝ ներառեալ կենաց ծառը, պտղատու ուրիշ ծառեր, եւ ծաղիկներ: Երկրի վրայի թոյսերը սնունդը կը ստանան իրենց արմատներէն, եւ լուսակազմութեան ընթացքին միջոցաւ անոնք կ՚արտադրեն գործութեան աղբիւր մը: Բայց երկինքի մէջ թոյսերը կ՚ապրին յալիտեան, առանց այս ընթացքներէն անցնելու, սակայն կեանքի ուժով՝ որ իրենց կը տրուի Աստուծմէ: Երկինքի մէջ, թոյսերուն արմատները սնունդը չեն ծծեր: Անոնք պարզապէս կը յայտնաբերեն իւրաքանչիւր բոյսի յատկանիշները: Անշուշտ, ծաղիկներուն ձեւը, անոնց բոյրերը, եւ պտուղները կրնան ցոյց տալ այդ զանազանութիւնը, սակայն արմատներն ալ նոյնպէս միջոց մըն են ցոյց տալու այսպիսի տարբերութիւններ:

Երկինքի մէջ բոյսերը իրենց մասնայատուկ բոյրը կ՚արձակեն ուժով, բայց տակաւին քաղցրութեամբ: Անոնք կրնան ցնցել կամ ծռել իրենց ճիւղերը, որպէսզի որոշ իմաստ մը արտայայտեն: Անոնք կրնան շարժիլ՝ որպէս թէ հրեշտակներ ըլլային՝ որ կը պարեն փառաբանութեան երգերուն դիմաց: Նաեւ, անոնք կրնան փառաբանել զԱստուած՝ կարելի եղածին չափ դուրս արձակելով իրենց անուշահոտ բոյրը:

Տերեւները, ծաղիկները, կամ պտուղները բնաւ չեն իյնար կամ չեն թափիր ժամանակի անցումով: Անոնց անուշահոտ բոյրը եւ գոյները բնաւ չեն փոխուիր: Եթէ ծաղիկ մը փրցնես, անոր տեղը անմիջապէս նոր ծաղիկ մը պիտի գայ: Միեւնոյնն է պարագան պտուղներուն նկատմամբ: Փրցուած ծաղիկները նաեւ չեն թառամիր եւ անոնց թարմութիւնը կը պահպանուի: Եթէ կ՚ուզես պահել ծաղիկը, անիկա միշտ թարմ պիտի մնայ այնքան ատեն որ դուն կ՚ուզես պահել զայն: Եթէ ուզես ետեւ զայն, անիկա պարզապէս պիտի լուծուի եւ յետոյ պիտի անհետանայ օդին մէջ: Կարգ մը ծաղիկներ աւելի զօրաւոր անուշահոտ բոյրեր կ՚արձակեն երբ անոնք փոշիացուին: Եթէ ուզես, դուն կրնաս զանոնք շիշի մը մէջ պահել՝ որքան ժամանակ որ կ՚ուզես պահել զանոնք:

Իւրաքանչիւր բոյս ունի իրեն յատուկ անուշահոտ բոյրը: Անոնք ունին թարմ, քաղցր, անուշ, կամ ազնուական բոյր: Երկնային իւրաքանչիւր բնակավայրի մէջ այդ անուշահոտ բոյրը ունի տարբեր նշանակութիւններ: Օրինակի համար, Դրախտի մէջ վարդերը պարզապէս մէկ տեսակն են հոն գտնուող ուրիշ շատ ծաղիկներու միջեւ: Սակայն Նոր Երուսաղէմի մէջ անհատի մը տունին մէջ, այդ տանտիրոջ սիրտը պիտի պարփակուի տան մէջ գտնուող վարդի մը անուշահոտ բոյրին մէջ: Երբ հիւր մը այցելութեան գայ, ծաղիկները անուշահոտ յատուկ բոյր մը պիտի արձակեն, որպէսզի այդ տան տիրոջը սիրտը արտայայտեն: Նոր Երուսաղէմի մէջ տարբեր տուներու մէջ

110

ծաղիկները տարբեր տեսակի անուշահոտ բոյրեր պիտի արձակեն:

Ասկէ զատ, Նոր Երուսաղէմի մէջ կան կարգ մը բոյսեր որոնցմէ չենք կրնար գտնել ուրիշ բնակավայրերու մէջ: Ծաղիկներուն թիւը եւ անոնց տեսակները երթալով կը պակսին երբ Նոր Երուսաղէմէն կ'իջնենք վար` դէպի Դրախտ: Նաեւ, ծաղիկները անձնապէս գործածելու ազատութիւնը երթալով աւելի եւս կը սահմանափակուի` իջնելով վար: Իւրաքանչիւր բնակավայրի մէջ խոտէ դաշտավայրին վրայ նստելու հանգստաւէտութիւնը եւ դաշտավայրին գոյնը նոյնպէս կը տարբերին իւրաքանչիւր բնակավայրի մէջ:

Երկինքի մէջ ամէն բաները, ներառեալ կենդանիներն ու բոյսերը, պատրաստուած են Աստուծոյ կողմէ` իր փրկուած զաւակներուն համար: Երկինքի մէջ ամէն բան որ կը փափաքին պիտի տրուի Աստուծոյ ճշմարիտ զաւակներուն, որոնք Երկրի վրայ միայն Աստուծոյ կամքով ապրեցան:

Մշակութային Կեանք` Երկինքի մէջ

Իւրաքանչիւր բնակավայրի մէջ Աստուած զանազան զբօսավայրեր եւ սարքեր պատրաստած է` իր զաւակներուն աւելի մեծ ցնծութիւն եւ ուրախութիւն տալու համար: Այդ զբօսավայրերը անբաղդատելիօրէն աւելի մեծ ու հսկայ են` քան այս աշխարհի մէջ գտնուող ամենամեծ զուարճավայրերը: Նաեւ, անոնց մէջ կան բազմաթիւ հետաքրքրական բաներ:

Քանի որ Երկինքի մէջ մենք երկնային կատարելացած մարմնի մէջ կ'ըլլանք, ուստի բնաւ վախնալու պէտքը չկայ: Դուն պէտք չունիս վախնալու նստելով որեւէ պտրտող սարքի մը վրայ` ինչպէս թալող հեծելասարքերը: Դուն պարզապէս զուարճանալով պիտի ցնծաս այդ սարքերը հեծնելով: Զբօսավայրերէն զատ, կան նաեւ շատ ուրիշ բաներ զուարճանքի, հանգստութեան, եւ հաճոյքի համար: Նաեւ, Երկինքի մէջ մենք կրնանք ունենալ մեր նախասիրած ժամանցները, որպէսզի կարենանք յառաջացնել մեր ճիրքերը կարգ մը խաղերու եւ մրցումներու մէջ, ճիշդ ինչպէս որ կ'ընենք Երկրի վրայ:

Մենք կրնանք վայելել այն բաները զոր Երկրի վրայ կը վայելէինք: Աւելին, եթէ կան բաներ զոր Երկրի վրայ

վայելել ինքզինքնիս գրկեցինք, որպէսզի աւելի եւս
կատարելագործենք Աստուծոյ գործը, երկինքի մէջ մենք
այդ բաները մեր ուզածին չափ պիտի վայելենք: Նաեւ,
մենք նոր բաներ պիտի սորվինք: Օրինակի համար, մենք
կրնանք երաժշտական գործիքներ նուագել սորվիլ, ինչպէս՝
ջութակ, սրինգ, կամ տաւիղ: Երկինքի մէջ ամէն մարդ
իմաստուն եւ գերազանց է, ուստի մենք կրնանք շատ
արագ եւ շուտով սորվիլ այդ երաժշտական գործիքները
նուագելը:

Երկինքը մարզախաղերուն մէջ չկայ որեւէ խաղ մը
որ կրնայ վիրաւորել կամ վնաս պատճառել ուրիշներուն:
Նաեւ, իւրաքանչիւր խաղի համար հոն պիտի ըլլան
որոշ օրէնքներ: Մենք կրնանք ունենալ խմբային
մարզախաղեր, ինչպէս՝ ցանցախաղ, սակառախաղ,
ֆութպոլ, ոտնագնդակի խաղ, կամ հիմնախաղ: Հոն
պիտի ըլլան նաեւ աւելի անհատական խաղեր, ինչպէս՝
թենիս, դահուկախաղ, կոլֆ, փլչախաղ, եւ լողալ:
Մենք նաեւ կրնանք վայելել այսպիսի մարզախաղեր,
ինչպէս՝ սահասաւառնակ, կոհակարշաւ, կամ
նաւարկութիւն: Երկինքի մէջ մարզախաղերու սարքերը
եւ դիւրիւթիւնները արկածէ զուրկ են, եւ անոնք
զարդարուած են ոսկիով ու գոհարեղէններով, այսպէս՝
աւելցնելու համար մեր ուրախութիւնը:

Երկինքը այնպիսի վայր մը չէ ուր դուն հաճոյք
կը զգաս մրցումին մէջ շահելով: Դուն կրնաս
բաւականաչափ հաճոյք եւ գոհունակութիւն ստանալ
պարզապէս այն իրողութեան համար որ կրնաս խաղալ
այդ մարզախաղերուն մէջ: Դուն կրնաս հարց տալ թէ
արդեօք ի՞նչ է խաղերուն իմաստը երբ անոնք շահողներ
չունին: Բայց որովհետեւ երկինքի մէջ չարութիւն չկայ,
դիմացինին աւելի հաճոյք եւ օգուտ տալը խաղը շահիլ կը
նշանակէ:

Անշուշտ կան խաղեր որոնցմէ դուն կրնաս մրցում
ընելով հաճոյք ստանալ՝ բարի հաւատքով մրցելով:
Օրինակի համար, մարդիկ կրնան ուրիշներուն դիմաց
ծաղիկներուն անուշահոտ բոյրը ներս շնչել իրենց կրցածին
չափ, եւ լեստոյ արտաշնչել զայն: Նիշերը պիտի տրուին
այն համեմատութեամբ թէ դուն ո՞րչափ կը հաճեցնես
զԱստուած՝ անուշահոտ բոյրը արտաշնչելով, կամ թէ դուն
ո՞րքան լաւ կրնաս իրար հետ միախառնել բազմատեսակ
անուշահոտ բոյրեր: Այդ մրցումը այն մասին է՝ թէ դուն

ո՞րքան հաճոյք կրնաս պատճառել ուրիշներուն, եւ ա՛յս ալ նոյնպէս հաճելի է Աստուծոյ առջեւ: Երկինքի մէջ կան նաեւ շատ ուրիշ տեսակի զուարճութիւններ, որոնք շատ աւելի հաճոյք կը պատճառեն քան ուրիշ որեւէ բան՝ Երկրի վրայ: Աննծ յոգնութիւն չեն պատճառեր՝ ինչպէս վաճառակեդրոնններու խաղերը եւ տեսերիգի խաղերը, եւ դուն բնաւ չես ձանձրանար որեւէ բանէ:

Երկինքի մէջ դուն կրնաս նաեւ շարժանկարներ դիտել: Թատրոններուն մէջ, դուն կրնաս տեսնել կարգ մը կոթողական դէպքեր, որոնք պատահած են մարդկային մշակութեան ընթացքին: Ծննդոցը, Նոյի ջրհեղեղը, Ելիցը, Յիսուսի հոգեւոր ծառայութիւնը, խաչին նախասահմանութիւնը, վերջին ժամանակաշրջանին Սուրբ Հոգիին կրակի գործերը, եւ հաւատքի նախահայրերուն պատմութիւնները - բոլորն ալ ժապաւէններու վերածուած պիտի ըլլան:

Օրինակի համար, դուն կրնաս դիտել շարժանկար մը՝ Պօղոս առաքեալի անցուցած ամբողջ կեանքին մասին: Դուն կրնաս տեսնել թէ Պօղոս ինչպէ՛ս հանդիպեցաւ Տէրոջը եւ ինչպէ՛ս իր ամբողջ կեանքը սիրով նուիրեց Տէրոջը համար: Դուն կրնաս սերտել մանրամասն բաներ, որոնք արձանագրուած չեն Աստուածաշունչին մէջ: Դուն պիտի տեսնես Պօղոսի կեանքը (որպէս թէ անձնապէս իր հետը եղած ըլլայիր) այնպիսի դէպքերու մէջ՝ ինչպէս իր ա՛յնքան սաստկօրէն հալածուիլը - մարդկային դիմադրողականութեան չափանիշէն վեր: Դուն կրնաս իրազեկ դառնալ Պօղոսի բանտարկուելուն՝ Փիլիպպէի մէջ, եւ իր գոհաբանութեան, Աստուծոյ շնորհակալ ըլալուն, եւ զԱստուած փառաբանելուն՝ մինչեւ իսկ ծովուն մէջ նաւաբեկուելէ ետք: Զգացականօրէն ո՛րքան հմայիչ պիտի ըլլայ այդ....

Փոխադրութիւն՝ Երկինքի մէջ

Մենք կրնանք խորհրդաւոր եւ գեղեցիկ տեղեր այցելել երկնային թագաւորութեան մէջ: Հոն պիտի ըլլան եզակն, հրաշալի, զգայացունց տեսարաններ ուր որ երթանք: Երկնային կատարելագծ մարմնին մէջ ըլլալով, որեւէ յոգնութիւն չկայ հոն, նոյնիսկ երկար ժամանակ ճամբորդելէ ետք: Հոգիին սիրտը բնաւ չփոխուիր, ուստի մենք բնաւ չենք ծանծրանար, նոյնիսկ եթէ միեւնոյն տեղը այցելենք:

Հոն պիտի ըլլան փոխադրութեան զանազան միջոցներ՝ ճամբորդութեան համար: Հոն կան հանրային փոխադրութեան միջոցներ, ինչպէս երկնային շոգեկառքը: Հոն կայ նաեւ անձնական փոխադրութեան միջոցներ, օրինակ՝ ամպէ ինքնաշարժերը կամ ոսկիէ վակոնը: Երկնային շոգեկառքը զարդարուած է այլագան գոյներով շողշողացող գոհարեղէններով, եւ անիկա ճամբորդներուն կը հայթայթէ մեծագոյն չափի հանգստաւէտութիւն: Իրապէս շատ հաճոյալի պիտի ըլլայ նաեւ պատուհաններէն դուրս տեսարանները դիտելը: Երբ Դրախտի մէջ գտնուող հալատացեալներ կը հրաւիրուին այցելելու Նոր Երուսաղէմ, անոնք երկնային շոգեկառքով հոն պիտի երթան: Շողեկառքը կրնայ երկնակամարին մէջ շատ մեծ արագութեամբ թոչիլ:

Հակառակ որ կը կոչուի ամպէ ինքնաշարժ, անիկա շոգիով շինուած չէ, այլ փառքի ամպով: Անիկա կ՚աւելցնէ երկնային կեանքի գեղեցկութիւնը: Երբ կը ցինստիս ամպէ ինքնաշարժը, անիկա ուրիշներուն զգացնել կու տայ հանգամանք եւ իշխանութիւն: Երբ Տէրը երկիր վերադառնայ, Անիկա պիտի գայ ամպերու մէջ (Ա. Թեսաղոնիկեցիս 4.16-17, Յայտնութիւն 1.7): Պատճառը այն է՝ որովհետեւ փառքի ամպերով գալը շատ աւելի արժանապատիւ, պատուարժան, եւ գեղեցիկ պիտի երեւնայ:

Աստուած ամպէ ինքնաշարժը կու տայ անոնց՝ որոնք կ՚երթան երկինքի երրորդ Թագաւորութիւն կամ անկէ բարձր: Երկինքի երրորդ Թագաւորութեան մէջ ինքնաշարժերը հանրային գործածութեան համար են, բայց Նոր Երուսաղէմի մէջ անոնք կը տրուին անձնական գործածութեան համար: Այս իմաստով, ամպէ ինքնաշարժ ունենալը ինքնին ցոյց կու տայ անոր տիրոջը փառքը:

Նոր Երուսաղէմ գտնուողները կրնան նաեւ Տէրոջը հետ միասին պտոյտ մը կատարել ամպէ ինքնաշարժերով: Ամպէ ինքնաշարժերը սովորաբար կը քշուին հրեշտակներու կողմէ: Անոնցմէ ոմանք կը նմանին փոքր ճամբորդատար ինքնաշարժերու, մինչ ուրիշներ աւելի մեծ են եւ ունին բազմաթիւ նստարաններ, աւելի շատ թիւով ճամբորդներու համար: Գծագրութիւնները, գոյները, եւ զարդարանքները նաեւ իրարմէ տարբեր են: Կայ նաեւ ինքնաշարժ մը, որ շինուած է պզտիկ ամալ կտորով մը։ Անիկա կը գործածուի կարճ հեռաւորութիւններու համար։ Անիկա անհատը կ՚առնէ եւ զինք մեղմօրէն կ՚իջեցնէ իր որոշեալ վայրը. ինչպէս օրինակ՝ նման կուֆի բեռնակառքի մը, երբ այդ անձը կուֆ խաղալու կ՚երթայ...

Պաշտամունքի Արարողութիւն եւ Ուսում՝ Երկինքի մէջ

Երկինքի մէջ մենք պաշտամունքի արարողութիւններու ալ ներկայ պիտի ըլլանք։ Աստուած Ինքը պիտի փոխանցէ պատգամները։ Մենք մանրամասնութեամբ պիտի սերտենք հոգեւոր թագաւորութեան մասին, ներառեալ՝ Աստուծոյ ծագումը, Ժամանակի Սկզբնաւորութիւնը, եւ յաւիտենականութիւնը։ Ասկէ զատ, մենք նաեւ ժամանակ պիտի ունենանք լսելու Տէրոջը։ Նաեւ, մենք պիտի խօսինք Աստուծոյ, Տէրոջը, եւ Սուրբ Հոգիին հետ, եւ ա՛յս է Երկինքի մէջ աղօթքը։ Մենք նաեւ նոր երգերով զԱստուած պիտի փառաբանենք։

Երկինքի մէջ եթէ դուն պետք է այցելես տեղ մը, որ կը գտնուի աւելի բարձր մակարդակի վրայ քան քու բնակավայրդ, դուն պետք է փոխես հագուստներդ, որպէսզի անընդ յարմարին այդ վայրին եւ այդ ձեռնարկին։ Նոր Երուսաղէմի մէջ կատարուած պաշտամունքի արարողութիւնը պիտի համասփռուի ամէնուրեք, որպէսզի ամէն անձ կարենայ լաճախել այդ արարողութիւնը՝ Երկինքի մէջ որեւէ տեղ։ Բայց եւ այնպէս, անհրաժեշտ չէ բարդ սարքերու գոյութիւնը այս արարողութեան համար։ Հրեշտակները պիտի քաքեն հսկայ կտաւի նման կտոր մը, որ պիտի դառնայ տեսաերիզի պաստառ մը։ Լոյսերը եւ գոյները ինքնաբերաբար պիտի յարմարցուին իւրաքանչիւր բնակավայրի համար, այնպէս որ անոնք կրնան դիտել շարժուն տեսաերիզը ուղղակիօրէն դիտել, որ իրենց այնպէս զգալ կու տայ՝ որպէս թէ իրապէս այդ վայրին մէջ եղած ըլլային։

Իւրաքանչիւր բնակավայրի մէջ լոյսերը պետք է յարմարցուին որովհետեւ եթէ Աստուծոյ լոյսերը իրենց եղած ձեւով փոխանցուին, այն ատեն Երկինքի երրորդ Թագաւորութեան եւ անկէ վար գտնուողներուն համար կարելի չէ ուղղակիօրէն Զինք տեսնել, որովհետեւ այդ լոյսերը չափազանց փայլուն են։ Այն անձերը կը գտնուին

Երկինքի երկրորդ Թագաւորութեան մէջ կամ անկէ վար, անոնք պիտի չկարենան նոյնիսկ իրենց գլուխները վեր բարձրացնել՝ պաստառին վրայ նայելու համար մեր Հայր Աստուծոյ երեսին, որովհետեւ իրենց խղճմտանքները պիտի չթոյլատրեն գիրենք որ այդպէս ընեն:

Մասնաւորաբար այդ է պարագան անոնց համար՝ որոնք Դրախտի մէջ են, եւ որոնք «ամօթալի փրկութիւն ստացած են»: Անոնք նոյնիսկ չեն կրնար նայիլ տեսարանի պաստառին՝ տագնապալի եւ ծեւով մը ամօթալի զգացումներու հետեւանքով: Ի բաց առեալ պաշտամունքի այն արարողութիւններէն զատ, ուր Աստուած Ինքն է պատգամաբերը, դուք կրնաք նաեւ հրաւիրել Տէր Յիսուսը, Սուրբ Հոգին, կամ հալատքի նախահայրերը, ինչպէս Մովսէսն ու Պօղոսը, որպէսզի իրենք պատգամեն պաշտամունքի արարողութիւններու ժամանակ:

Մենք պիտի շարունակենք նոր բաներ սորվիլ՝ նոյնիսկ երկինք երթալէնս ետքը: Երկինքի թագաւորութիւնը անվերջանալի է, եւ ուրեմն, հոգ չէ թէ որքան շատ սերտենք, մենք բնաւ չենք կրնար ամէն բան գիտնալ Աստուծոյ՝ Ստեղծիչին մասին, որ գոյութիւն ունի յաւիտենականութենէն առաջ, նաեւ բովանդակ յաւիտենականութեան մէջ ամբողջութեամբ: Դժուար է լման հասկնալ Աստուծոյ անվերջանալի խորութիւնը, որ կ՚իշխէ տիեզերքի մէջ ամէն բաներու վրայ: Մենք պիտի զգանք որ Երկինքը լեցուած է այնպիսի բաներով՝ զոր մենք իրապէս պէտք է սորվինք: Սակայն բոլորովին տարբեր Երկրի վրայ սորվելէն, Երկինքի մէջ սորվիլը միայն ընծայի պիտի ըլլայ: Մինչ կը սորվինք՝ մենք ամէն բան պիտի հասկնանք: Մենք բնաւ պիտի չմոռնանք ինչ որ մէյ մը հասկցած ենք, ուստի ոչ մէկ բան դժուար պիտի ըլլայ սորվիլը: Աւելին, մենք ոչ թէ պարզապէս միայն դասախօսութիւններ կը լսենք: Հոն պիտի ըլլան երեք-տարածաշրջանային յայտագիրներ, որոնք կ՚օգնեն մեզի որպէսզի դիւրիւթեամբ հասկնանք:

Երեւակայեցէ՛ք Աստուծոյ նախնական ձայնը, որ կ՚ըսէ. «Լոյս ըլլայ», որ կը հնչէ ամբողջ տիեզերքին մէջ ծայրէ ծայր. լոյսը կը կազմուի, նաեւ լոյսերը կը բաժնուին, եւ այս բոլոր տեսարանները տեղի կ՚ունենան ճիշդ մեր աչքերուն առջեւ... Նաեւ, երեւակայէ՛ որ դուն կրնաս ամբողջ հաստատութեան շուրջին կազմուիլը տեսնել, եւ կրնաս տեսնել թէ ինչպէս շուրջերը կը բաժնուին շուրջերէն: Ո՛րքան

116

մեծ եւ հիասքանչ բան մը պիտի ըլլայ այդ տեսարանը...

Երկինքի մէջ Զանազան Խնճոյքներ

Երկինքի մէջ զանազան խնճոյքները կրնան նկատուիլ երկնային կեանքի ուրախութիւնն ու գնծութիւնը: Ակնարկով մը, այդ խնճոյքները մեզի զգացնել կու տան երկինքի առատութիւնը, ազատութիւնը, գեղեցկութիւնը, եւ փառքը: Խնճոյքներու մէջ մարդիկ պիտի դիտեն յատուկ հանդիսակատարութիւններ կամ պարեր՝ իրենց սիրելիներուն հետ միասին, իրենց ունեցած լալագոյն հագուստներով եւ զարդարանքներով: Յակառակ որ կրնաս դուն Երկրի վրայ լալ պարող մը չըլլալ, բայց Երկինքի մէջ դուն շուտով պիտի սորվիս զայն եւ լալ պիտի պարես:

Նոյնիսկ Երկրի վրայ, մէկը որ Սուրբ Հոգիին ներշնչումով լեցուած է, անիկա կրնայ ենթարկուիլ այնպիսի վիճակի մը՝ ուր նոր լեզուներ եւ նոր երգեր դուրս կու գան: Յետոյ, ձեռքերը, ոտքերը եւ բազուկները ինքնաբերաբար կշռոյթով պիտի շարժին՝ պարելու եւ զԱստուած փառաբանելու համար: Երկինքի մէջ, կատարելագացած երկնային մարմնով, որեւէ մէկը կրնայ գեղեցիկ ձեւով պարել՝ որեւէ տեսակի նուագով կամ եղանակով մը: Մէկը կրնայ նոյնիսկ մենապարով մը զԱստուած փառաբանել:

Երկինքի մէջ կան բազմատեսակ խնճոյքներ, եւ իւրաքանչիւր բնակավայրի մէջ այդ խնճոյքներուն քանակը եւ մակարդակը կը տարբերին իրարմէ: Նոր Երուսաղէմի մէջ կան խնճոյքներ որոնք կը կատարուին Աստուծոյ՝ Երրորդութեան անունով, կան նաեւ խնճոյքներ որոնք տեղի կ՚ունենան Հայր Աստուծոյն անունով, Որդի Աստուծոյն անունով, եւ Սուրբ Հոգի Աստուծոյն անունով փոխադարձաբար: Ատեններ երկնային բնակավայրերու մէջ գտնուող բոլոր մարդիկը պիտի հրաւիրուին մասնակցելու խնճոյքին, որ պիտի տրուի Աստուծոյ՝ Երրորդութեան անունով:

Օրինակի համար, Մեծ Ճերմակ Աթոռի Դատաստանէն ետք, Երկինքի մէջ մեզի պիտի տրուին մեր մասնայատուկ բնակավայրերը, եւ յետոյ տեղի պիտի ունենայ առաջին խնճոյքը՝ Նոր Երուսաղէմի մէջ: Աստուած երկնային թագաւորութեան բոլոր քաղաքացիները պիտի հրաւիրէ այս խնճոյքին: Նոր Երուսաղեմի եւ երկինքի երրորդ Թագաւորութեան մէջ գտնուող բոլոր անհատները կրնան մասնակցիլ այս խնճոյքին: Բայց երկինքի երկրորդ եւ Առաջին Թագաւորութիւններէն մինչեւ Դրախտի մէջ գտնուողներէն միայն ներկայացուցիչները կրնան իրաւ ես յաճախել այս խնճոյքը:

Երբ ուրիշ բնակավայրերէ մարդիկ գալու ըլլան Նոր Երուսաղեմի մէջ սարքուած այս խնճոյքին, անոնք պէտք է փոխեն իրենց հագուստները եւ զարդերը, որ կը պատշաճի Նոր Երուսաղեմին: Պատճառը՝ որովհետեւ հւրաքանչիւր բնակավայրի մէջ երկնային մարմիններուն լոյսը մէկը միւսեն տարբեր է: Անգամ մը որ Նոր Երուսաղեմի պատշաճ հագուստները հագնին, անոնք կրնան ինքզինքնին յարմարեցնել այդ վայրին, եւ այն ատեն անոնք պիտի պատշաճին հոն տեղի ունենալիք խնճոյքին:

Կան որոշակիօրէն նշանակեալ շրջաններ, ուր մարդիկ կրնան իրենց հագուստները փոխել: Կան նաեւ բազմատեսակ հագուստներ՝ իրենց համար պատրաստուած: Հրեշտակները կ՚օգնեն իրենց որ փոխեն իրենց համար ընտրուած հագուստը: Սակայն Դրախտեն եկողները պէտք է իրենք-իրենց փոխուին, առանց հրեշտակներու օգնութեան: Անգամ մը որ Նոր Երուսաղեմի լուսափայլ հագուստները հագնին, անոնք պիտի շարժին անբացատրելի փառքով, եւ ինքզինքնին անարժան պիտի զգան որովհետեւ անիկա այնպիսի հագուստ մըն է՝ զոր հագնելու առանձնաշնորհումը չեն շահած իրենք:

Ոչ նման հագուստներուն, Նոր Երուսաղեմի մէջ պսակներ չեն պատրաստուած իրենց համար: Իւրաքանչիւրը պէտք է իրեն յատուկ պսակը բերէ: Երկինքի երրորդ Թագաւորութեան մէջ պսակները շատ կը տարբերին Նոր Երուսաղեմի պսակներէն, եւ հոն կայ փոքր, կլոր նշան մը՝ պսակին աջ անկիւնին վրայ: Երկինքի երկրորդ եւ Առաջին Թագաւորութիւններէն, նաեւ Դրախտէն եկողները կլոր նշան մը կը դնեն իրենց կուրծքին ձախ կողմը, որպէսզի կարենան դիւրութեամբ զանազանուիլ Նոր Երուսաղեմէն կամ երկինքի երրորդ Թագաւորութենէն եկող անձերէն: Երկինքի երկրորդ եւ Առաջին Թագաւորութիւններէն եկող անձերը իրենց պսակները կը դնեն որպէսզի կարենան յաճախել Նոր

Երուսաղէմի խանձոյքը, բայց Դրախտնէն եկողները արդէն պասակներ չունին, եւ ուրեմն անոնք որեւէ պասակ չեն կրեր:

Խանձոյքներ` Զանազան Բնակավայրերու մէջ

Սովորաբար հրեշտակները հոգ կը տանին զարդարանքներուն, հիւրամեծարութեան, ուտելիքի մատուցման, եւ երկնային խանձոյքներ պատրաստելու միւս բոլոր երեւոյթներուն: Ճիշդ ինչպէս որ օդանաւները կ՛ունենան տարբեր տեսակի ծառայութիւններ` ճամբորդութեան դասակարգին համեմատ, նոյնպէս ծառայութեան մակարդակը եւ խանձոյքներուն բոլոր պատրաստութիւնները իրարմէ կը տարբերին երկնային իւրաքանչիւր բնակավայրի մէջ:

Եթէ ըսենք որ Նոր Երուսաղէմի խանձոյքները տօնախմբութիւններ են, որոնք կը տրուին արքայական կամ ազնուական ընտանիքին կողմէ, այդ պարագային Դրախտի խանձոյքները կրնան նմանցուիլ հաւաքոյթի մը, զոր արքատ զիլղացիները կ՛ունենան իրենց դրացիներուն հետ միասին: Սակայն ասիկա պարզապէս այլաբանութիւն է միայն, եւ այդ չի նշանակեր որ Դրախտի մէջ խանձոյքները մասամբ խեղճ են եւ ձեւով մը արքատորէն պատրաստուած: Այդ պարզապէս կը նշանակէ թէ չափազանց մեծ տարբերութիւն կայ Նոր Երուսաղէմի խանձոյքներուն եւ Դրախտի մէջ սարքուած խանձոյքներուն միջեւ:

Դրախտին մէջ խանձոյքները անհատի մը կողմէ չէ որ կը տրուին: Անոնք ընդհանուր հանրութեան կամ որոշ խումբերու համար են: Ծառայող հրեշտակներ չկան հոն, ուստի մարդիկ իրե՛նք պիտի պատրաստեն ամէն բան: Բայց անշուշտ Դրախտին մէջ չարութիւն չկայ, այլ միայն բարութիւն եւ սէր, ուստի ամէն մէկը իրենց բոլորին համար պիտի պատրաստէ գնծութեամբ եւ ուրախութեամբ: Ամէն անձ մէկը միւսին կը ծառայէ հոգատարութեամբ, ուստի անոնք կրնան այդ խանձոյքը մեծապէս եւ լաւագոյն կերպով վայելել: Իրողութեան մէջ, անիկա տեսակ մը ուրախութիւն է զոր մենք բնաւ չենք կրնար զգալ այս աշխարհի ամէնէն փարթամ եւ ճոխ հաւաքոյթին մէջ իսկ: Ուրեմն, ո՛րքան աւելի մեծ ուրախութիւն պիտի պարգեւեն եւ ո՛րքան աւելի երջանկաբեր պիտի ըլլան Նոր Երուսաղէմի մէջ սարքուած խանձոյքները...

Հանդիսակատարութիւններ

Երգերն ու պարերը կենսական մասեր են երկնիքի խնճոյքներուն մէջ, ինչպէս երկրի վրայ սարքուած խնճոյքներու մէջ: Գեղեցիկ հրեշտակներ վայելչութեամբ կը պարեն կամ երաժշտական գործիքներ կը նուագեն ու երգեր կ՚երգեն: Կան նաեւ հանդիսակատարներ, որոնք կը փառաբանեն կամ երաժշտական գործիքներ կը նուագեն հրեշտակներուն հետ միասին: Փառաբանութիւնը, պարը, եւ հրեշտակներուն կողմէ երաժշտական գործիքներ նուագելը անարատօրէն գեղեցիկ եւ ճարտար են: Բայց կան բաներ զոր Աստուած աւելի մեծ հաճոյքով կ՚ընդունի քան հրեշտակներուն հանդիսակատարութիւնները: Այդ բաները՝ փառաբանութիւնները, պարերը, եւ նուագներն են որ կը կատարուին Աստուծոյ զաւակներուն կողմէ, որովհետեւ Աստուծոյ զաւակները այդ բաները կը կը նուիրեն հասկնալով Աստուծոյ սիրտը եւ իրենց ունեցած սիրով՝ Աստուծոյ հանդէպ:

Նոր Երուսաղէմի մէջ կան նաեւ յատուկ տեսակի հանդիսակատարութիւններ: Հոն կան հսկայ եւ հիանալի սրահներ, որոնք շատ աւելի մեծ ու շատ աւելի գեղեցիկ են քան Նիու Եորք Քաղաքի Քարնըկիի Սրահը կամ Մատթիսըն Հրապարակի Պարտէզը, կամ Սիտնի քաղաքի Օփերայի Տունը, որ լաճախակի կերպով հանդիսութիւններ կը հիւրընկալէ: Հարցը այն չէ որ հանդիսակատարները իրենց ճարտարութիւնները ցոյց տան, այլ պարզապէս Աստուծոյ փառք տալու, եւ Տէրոջը, ինչպէս նաեւ ուրիշ մարդոց ուրախութիւն եւ գնծութիւն պարգեւելու համար է:

Մեծ մասամբ հանդիսակատարները սովորաբար անունք են՝ որոնք Երկրի վրայ հանդիսակատարներ եղած են, եւ երբեմն անունք դարձեալ կ՚ըսեն այն ինչ որ Երկրի վրայ կը կատարէին: Նաեւ, կան մարդիկ որոնք Երկրի վրայ կը փափէին մասնակցիլ հանդիսութիւններու մէջ, բայց չէին կրցած այդ բանը ընել, եւ ուրեմն երկինքի մէջ անունք նոր երգեր եւ պարեր կը սորվին ու կը ներկայացնեն զանունք:

Նայած թէ որ աստիճան սրբագործուած են հանդիսակատարները, նոյն համեմատութեամբ ալ անունք կրնան ամբողջական եւ բացարիկ կերպով հանդիսութիւններ կատարել Նոր Երուսաղէմի, երկինքի Երրորդ Թագաւորութեան, երկինքի Երկրորդ Թագաւորութեան, կամ Երկինքի Առաջին Թագաւորութեան մէջ: Նոր Երուսաղէմի մէջ երգողները, պարողները, եւ երաժշտական գործիքներ նուագողները ամէնաբարձր դասակարգի պատկանող հանդիսակատարներն են որոնք սիրուած են երկինքի բոլոր ժողովուրդին կողմէ: Երկինքի մէջ ամէն մարդ կրնայ տեսնել իրենց հանդիդակատարութիւնները որովհետեւ խանձիքները եւ հանդիսութիւնները որ տեղի կ՚ունենան Նոր Երուսաղէմի մէջ Երրորդութեան Աստուծոյն անունով` ուղղակիօրէն շարժուն ձեւով կը հեռասփռուին դէպի երկնային բոլոր բնակավայրերը:

Տեսաերիգի պաստառը օդին մէջ պիտի քակուի ամէնահանգստաւէտ բարձրութեան վրայ` որպէսզի անոնց աչքերը կարենան տեսնել: Ուստի, շարժուն տեսաերիգը դիտելով անոնք այնպէս պիտի զգան որպէս թէ իրենք իրապէս այդ իսկական վայրին մէջ եղած ըլլային: Այս ձեւով, երկնային միւս բնակավայրերուն մէջ գտնուող մարդիկը կրնան զգացուիլ այդ խանձիքներէն կամ հանդիսութիւններէն որոնք տեղի կ՚ունենան Նոր Երուսաղէմի մէջ: Ճիշդ ինչպէս որ Երկրի վրայ հոչակաւոր անձնաւորութիւններ շատ հետեւողներ կ՚ունենան, հոն կան հրեշտակներ որոնք պատասխանատու են իրենց հետեւելով փառաւորելու զիրենք: Անոնք «Տէր» կը կոչեն զանոնք եւ կը փորձեն հաճեցնել եւ ուրախութիւն ու գնծութիւն տալ իրենց տէրերուն:

Սիրուիլ եւ պաշտուիլ անհամար թիւով հրեշտակներու կողմէ

Նոր Երուսաղէմի մէջ կայ կին մը որ չափազանց մեծ պատիւ կը վայելէ եւ անհամար թիւով հրեշտակներ իրեն կը հետեւին: Այդ կինը այն մէկն է որ Երկրի վրայ կատարեալ հոգիի սիրտ մը մշակած է: Անիկա Մարիամ Մագթաղենացին է: Մարիամ Մագթաղենացին կը հագնի լուսափայլ հագուստ մը, որ կ՚իջնէ վար` մինչեւ գետին: Ան ունի երկար մազ, որ կը հասնի մինչեւ իր մէջքը: Անիկա շլացուցիչ կերպով գեղեցիկ է` գլխուն վրայ իր թագը կրած:
Մարիամ Մագթաղենացին կատարեալ բարութիւն

մշակեց Երկրի վրայ ապրած ատեն, եւ այդ պատճառով անոր հոգեւոր երեւոյթը փառքի չափազանց փայլուն լոյս կ՚արձակէ: Անոր ճայնը լեցուն է հեզութեամբ եւ անիկա չափազանց փափուկ է՝ հնսող փոքր գետակի մը ճային նման: Երբ խօսի, իր համեստութեան անուշահոտ բոյրը եւ բարութիւնը կը փոխանցուի ու բոլոր հրեշտակները եւ ժողովուրդը պիտի ագղուին իր խօսքերէն: Ուստի, երբեմն հրեշտակները Մարիամ Մագթաղենացին շուրջ շրջանակ կազմած կը հալաքուին եւ կը գովեն անոր բարութեան անուշահոտութիւնը:

Մարիամ Մագթաղենացին այնպիսի պատուարժան դիրքի մը վրայ կը գտնուի, որ անիկա կարող կ՚ըլլայ ամէն ժամանակ տեսնել զԱստուած: Ուստի, պարզապէս միայն զինք տեսնելով, մէկը կրնայ զգալ Աստուծոյ սիրտը, արժանապատուութիւնը, եւ Աստուծոյ լոյսին փառքը՝ իր մէջ: Հիմա, Մարիամ ինչպէ՞ս կրցաւ այսպիսի արժանապատիւ դիրք ստանալ:

Մարիամ Մագթաղենացին Տէրոջը հանդիպելով բժշկուած էր բազմատեսակ հիւանդութիւններէ, եւ ազատագրուած էր խալարի իշխանութենէն: Անիկա տեւականօրէն շնորհակալութիւն կը յատներ Տէրոջը իրեն ըրած այս շնորհքին համար, եւ անիկա Տէրոջը կը ճառայեր անփոփով սրտով, առանց փոխ-գիշրում ընելու: Երբ Յիսուս խաչուեցաւ, մեծ թիւով մարդիկ որոնք առաջ կը հետեւէին Յիսուսի՝ լքեցին Զինքը: Բայց Մարիամ Մագթաղենացին այնքան անփոփոխ սիրտ մը ունէր, որ անիկա Յիսուսի հետ մնաց մինչեւ Անոր մահը: Անիկա մինչեւ իսկ Յիսուսի գերեզմանը այցելեց: Վերջալուրութեան Մարիամ Մագթաղենացին հասաւ այնպիսի դիրքի մը՝ ուր ինք շատ մօտիկ էր Աստուծոյ աթոռին՝ Նոր Երուսաղէմի մէջ:

Աստուած կը փափաքի իր յալիտենական սէրը բաժնեկցիլ եւ փառաբանութիւններ ստանալ իր ճշմարիտ զաւակներէն, որոնք մշակած են բարութեան այնպիսի գեղեցիկ սիրտ մը՝ որպիսին էր Մարիամ Մագթաղենացիի սիրտը:

Եսայեայ 43.21 կ՚ըսէ. «Ես այս ժողովուրդը ինձի համար ստեղծեցի, անոնք իմ գովութիւնս պիտի պատմեն»: Ինչ որ Աստուած մեզմէ կ՛ուզէ՝ ոչ միայն գեղեցիկ ծայներ ունենալն է, կամ հրաշալի պարեր սորվեցնելը, եւ կամ երաժշտական գործիքներով սքանչելի կերպով նուագելը։ Աստուած կ՛ուզէ մեր փառաբանութիւններր՝ որ կը բիսին անկեղծ ու մաքուր սրտերէ։ Երբեմն Աստուած Ինքն ալ կ՛երգէ։ Գեղեցիկ մեղեդիով եւ յանգով մը, Աստուած կ՛երգէ այն հիանալի բաներուն մասին գոր Իր միածին Որդին Յիսուս ըրած էր, եւ կամ այն արտասովոր գործերուն մասին որոնք կը յայտնաբերուին Սուրբ Հոգիին կողմէ։

Ոչ մէկը կրնայ կեղծել Աստուծոյ ծայնը՝ երգելու մէջ։ Աստուծոյ ծայնը ա՛յնքան գեղեցիկ է, որ ամէն անհատ ամբողջութեամբ պիտի յափշտակուի՝ պարզապէս միայն մէկ անգամ լսելով Իր ծայնը։ Նաեւ, Աստուծոյ ծայնը այնպիսի բարձր ծայն մըն է, որ անիկա կրնայ ամբողջ աշխարհը ցնցել։ Բայց եւ այնպէս, Երկինքի մէջ ոչ ամէն անձ պիտի կարենայ լսել այդ ծայնը։ Աստուծոյ ծայնը կրնայ լսուիլ միայն անոնց կողմէ՝ որոնք մօտիկ են Աստուծոյ Աթոռին՝ Նոր Երուսաղէմի մէջ։ Ուրեմն, փափաքելի է որ մենք իրագործենք լման հոգիի մակարդակը, փառաբանենք զԱստուած երկինքի յաւիտենական թագաւորութեան մէջ, եւ հասնինք այնպիսի փառաւոր դիրքի մը, ուր մենք կրնանք մինչեւ իսկ Աստուծոյ երգելը լսել։

Հոգի, Ճուաճ, եւ Մարմին (Բ.)

Գերազանցել Մարդկային Սահմանափակումները

Իրազեկ Դառնալ Աստուծոյ Տարածաշրջանին
Տեսնել զԱստուած՝ որ Լոյս է

«Ճշմարիտ ճշմարիտ կ'ըսեմ ձեզի թէ՝ ան որ Ինծի կը հաւատայ, այն գործերը որ ես կը գործեմ, ինք ալ պիտի գործէ եւ անոնցմէ աւելի մեծ գործեր պիտի գործէ։ Վասն զի ես Հօրս քով կ'երթամ»։
Յովհաննու 14.12

Գլուխ 1
Աստուծոյ Տարածաշրջանը

Ֆիզիքական տարածաշրջանէն բոլորովին տարբեր, Աստուծոյ տարածաշրջանը անսահման է։ Մէյ մը որ Աստուծոյ ճմշարիտ զաւակները դառնանք, Աստուծոյ աննահան զօրութեամբ մենք կրնանք գերազանցել մարդկային սահմանափակումները։ Աստուծոյ տարածաշրջանին մէջ, ոչինչէն բաներ կրնան ստեղծուիլ, մեռելները կրնան վերակենդանանալ, եւ որեւէ բան մը զոր Աստուած իր սրտին մէջ կը սնուցանէ՝ կրնայ կատարուիլ։ Աստուծոյ տարածաշրջանին մէջ չկայ բան մը որ անկարելի ըլլայ։

Աստուծոյ Տարածաշրջանին Տիրանալ

Ստեղծագործական Արարքները Տեղի Կ'ունենան Աստուծոյ Տարածաշրջանին

մէջ

Գործեր՝ որոնք Կը Գերազանցեն Ժամանակը եւ Տարածութիւնը

Իրագեկ Դառնալ Շարժման՝ Տարածաշրջաններու Ընդմէջէն

Սէր՝ որ Կը Գերազանցէ Արդարութիւնը

Տարածաշրջանը երեք-ծաւալային տարածութեան շրջան մը կամ հաստատութիւն մըն է։ Անոր կարելի է նաեւ վերագրել երեք-ծաւալային միջոցի անսահման տարածութեան, ուր գոյութիւն ունին բոլոր նիւթերը։ Ներկայիս, գոյութիւն ունի նաեւ ոչ-օրինական տարածաշրջանը, որ ստեղծուած է համակարգիչներու կողմէ։ Անիկա որեւէ մէկու մը համար բաց է, սակայն մարդիկ կրնան զայն տարբեր չափերով օգտագործել` նայած համակարգիչներ գործածելու նկատմամբ իրենց ունեցած գիտութեան եւ կարողութեան։ Նոյն ձեւով, մենք կրնանք Աստուծոյ տարածաշրջանը օգտագործել եւ հիանալի բաներու (որոնք արձանագրուած են Աստուածաշունչին մէջ) փորձառութիւնը ունենալ` այն աստիճան որ մենք կարող կ՛ըլլանք հասկնալու եւ գործածելու Աստուծոյ տարածաշրջանը։

Հոգեւոր տարածաշրջանը տիեզերքի վերջաւորութեան գտնուող վայր մը չէ։ Անիկա շատ մօտիկ է մեր ֆիզիքական տարածաշրջանին։ Ճիշդ ինչպէս որ մենք կրնանք դուռը դիտել երբ մեր տուններուն մէջ պատուհանը բանանք, այնպէս ալ մենք կրնանք հոգեւոր տարածաշրջանը տեսնել` եթէ հոգեւոր աշխարհին դուռը բացուի։

Աստուածաշունչին մէջ, մենք կը կարդանք յարուցեալ Տիրոջ մասին, որ Երկինք կ՛ելլէր բազմաթիւ աշակերտներու աչքին առջեւ։ Գործք Առաքելոց 1.9 կ՛ըսէ. «Եւ երբ այս բաները ըսաւ, մինչ անոնք կը նայէին, համբարձաւ։ Ամպ մը Զանիկա անոնց աչքէն ծածկեց»։ Յիսուս Երկինք գնաց հոգեւոր տարածաշրջանին ընդմէջէն, որ բացուեցաւ այն բարձրութեամբ` ուր ամպերը կը կազմուէին։ Եթէ մենք կարենանք խտակորէն հասկնալ հոգեւոր տարածաշրջանը, այն ատեն մենք կրնանք Աստուածաշունչին մէջ գտնուող շատ մը դժուար հատուածներու պատասխանները ունենալ։ Մենք նաեւ կրնանք կատարեալ հաւատք եւ յոյս ունենալ երկինքի հանդէպ։

Այնպէս կը թուի թէ բոլոր մարդիկը իրենց ժամանակի եւ միջավայրի սահմանափակումներու մէջ ապրելէ զատ ուրիշ ընտրանք չունին։ Բայց մենք կրնանք յաղթահարել այսպիսի սահմանափակումներ՝ եթէ մենք Աստուծոյ ճշմարիտ զաւակներ դառնանք։ Այն ատեն նոյնիսկ չար ոգիները պիտի չկարենան դպչիլ մեզի։ Վերջալուրութեան մենք պիտի երթանք երկնային թագաւորութիւնը՝ որ կը գտնուի երրորդ երկինքին մէջ, ուր նոյնիսկ Ադամի հոգին չկրցաւ ապրիլ։ Աւելին, մենք նաեւ փորձառութիւնը պիտի ունենանք Աստուծոյ անիկա անսահման զօրութեան՝ որ կու գայ չորրորդ երկինքէն։ «Որովհետեւ դուք որդիներ էք, Աստուած Իր Որդիին Հոգին ձեր սրտերուն մէջ ղրկեց, որ կ՚աղաղակէ 'Աբբա՛ Հայր:' Ուրեմն ա՛լ ծառայ չես, հապա՝ որդի եւ եթէ որդի՝ ա՛լ Աստուծոյ ժառանգորդը Քրիստոսով» (Գաղատացիս 4.6-7):

Տարածութիւն եւ Ծաւալ՝ Աստուծոյ Տեսանկիւնէն

Ինչպէս որ լիշուեցաւ Առաջին Մասին մէջ՝ «Հոգեւոր Թագաւորութեան Ընդարձակ Տարածութիւնը», մարդկային մշակութիւնը ծրագրելէ ետք, Աստուած նախնական մէկ տարածաշրջանը բաժնեց զանազան տարբեր տարածաշրջաններու՝ տարբեր ծաւալներով կամ խտութիւններով։ Ընդհանուր առմամբ, Աստուած այդ տարածաշրջանը բաժնեց չորս երկինքներու՝ սկսելով առաջին երկինքէն մինչեւ չորրորդ երկինքը։ Առաջին երկինքը շատ փոքր մաս մըն է բաղդատմամբ նախնական մէկ տարածաշրջանին։ Երբ Աստուած ստեղծեց տարբեր տարածաշրջաններ՝ տարբեր ծաւալներով, Ան սկզբունք մը հաստատեց տարածաշրջաններու միջեւ, որ կը հրահանգէ թէ աւելի բարձր ծաւալային տարածաշրջանը կրնայ ներազանդեցնել եւ իշխել ծաւալային աւելի ցած տարածաշրջաններուն վրայ, իսկ ծաւալային աւելի ցած

տարածաշրջանները կ'ենթարկուին ծալալային աւելի
բարձր տարածաշրջաններուն:

Առաջին երկինքը ծալալային առաջին տարածաշրջանն
է: Ասիկա ֆիզիքական տիեզերքն է, որուն մէջ կը
ներառուի` երկիրը, արեւը, լուսինը, եւ աստղերը գոր մենք
կը տեսնենք: Ասիկա ֆիզիքական աշխարհի մըն է, ուստի
հոն գտնուող բաները կը փոխուին, կը փճանան, կամ կը
մեռնին: Ծալալային երկրորդ տարածաշրջանը երկրորդ
երկինքի մէջ գտնուող տարածաշրջանն է: Երկրորդ
երկինքը ընդհանրապես կը բաժնուի լյսի շրջանին եւ
խաւարի շրջանին միջեւ: Լյսի շրջանին մէջ կը գտնուի
Եդեմը, ուր գետեղուած է Եդեմի Պարտէզը: Եդեմին
լարակից կը գտնուի խաւարի շրջանը, ուր չար ոգիները
բոնած են օդին իշխանութիւնը:

Ծալալային երրորդ տարածաշրջանը երկնային
թագաւորութիւնն է, այսինքն` երրորդ երկինքը: Ասիկա
այն վայրն է ուր Աստուծոյ փրկուած զաւակները
պիտի ապրին լաւիտեան: Անոնց կեդրոնը ըլլալով Նոր
Երուսաղէմը` ուր տեղաւորուած է Աստուծոյ աթոռը, հոն
կան զանազան տարբեր բնակավայրեր որոնք իրարմէ կը
զանազանուին իւրաքանչիւր անձի ունեցած հալատքի
չափին համեմատ: Ծալալային չորրորդ տարածաշրջանը
չորրորդ երկինքն է: Չորրորդ երկինքը այն տարածութիւնն
է ուր գոյութիւն ունէր նախնական Աստուածը` որպէս
լյա եւ ծայն: Չորրորդ երկինքէն է որ Աստուած այսինքն`
Երրորդութիւնը կ'իշխէ բոլորին վրայ - այսինքն երրորդ,
երկրորդ, եւ առաջին երկինքներուն վրայ - միաժամանակ
լայտնաբերելով ստեղծագործական արարքներ, որոնք կը
գերադասեն ժամանակը եւ տարածութիւնը:

Այս խորհիրդաւոր չորս-ծալալային տարածաշրջանը
Աստուծոյ տարածաշրջանն է: Հոն է որ գոյութիւն ունէր
նախնական Աստուածը, եւ անիկա չափազանց գեղեցիկ
վայր մըն է: Ոչ մէկը կրնայ այդ շրջանը երթալ բացի
Աստուծմէ` այսինքն Երրորդութենէն, եւ քանի մը անձեր
որոնք լատուկ արտօնութիւն ունին Աստուծմէ:

Աստուծոյ տարածաշրջանը աննահման տարածութիւն
մըն է ուր Աստուած կրնայ գոյութիւն ունեցող բաները
անլայտացնել եւ ստեղծել բաներ` ոչինչէն: Նիւթերը կրնան
գոյութիւն ունենալ որեւէ կերպարանքով` այսինքն որպէս

հեղուկ, կազ, կամ հաստատ մարմին: Միայն աննիւթ որոնք
ունին պատշաճ յատկանիշներ` կրնան մտնել այս շրջանը:
Հիմա, թոյլ տուէք որ քննենք Աստուծոյ այս խորհրդաւոր
եւ հրաշալի տարածաշրջանը:

Աստուծոյ Սիրտը Աստուծոյ Տարածաշրջանն է

Այն տարածաշրջանը ուր Աստուած գոյութիւն
ունէր դարերէն առաջ` հոգեւոր թագաւորութիւնն
է, որ անտեսանելի է մեր աչքերուն: Անիկա մէկ մեծ
տարածութիւն մըն էր, եւ այդ ժամանակ հոգեւոր
թագաւորութիւնը եւ ֆիզիքական աշխարհը բաժնուած
չէին: Աստուած գոյութիւն ունէր որպէս գեղեցիկ եւ
փայլուն լոյս` իր մէջ պարփակելով ինչուն ծայնը: Աստուած
կը շարժէր բովանդակ տիեզերքին մէջ ամբողջութեամբ,
միեակը իշխելով ամէն բանի վրայ:
Նախնական Աստուածը բովանդակ տիեզերքը
կը հիւրընկալէր իր սրտին մէջ: Այլ խօսքով, ամբողջ
տիեզերքը կը պատսպարուէր Աստուծոյ սրտին մէջ: Թոյլ
տուէք որ լուսաբանութիւն մը տամ ձեզի որպէսզի աւելի
լաւ հասկնաք «տիեզերքը հիւրընկալել սրտին մէջ» ըսուած
խօսքը: Եթէ դուն կը լիշես քու ծննդավայրդ, դուն կրնաս
քու ծննդավայրիդ մասին երեւոյթ մը պատկերել մտքիդ
մէջ, եւ կրնաս դուն քեզի հարց տալ թէ արդեօք հիմա
ի՞նչ բանի կը նմանի անիկա: Կամ եթէ մտածես մէկու մը
մասին` որուն կը սիրես, եւ եթէ լիշես այն ժամանակէն
դրուագ մը, երբ դուն այդ անձին հետն էիր, քու մտքիդ
արդէն այդ վայրին մէջ կ'ըլլայ, ուր դուն այդ անձին հետը
եղած էիր:
Գալով Աստուծոյ, Անիկա կրնայ ներկայ ըլլալ
տիեզերքին մէջ որեւէ տեղ` գերադասելով ժամանակը
եւ տարածութիւնը, եթէ ինք պարզապէս հիւրընկալէ
այդ գաղափարը իր սրտին մէջ: Մենք Աստուծոյ
այս յատկանիշը կ'արտալայտենք ըսելով որ Անիկա
«ամէնուրեք է»: Աստուծոյ այս ամէնուրեք ներկայ ըլլալու
յատկանիշին պատճառալ է որ Ան կրնայ ապաւէն
կանգնիլ տիեզերքին մէջի բոլոր անկիւններուն, եւ իշխել
ամէն բանի վրայ:
Սաղմոս 68.33-ի մէջ կը կարդանք. «Անոր` որ

յալիտեանս յալիտենից երկինքներուն վրայ կը նստի, ահա Անիկա ծայն կու տայ իր զօրաւոր ծայնովը»: «Երկինքներուն վրայ նստիլ» կը նշանակէ թէ Աստուած ամբողջութեամբ կ'իշխէր ծալալային բոլոր տարածաշրջաններուն վրայ, առաջին երկինքէն մինչեւ չորրորդ երկինքը: Այս համարը կ'ըսէ թէ Իր ծայնը զօրաւոր է, բայց այս ծայնը մեր ականջներուն հետ լսելի տարողութեան մէջ չգտնուիր: Անգամ մը որ Աստուած խօսի իր ստեղծագործական ներհնակական ծայնովը, ամէն բաները կը հնազանդին այդ ծայնին, եւ Աստուծոյ ունեցած իշխանութիւնն ու Իր արժանապատիւ հեղինակութիւնը բոլոր երկինքները պիտի ցնցեն:

Տիրանալ՝ Աստուծոյ Տարածաշրջանին

Աստուած կ'ուզէ որ Իր սիրելի զաւակները տիրանան Աստուծոյ տարածաշրջանին, ինչպէս նաեւ իշխեն բոլոր տարածաշրջաններուն վրայ: Բայց եւ այնպէս, պայման մը կայ կարենալ տիրանալու համար այս տարածաշրջանին, քանի որ կան սիրոյ եւ արդարութեան օրէնքներ որոնք հաստատուած են Աստուծոյ կողմէ՝ մարդկային մշակութեան համար: Արդարութիւնը օրէնքը եւ սկզբունքներն են: Ճիշդ ինչպէս որ մարդկային ընկերութեան համար կան բազմաթիւ օրէնքներ, ինչպէս քշնլու համար կան երթեւեկութեան օրէնքներ, նոյն ձեւով կայ նաեւ Աստուծոյ Օրէնքը, եւ ասիկա Աստուծոյ արդարութիւնն է:

Ուրեմն, ի՞նչ կը նշանակէ տիրանալ տարածաշրջանին: Այդ կը նշանակէ մեկու մը սրտին մէջ ամբողջութեան պատսպարել այդ տարածաշրջանը: Անշուշտ, մեր սրտին մէջ Աստուծոյ տարածաշրջանը պատսպարելը չի նշանակեր թէ մենք կրնանք ամէնուրեք ներկայ ըլլալ Աստուծոյ նման: Այդ պարզապէս կը նշանակէ թէ կրնան արտասովոր բաներ տեղի ունենալ՝ բացայայտելով Աստուծոյ տարածաշրջանը այս ֆիզիքական աշխարհին մէջ:

Երբ Աստուած տարածաշրջանները բաժնեց իրարմէ, Անիկա զանոնք բաժնեց Իր արդարութեան եւ սիրոյն համեմատ, այնպէս՝ ինչպէս որ կը յարմարի իւրաքանչիւր տարածաշրջանի համար: Մինչ մենք կ'ելլենք ծալալային տարածաշրջաններէն վեր` առաջինէն դէպի երկրորդ, երրորդ, եւ չորրորդ երկինքը, արդարութեան ծալալը նոյնպէս երթալով աւելի ընդարձակ եւ աւելի խորունկ կը դառնայ: Իւրաքանչիւր երկինք պահպանուած է անսխալական կարգապահութեամբ: Ամէն մէկ տարածաշրջան ունի արդարութեան տարբեր քանակ: Պատճառը այն է` որովհետեւ իւրաքանչիւր երկինք ունի սիրոյ քանակի տարբեր չափ: Սէրը եւ արդարութիւնը իրարմէ չեն կրնար բաժնուիլ: Որքան աւելի խորունկ ըլլայ սիրոյ քանակը, այդքան աւելի կը խորանայ արդարութեան քանակը նոյնպէս:

Երբ Յիսուս ներեց այն կինը որ շնութիւն գործեր էր, այդ ներողամտութիւն լառաջ կու գար այնպիսի սէրէ մը` որ արդարութեան մակարդակէն աւելի բարձր էր (Յովհաննու 8): Երբ այդ կինը բռնուեցաւ շնութիւն գործելու տեսարանն մէջ, մարդիկ որոնք կը դատէին առաջին երկինքի արդարութեամբ` կը վիճաբանէին ըսելով թէ պէտք էր անմիջապէս քարկոծին զինք: Բայց Յիսուս, չորրորդ երկինքի արդարութիւնը ունենալով, ըսաւ. «Ես ալ չեմ դատապարտեր քեզ. գնա՛ ու ասկէ լետոյ մեղք մի՛ գործեր» (Յովհաննու 8.11): Այդ ճշմարիտ սէր էր` արդարութեան մէջ պարփակուած:

Մենք կրնանք տիրանալ Աստուծոյ տարածաշրջանին եւ ազատօրէն շարժիլ բոլոր տարածաշրջաններուն ընդմէջէն միայն այն ժամանակ` երբ մենք ունինք սէր եւ Աստուծոյ արդարութիւնը` ամբողջութեամբ: Այն ատեն մենք կրնանք հասկնալ հոգեւոր թագաւորութեան օրէնքները եւ կրնանք դիտել բոլոր հարցերուն ընդմէջէն որոնք տեղի կ'ունենան այս ֆիզիքական աշխարհին մէջ: Յիսուս, որ բնաւ որեւէ մեկ մեղք չունէր, խաչին վրայ մեռաւ մեղաւորներուն փոխարէն: Որովհետեւ Ան ունէր այնպիսի սէր` որ կը գերազանցէր արդարութիւնը, այդ իսկ պատճառով Յիսուս Աստուծոյ զօրութեան հրաչալի գործերը լայտնաբերեց, ինչպէս` անբժշկելի հիւանդութիւններ բժշկելը եւ փոթորիկներն ու ալիքները հանդարտեցնելը: Նաեւ, Յիսուս կրցաւ կարդալ առաջին ծալալի տարածաշրջանին պատկանող մարդոց խորհուրդները եւ մտքերը:

Աննոք որոնք կը գտնուին առաջին ծալալի տարածաշրջանին մէջ, այդ անհատները կապուած կ՚ըլլան ժամանակի եւ ֆիզիքական տարածութեան սահմանափակումներով։ Սակայն երբ մենք կ՚ընդունինք Յիսուս Քրիստոսը եւ վերստին ծնունդ կ՚ունենանք Սուրբ Հոգիին կողմէ, այն ատեն մենք կրնանք ազատագրուիլ այսպիսի սահմանափակումներէ՝ այն աստիճան որ մենք կրնանք մշակել մեր սիրտը՝ զայն վերածելով հոգեւոր սիրտի։ Եթէ մենք դառնանք հոգիի եւ ւման հոգիի մարդիկ, որոնք կը պատկանին երրորդ ծալալի տարածաշրջանին (որ հոգեւոր թագաւորութիւնը կամ հոգեւոր աշխարհն է), այն ատեն թշնամի Բանսարկուն եւ Սատանան (որոնք կը պատկանին երկրորդ ծալալի տարածաշրջանին), պիտի վախնան մեզմէ, հակառակ որ մենք ֆիզիքապէս կը գտնուինք առաջին ծալալի տարածաշրջանին մէջ։

Ծննդոց 1.28 կ՚ըսէ. «Աստուած օրհնեց զանոնք եւ Աստուած անոնց ըսաւ. 'Աճեցէք ու շատցէք ու երկիրը լեցուցէք եւ անոր տիրեցէք ու ծովու ձուկերուն ու երկինքի թռչուններուն եւ երկրի վրայ սողացող բոլոր կենդանիներուն իշխեցէք»։ Ադամ կենդանի հոգի մըն էր։ Անիկա հոգեւոր արարած մըն էր որ կ՚ապրէր երկրորդ երկինքին մէջ, եւ անիկա իշխանութիւն ունէր տիրելու ամէն բանի վրայ որ կը գտնուի Առաջին Երկինքի մէջ։

Նոյնպէս, եթէ մենք ունենանք Աստուծոյ արդարութիւնը եւ սէրը, որոնք կը պատկանին չորրորդ երկինքին, այն ատեն մենք կրնանք յայտնաբերել Աստուծոյ զօրութիւնը՝ որ կը պատկանի չորրորդ երկինքին, գերազանցելով մարդկային սահմանափակումները։ Այդ է պատճառը որ Յիսուս խօստացաւ Յովհաննու 14.12-ի մէջ, ըսելով. «Ճշմարիտ ճշմարիտ կ՚ըսեմ ձեզի թէ՝ Ան որ ինծի կը հաւատայ, այն գործերը որոնք ես կը գործեմ, ինք ալ պիտի գործէ եւ անոնցմէ աւելի մեծ գործեր պիտի գործէ։ Վասն զի ես Հօրս քով կ՚երթամ»։

Մտեղծագործական Արարքները Տեղի Կ՚ունենան Աստուծոյ Տարածաշրջանին մէջ

Աստուծոյ տարածաշրջանին մէջ մենք կրնանք որեւէ բան իրագործել՝ ինչ որ կը փափաքինք։ Ամէն բանէ աւելի, հոն պիտի ըլլան ստեղծագործական արարքներ: Երբ Աստուած երկինքն ու երկիրը հաստատեց, ինչպես նաեւ անոնց մէջ գտնուող բոլոր բաները, այդ ստեղծագործական արարք էր: Նաեւ, Յիսուս ստեղծագործական արարքներ յայտնաբերեց որովհետեւ Ինք տիրացած էր Աստուծոյ տարածաշրջանին: Յիսուսի հոգեւոր ծառայութեան մէջ Իր ըրած նշաններուն լաւագոյն օրինակներէն մէկը՝ Յիսուսի կատարած առաջին նշանն էր՝ երբ ջուրը գինիի փոխեց:

Օր մը Յիսուս հարսանեկան խնճոյքի մը գնաց, եւ հոն գինին պակսեցաւ: Կոյս Մարիամը մեղքցաւ հիւրընկալ տանտերին վրայ, եւ խնդրեց Յիսուսէն որ օգնէ անոր: Սկիզբը այնպես թուեցաւ թէ Յիսուս կը մերժէր Մարիամի խնդրանքը: Սակայն Մարիամ չյուսահատեցաւ, այլ անիկա իր անխախտ եւ անփոփոխելի հալատքը ցուցաբերեց: Ան շատ լաւ գիտէր թէ ով էր Յիսուսը, եւ թէ Անիկա աւելի ելս կարող էր ջուրէն գինի շինելու: Մարիամ հալատաց որ Ինք արդէն պատասխանը ստացած էր Յիսուսէն, եւ ուստի ծառաներուն խորհուրդ տուաւ որ ընեն ինչ որ Յիսուս իրենց ըսէ:

Յիսուս տեսաւ Մարիամի հալատքը եւ ծառաներուն ըսաւ որ տիկերը ջուրով լեցնեն: Երբ ծառաները վեց տիկերը ջուրով լեցուցին, Յիսուս իրենց ըսաւ որ անկէ քիչ մը դուրս քաշեն եւ տան տանին գլխաւոր մատակարարին: Այն ժամանակ որ ծառաները տան մատակարարին տարին, արդէն ջուրը գինիի փոխուած էր: Պարզապես միայն հալատքի գործը սրտին մէջ սերմանելով, վեց տիկերուն մէջի ջուրը վերածուեցաւ լաւ տեսակ գինիի:

Աստուծոյ տարածաշրջանին մէջ ստեղծագործական այսպիսի գործ մը կրնայ կատարուիլ պարզապես ջայն սրտին մէջ սերմանելով միայն: Անշուշտ, Յիսուս ստեղծագործական այսպիսի գործ մը յայտնաբերեց երբ այդ բանը պատշաճ էր ընել՝ Աստուծոյ արդարութեան համեմատ, եւ ոչ թէ պարզապես որեւէ ժամանակ: Այս նշանը կարելի դարձաւ որովհետեւ Մարիամի կատարեալ հալատքը բաւականաչափ բարի էր՝ Աստուծոյ արդարութիւնը կատարելագործելու համար:

Յիսուս հազարաւոր մարդիկ կերակրեց հինգ

նկանակով եւ երկու ձուկով միայն։ Իսկ ուրիշ անգամ նոյն
բանը ըրաւ եօթը նկանակով եւ երկու ձուկով։ Հոս ի՞նչ էր
Աստուծոյ արդարութիւնը, որ կը պահանջուէր այս նշանին
համար։ «Յիսուս իր աշակերտները քովը կանչելով՝ ըսաւ.
'Կը խղճամ այդ ժողովուրդին վրայ, վասն զի երեք օր է,
որ քովս են եւ բան մը չունին ուտելու։ Չանունք անօթի
արձակել չեմ ուզեր, չըլլայ որ ճամբան մարին'» (Մատթէոս
15.32)։

Հազարաւոր մարդիկ մնացին Յիսուսի քով երեք օր
շարունակ, մեծ ակնկալութեամբ փափաքելով լսել իր
պատգամները։ Անունք մտիկ ըրին Յիսուսին եւ իրար հետ
միասին ցնծացին երբ հիւանդները բժշկուեցան։ Անոնց
հալատքը կատարեալ էր՝ գոնէ այդ վայրկեանին համար
միայն։ Հիմնուելով անոնց այս հալատքին վրայ, Յիսուսի
սէրը աւելցաւ եւ իրագործեց Աստուծոյ արդարութիւնը,
ստեղծագործական արարքը կարելի դարձնելով։

Սարեփթայի Որբեւարին Ականատես Դարձաւ
Ստեղծագործական Արարքին

Նմանօրինակ ստեղծագործական արարք մը նոյնպէս
նշուած է Գ. Թագաւորաց 17-րդ գլխուն մէջ։ Երբ Եղիա՝
հնազանդելով Աստուծոյ խօսքին գնաց Սիդոն եւ հոն
հանդիպեցաւ Սարեփթայի որբեւարիին, այդ կինը
աղքատութեամբ զարնուած էր։ Երկար ատեն իվեր
չորութիւն ըլլալով երկրին մէջ, անոնք ուտելիք չունէին։
Սարեփթայի որբեւարին միայն մէկ բուռի չափ ալիւր եւ
կուժին մէջ քիչ մը իւղ ունէր։ Եղիա որբեւարիին ըսաւ
որ իր ունեցած այդ վերջին բուռ մը ալիւրով հաց եփէ,
տալով անոր օրհնութեան խօսք մը։ «Քանզի Իսրայէլին
Տէր Աստուածը այսպէս կ'ըսէ. 'Կարասէն ալիւրը պիտի
չհատնի ու կուժէն իւղը պիտի չպակսի՝ մինչեւ այն օրը,
երբ Տէրը երկրի վրայ անձրեւ տայ'» (Գ. Թագաւորաց
17.14)։
Այս խօսքը լսելով, Սարեփթայի որբեւարին
պատճառաբանութիւն չտորւաւ՝ այլ հնազանդեցաւ
անոր։ Եթէ մենք տրամաբանութեամբ մտածելու ըլլանք,
որբեւարի կինը այդ բանը ընելու վիճակին մէջ չէր

գտնուեր: Անիկա մեռնելու վիճակի մը մէջ էր՝ իր ունեցած ունելիքին վերջին պատառը ուտելէ ետք, եւ այս մարդը կը խնդրէր ունենալ այդ վերջին պատառը: Որբեւարին կրնար խորհիլ թէ այս մարդը անամօթին մէկն էր: Բայց անիկա այդպէս չխորհեցաւ: Աստուած այդ որբեւարի կնոջ սիրտը շարժեց եւ թոյլ տուաւ գիտնալու թէ անիկա Աստուծոյ մարդ մըն էր, եւ ուստի որբեւարին հնազանդեցաւ անոր խօսքին:

Այդ որբեւարի կնոջ ի՞նչ տեսակի օրհնութիւն ստացաւ որպէս արդիւնք: Գ. Թագաւորաց 17.15-16 կ՚ըսէ. «Կինը գնաց ու Եղիային ըսածին պէս ըրաւ ու անիկա եւ ինք ու իր ընտանիքը երկար ատեն կերան: Կարասէն ալիւրը չհատաւ ու կուժէն իւղը չպակսեցաւ, Տէրոջը՝ Եղիային միջոցով ըսած խօսքին համեմատ»:

«Երկար ատեն» ըսելով չնշանակեր պարզապէս քանի մը օր, այլ շատ երկար ժամանակ: Ալիւրին եւ իւղին չպակսիլը ստեղծագործական արարք մըն է: Ուրեմն, Եղիան ինչպէ՞ս կրցաւ ստեղծագործական այսպիսի գործ մը ցոյց տալ, բան մը՝ որ կարելի է միայն Աստուծոյ տարածաշրջանին մէջ յայտնաբերել:

Եղիա չէր տիրած Աստուծոյ տարածաշրջանին վրայ, բայց գոնէ այդ վայրկեանին անիկա սահմանափակ կերպով կրցաւ կարդալ Աստուծոյ սիրտը եւ գիտցաւ Անոր կամքը: «Սահմանափակ կերպով» ըսելը հոս կը նշանակէ թէ անիկա Աստուծոյ սիրտը կարդաց որոշ բանի մը համար՝ ժամանակի մէջ որոշ վայրկեանի մը համար: Երբեմն Աստուած թոյլ կու տայ որ մարդիկ կարդան իր սիրտը եւ իր կամքը կատարեն:

Եղիաէ իր տիրոջ Եղիայի ներշնչումին կրկնապատիկ բաժինը ստացաւ, բայց երբ Աստուած չթոյլատրեց իրեն որ հասկնայ, Եղիաէ նոյնիսկ չգիտցաւ թէ ինչո՞ւ համար Սունամացի կինը անհանգիստ էր իր սրտին մէջ: Սունամացի կինը ծնունդ տուաւ տղայ զաւկի մը, որովհետեւ ան իր բոլոր ջանքերով ծառայեց Աստուծոյ մարդուն՝ Եղիսէի: Այսուհանդերձ, իր տղան յանկարծ մեռաւ եւ երբ այդպէս եղաւ, Սունամացի կինը անմիջապէս Եղիսէի քով գնաց: Սակայն մինչեւ այն ատեն որ Սունամացին լուր չտուաւ եղելութիւնը, Եղիսէ չկրցաւ գիտնալ թէ ինչ էր անոր ներդութիւնը: «…Կինը լեռը Աստուծոյ մարդուն գնաց եւ անոր ոտքերուն փաթթուեցաւ: Գէեզին մօտեցաւ, որպէս զի զանիկա ետ քաշէ, բայց Աստուծոյ մարդը ըսաւ. 'Թո՛ղ տուր զանիկա, քանզի անոր սիրտը ցաւած է. բայց Տէրը ինծմէ պահեց ու ինծի չյայտնեց'» (Դ. Թագաւորաց 4.27):

Կարենալ կարդալու համար Աստուծոյ սիրտը եւ օգտագործելու իր տարածաշրջանը, կենսական եւ հարկաւոր է մշակել լման հոգիի սիրտը, որպէսզի մենք կարենանք վստահիլ Աստուծոյ եւ կատարելապէս հնազանդիլ Իրեն: Կարգ մը մարգարէներ՝ ինչպէս Եղիա, Աբրահամ, Մովսէս, եւ Պօղոս կրցան օգտագործել Աստուծոյ տարածաշրջանը որովհետեւ անոնք ունէին լման հոգիի սիրտը: Երբ Աստուած իրենց կը հրամայէր որոշ բան մը ընել, անոնք կը հասկնային Աստուծոյ մտադրութիւնը որ պահուած էր այդ հրամանին մէջ: Անոնք կը զգային թէ Աստուած ինչպէս պիտի գործէր ու կրնային պատկերացնել զայն իրենց մտքին մէջ, եւ ուստի անոնք հոգեւոր վստահութիւն ունէին:

Եղիան համարձակօրէն յայտարարեց կենդանի Աստուծոյն մասին եւ երկինքէն կրակ իջեցնել տուաւ, որովհետեւ ան իր սրտին մէջ կը զգար թէ Աստուած ինչ պիտի ընէր: Նոյնն էր պարագան երբ ան Սարեփթայի կնոջմէն խնդրեց որ իրեն քիչ մը ուտելիք տայ: Եթէ մենք կատարեալ վստահութիւն ունենանք Աստուծոյ վրայ, այն ատեն մենք կրնանք հնազանդիլ նոյնիսկ այն բաներուն որոնք բնաւ տրամաբանական չեն թուիր մեզի, եւ երբ մենք կը հնազանդինք Աստուծոյ, այդ բանը պիտի կատարուի այնպէս՝ ինչպէս Աստուած խոսած է: Ստեղծագործական արարքը տեղի ունեցաւ այդ այրի կնոջ համար, որովհետեւ թէ՛ այրի կինը եւ թէ՛ Եղիայն ամբողջացուցին Աստուծոյ արդարութեան չափանիշը:

Այրի կինը վստահեցաւ Աստուծոյ մարդուն՝ Եղիայի, եւ հալատաց անոր խոսքին՝ որպէս ինքնին Աստուծոյ խոսքը: Այրի կինը առանց վարանելու եւ առանց մարդկային խորհուրդներ գործածելու հնազանդեցաւ Եղիայի խոսքին: Այսպէս, ան կրցաւ մասնակից դառնալ Աստուծոյ տարածաշրջանին՝ զոր Եղիա կ'օգտագործէր:

Բ. Մնացորդաց 20. 20-ի մէջ կը կարդանք հետեւեալը.

Ձեր Տէր Աստուծոյն հաւատացէք ու ապահով պիտի ըլլաք։ Անոր մարգարէներուն հաւատացէ՛ք ու յաջողութիւն պիտի ունենաք։

Եղիան օգտագործեց Աստուծոյ տարածաշրջանը, որ բացարձակօրէն կը պատկանի Աստուծոյ, կատարելապէս վստահելով Աստուծոյ։ Այրի կինը այս բանը ամբողջութեամբ վստհեցաւ Եղիայի, եւ հետեւաբար Աստուծոյ տարածաշրջանը իրենց վրայ իջաւ, եւ անոնք տեսան ստեղծագործական արարքը։ Ինչպէս վերը լիշուած պարագային մէջ, Աստուած մարդիկը կը ծածկէ Աստուծոյ տարածաշրջանով՝ եթէ անոնք հաւատքով ու հնազանդութեամբ միաբանին Աստուծոյ մարդոց հետ, որոնք կ՚օգտագործեն Աստուծոյ տարածաշրջանը։

Դանիէլի Երեք Ընկերները Անվնաս Մնացին Կրակէ Հնոցին մէջ

Դանիէլի երեք ընկերները նետուեցան կրակէ հնոցի մը մէջ, պարզապէս որովհետեւ անոնք չխոնարհեցան կուռքի մը առջեւ։ Կրակէ հնոցը սովորականէն եօթը անգամ աւելի տաք էր, եւ այն զինուորները որոնք հնոցին մօտեցան որպէս զի զանոնք հոն նետեն՝ այրեցան ու մեռան։ Բացայայտ է թէ այդ երեք մարդիկը նոյնպէս պէտք էր այրելով մեռնէին։ Բայց իրականութեան մէջ ի՞նչ պատահեցաւ։

Դանիէլ 3.24-25 կ՚ըսէ. «Նաբուգոդոնոսոր թագաւորը ապշած՝ արտորնօք ոտքի ելաւ, իր խորհրդականներուն խօսեցաւ ու ըսաւ. 'Մենք կրակին մէջ երեք կապուած մարդ չնետեցի՞նք։' Անոնք պատասխան տուին ու թագաւորին ըսին. 'Այո՛, ո՛վ թագաւոր։' Թագաւորը ըսաւ. 'Ահա ես կրակին մէջ չորս արձակուած մարդ կը տեսնեմ, որ կը պալէն։ Անոնք ամենեւին վնաս մը չեն քաշեր։ Չորրորդին դէմքը աստուածներու որդիի մը կը նմանի'»։

Վստահաբար հոն կային երեք մարդիկ՝ որոնք նետուած էին կրակէ հնոցին մէջ, բայց եւ այնպէս, հոն չորս մարդիկ կային։ Թագաւորը խորհեցաւ որ անոնցմէ մէկը կը նմաներ աստուածներու որդիի մը: Հիմնականօրէն, մարդիկ չեն կրնար հոգեւոր արարածներ տեսնել, բայց Աստուած թագաւորին հոգեւոր աչքերը բացաւ եւ անոր կարողացուց տեսնելու հոգեւոր էակը, որ հոն էր: Երբ այս երեք անձերը հնոցէն դուրս եկան, անոնց շուրջը գտնուողները տեսան որ կրակը ոչ մէկ ազդեցութիւն չէր ունեցած այս մարդոց մարմիններուն վրայ, եւ անոնց գլխուն մէկ մազը անգամ չէր խանձած, անոնց անդրավարտիքները իրենց գոյնը նետած չէին, եւ անոնց վրայ կրակին հոտն անգամ չկար (Դանիէլ 3.27):

Ինչպէ՞ս կրնար այսպիսի բան մը պատահիլ: Դանիէլին երեք ընկերները պաշտպանուեցան որովհետեւ Աստուծոյ տարածաշրջանը ծածկեց զիրենք: Մենք ասիկա կրնանք հետեւցնել այն խօսքէն, որ կ'ըսէ թէ հնոցին մէջ անոնց հետ կար մէկը՝ որ «աստուածներու որդիի մը կը նմանի»: Անշուշտ ոչ թէ «աստուածներու», այլ միայն Աստուծոյ: Բայց Նաբուգոդոնոսոր թագաւորը այդպէս ըսաւ որովհետեւ ինք հեթանոս աստուածներու հաւատացող մէկն էր:

Ուրեմն, ո՞վ էր այս «աստուածներու որդին»՝ Անիկա Սուրբ Հոգիի Աստուածն էր: Աստուած՝ Սուրբ Հոգին ինք Անձամբ եկալ վար անոնց քով, եւ Աստուծոյ տարածաշրջանը ծածկեց այդ ֆիզիքական տարածութիւնը:

Մովսէս Մեռայի լեղի ջուրը անուշ ջուրի կը դարձնէ

Ելից Գրքին 15-րդ գլուխը կը նկարագրէ տեսարան մը ուր Մեռայի լեղի ջուրը վերածուեցաւ անուշ ջուրի, եւ ա՛յս ալ դէպք մրն է որ կատարուեցաւ Աստուծոյ տարածաշրջանին մէջ: Իսրայէլի որդիները Կարմիր Ծովէն անցնելով հասան անապատ, եւ հոն երեք օր շարունակ անոնք չկրցան որեւէ ջուր գտնել: Յետոյ Մեռայի մէջ անոնք ջուր գտան, բայց անիկա լեղի էր ու կարելի չէր խմել զայն: Հիմա անոնք սկսան գանգատիլ Մովսէսի դէմ: Երբ Մովսէս աղօթեց այդ մասին, Աստուած ծառ մը ցոյց տուաւ իրեն: Երբ Մովսէս այդ ծառը ջուրերուն մէջ նետեց, ջուրին համը փոխուեցաւ եւ անուշ դարձաւ: Արդե՞օք այդ ծառին մէջ կային որոշ տարրեր որոնք կրցան ջուրին համը փոխել: Ո՛չ: Աստուած այդ ջուրը ծածկեց Աստուծոյ տարածաշրջանով եւ յայտնաբերեց ստեղծագործական արարք մը՝ նկատի առնելով Մովսէսի հալատքը եւ հնազանդութիւնը:

Ստեղծագործական նմանօրինակ արարք մը յայտնաբերուեցաւ մեր եկեղեցիին մէջ ալ նոյնպէս, եւ Աստուած մեծապէս փառաբանուեցաւ: Սէուլի մէջ ես աղօթեցի որ Մուլանի աղի ջուրը փոխուի եւ վերածուի անուշ ջուրի, եւ աղօթքը պատասխանուեցաւ:

Այդ ջուրը Մուլանի Մէնմին Եկեղեցւոյ մէջ հորի ջուր էր: Անիկա կը գտնուի Յէճէ Միյոն, Մուլան Կուն, Ճէննամ Նահանգին մէջ: Անիկա ամբողջութեամբ շրջապատուած է ծովով, եւ երբ մարդիկ փորեցին այդ ջրհորը, անոնք կրցան միայն աղի ջուր ստանալ: Անոնք կազամուղ մը զետեղեցին 3քմ հեռաւորութեան վրայ որպէսզի կարենան թարմ ջուր ստանալ, բայց տակալին անոնք չկրցան ըմպելի ջուր ունենալ: Մուլանի Մէնմին Եկեղեցւոյ անդամները լիշեցին այն նշանը որ յայտնաբերուեցաւ Մեռայի մէջ, եւ հալատացին որ միեւնոյն բանը կրնար պատահիլ իրենց հետ ալ, եւ աղօթեցին որ այդ բանը կատարուի: Անոնք ինձմէ չատ անգամներ խնդրեցին Մուլան գալ եւ աղօթել որ աղի ջուրը վերածուի անուշ ջուրի:

2000-ի Փետրուարին, երբ ես կը կատարէի տասը օրուայ լերան աղօթքի նստաշրջան մը, ես յատկապէս աղօթեցի Մուլանի մէջ եղող Մէնմին Եկեցեղիին համար: Այդ ժամանակ Մուլանի Մէնմին Եկեղեցւոյ անդամները նոյնպէս կը կատարէին փոխանցական-ծոմապահութիւն մը, աղօթելու համար եկեղեցիին եւ ինձի համար, եւ իրենց եկեղեցիին վերեւ անոնք ականատես դարձան շրջանակաձեւ ծիածաններու՝ ամէն օր, տասը օր շարունակ:

Լերան աղօթքս աւարտելէ ետք, ես Սուրբ Հոգիէն ներշնչուեցայ աղօթելու Մուլանի աղի ջուրին համար, որպէսզի անիկա անուշ դառնար: Ես անձամբ Մուլան չգացի աղօթելու հոն գտնուող ջրհորներուն համար, բայց Աստուած գործեց՝ գերազանցելով ժամանակը եւ տարածութիւնը, որպէսզի աղի ջուրը փոխէ անուշ ջուրի:

Իմ աղօթքս եւ Մուլան Մէնմին Եկեղեցւոյ անդամներուն

հալատքը ամբողջացուց Աստուծոյ արդարութիւնը
եւ ստեղագործական այս արարքը կարելի դարձուց:
Տակալին մինչեւ այսօրս Մուլան Մէնմին եկեղեցւոյ ջրհորը
կը բիսի անուշ ջուրով: Պատճառը` որովհետեւ անիկա
ծածկուած է Աստուծոյ` Ստեղծիչին տարածաշրջանով:
Մուլանի անուշ ջուրը քննուեցաւ Ամերիկայի Միացեալ
Նահանգներու Ուտելիքի եւ Դեղորայքի Վարչութեան
(FDA) կողմէ, եւ փաստուեցաւ որ անիկա առողջարար
ջուր է եւ հարուստ` մետաղներով: Նաեւ, բժշկութեան
բաշմաթիւ գործեր տեղի կ'ունենան այդ ջուրին միջոցաւ,
որուն համար ուխտաւորներու թափորը բնաւ չդադրիր
եկեղեցի ուղղուելէ:

Մեռելները Կը Վերակենդանանան

Աստուծոյ տարածաշրջանը կրնայ ոչ միայն
ստեղծագործական գործեր յայտնաբերել, այլ նաեւ
անիկա կրնայ կեանքը եւ մահը կառավարել: Անիկա կրնայ
մեռելները վերակենդանացնել կամ մեռցնել ապրողները:
Աստուծոյ տարածաշրջանը որեւէ բանի համար է` որ
կեանք ունի - ըլլան անմնք բոյսեր կամ կենդանիներ:
Թուլոց 17-րդ գլուխը կը գրէ Ահարոնի գաւազանին
մասին` որ ծիլ տուաւ: Ասիկա կարելի էր, որովհետեւ այդ
գաւազանը ծածկուած էր Աստուծոյ տարածաշրջանով:
Չոր գաւազանը ծիլեր արձակեց եւ բողբոջներ արտադրեց
ու ծաղկեցաւ, եւ անիկա մէկ օրուան մէջ հասուն նուշեր
կրեց: Նոյնիսկ ապրող ծառի մը համար ամիսներ պէտք
էր առած ըլլար այդպէս ընել, բայց այս պարագային միայն
մէկ օր առաւ որպէսզի գաւազանը ծաղկի, եւ անիկա
չոր գաւազան մըն էր որ պտուղ արտադրեց: Ասիկա
կարելի դարձաւ որովհետեւ այդ գաւազանը ծածկուած էր
Աստուծոյ տարածաշրջանով:
Երբ Յիսուս թուզի ծառը անիծեց, անիկա շուտով
մեռաւ, նաեւ, որովհետեւ այդ ծառը ծածկուած էր
Աստուծոյ տարածաշրջանով: «Ճամբուն վրայ թզենի մը
տեսնելով քովը գնաց: Անոր վրայ տերեւներէն զատ բան
մը չգտաւ. ու ըսաւ անոր. 'Ասկէ լետոյ պտուղ պիտի չտաս
յաւիտեան:' Եւ իսկոյն թզենին չորցաւ: Աշակերտները երբ
տեսան, զարմացան ու ըսին. 'Թզենին ինչպէ՞ս շուտ մը

չորցաւ՚» (Մատթէոս 21.19-20):

Միւենույն պարագան էր նաեւ Յիսուսի հետ երբ Ան վերակենդանացուց մեռած Ղազարոսը: Յովհաննու 11-րդ գլխուն մէջ, մենք կը կարդանք որ Ղազարոս չորս օրուայ մեռած էր եւ անոր մարմինը գէշ հոտ մը ունէր: Բայց երբ Յիսուս դուրս կանչեց զինք, Ղազարոսի հոգին վերադարձաւ իրեն եւ իր փճացող մարմինը վերանորոգուեցաւ: Ֆիզիքական տարածաշրջանին մէջ նոյնիսկ անկարելին երկվայրկեանի մը մէջ կրնայ կարելի դառնալ Աստուծոյ տարածաշրջանին մէջ:

Մեր եկեղեցիին մէջ կար պատանի տղայ մը, որ իր աչքերէն մէկուն տեսողութիւնը լման կորսնցուցած էր, բայց յետոյ վերստացաւ իր տեսողութիւնը: Անիկա ակնաբռողի գործողութիւն ունեցաւ իր ձախ աչքին վրայ երբ տակաւին երեք տարեկան էր, բայց որպէս կողմնակի ազդեցութիւն, անիկա աչքի անօթենիի լուրջ բորբոքում ունեցաւ, ինչպէս նաեւ ցանցամաշկի անջատում: Անոր աչքին ցանցամաշկը դուրս ելաւ ակնային պատին եւ անիկա չէր կրնար լաւ տեսնել: Աւելի եւս վատթարանալով վիճակը, անիկա նաեւ ունէր մաշող ակնագունդի հիւանդութիւն կամ ակնագունդի ընկրկում: Ի վերջոյ, 2006-ին, ան բոլորովին կորսնցուց իր ձախ աչքին տեսողութիւնը:

Բայց 2007-ի Յուլիսին, անիկա վերստացաւ իր տեսողութիւնը՝ աղօթքի միջոցով: Անոր ձախ աչքը չէր կրցած նոյնիսկ որեւէ լոյսի ներկայութիւնը զգալ, բայց աղօթքէն ետք անիկա սկսաւ 0.1 աստիճան տեսողութիւն ունենալ: Անոր ընկրկած ակնագունդը նոյնպէս վերագտաւ իր բնական չափը: Աւելին, իր աջ աչքը նախապէս ունէր 0.1 աստիճան տեսողութիւն, իսկ հիմա աւելի լաւանալով հասաւ 0.9 աստիճան տեսողութեան: Այս պարագան, բժշկական մանրամասն վաւերագրերու հետ միասին, ներկայացուեցաւ աւելի քան 220 բժիշկներու՝ 41 տարբեր երկիրներէ, Քրիստոնէական Միջազգային 5-րդ Բժշկական Համամագումարին ընթացքին, որ տեղի ունեցաւ Նորվեկիոյ մէջ, եւ անիկա ընտրուեցաւ որպէս ամենէն ազդեցիկ պարագան՝ զանազան ուրիշ պարագաներու հետ միատեղ, որոնք ներկայացուեցան համագումարին մէջ:

Միեւնոյն սկզբունքը կը կիրարկուի մարմնի միւս բոլոր գործարաններուն, հիւսկէններուն, կամ ջիղերուն վրայ: Նոյնիսկ եթէ ջիղերը կամ բջիջները եւ հիւսկէնները մեռած են արկածներու կամ հիւանդութիւններու հետեւանքով, անոնք կրնան դարձեալ բնական դառնալ՝ եթէ ծածկուին Աստուծոյ տարածաշրջանով: Մինչեւ իսկ անկարողութիւնները կրնան վերաբուժուիլ Աստուծոյ տարածաշրջանին մէջ: Ալեւին, ախտեր՝ որոնց պատճառը մանրէներ կամ ժահրեր են, ինչպէս՝ քաղցկեղներ, Պաշտպանողականութեան Պակասի Վարկած (AIDS), հիւծախտ, պալառութիւն կամ տենդ, կրնան բուժուիլ Աստուծոյ տարածաշրջանին մէջ:

Ախտերու պարագային՝ Սուրբ Հոգին կրակը կու գայ եւ սկիզբը կ՚այրէ մանրէները կամ ժահրերը: Յետոյ կ՚ապաքինի մարմնին այն մասը որ վնասուած է հիւանդութեան հետեւանքով: Նոյնիսկ ամուլ զոյգերու պարագային, մարմնին այդ մասը որ հարց ունէր՝ եթէ ծածկուի Աստուծոյ տարածաշրջանով եւ ապաքինի, անոնք կրնան յաջողիլ յղացման մէջ: Սակայն Աստուծոյ տարածաշրջանին մէջ ախտերէ եւ հիւանդութիւններէ բժշկուելու համար, ամէն մէկ անհատ պէտք է համաձայնի Աստուծոյ արդարութեան յատկանիշներու չափանիշին:

Այն Գործերը որոնք Կը Գերազանցեն Ժամանակը եւ Միջոցը

Աստուծոյ տարածաշրջանին մէջ յայտնաբերու ող զօրութեան գործերը կրնան տեղի ունենալ՝ գերազանցելով ժամանակի եւ միջավայրի սահմանափակումները: Այդ կարելի է որովհետեւ Աստուծոյ տարածաշրջանը կը հնազանդեցնէ եւ կը գերադաս ծալալային միւս բոլոր տարածաշրջանները: Սաղմոս 19.4-ը կ՚ըսէ. «Բայց ամէն երկիր ելալ անոնց ձայնը ու մինչեւ աշխարհի ծայրը՝ անոնց խօսքը: Անոնց մէջ արեւին համար վրան մը կանգնեց»: Այս կը նշանակէ թէ չորրորդ երկինքէն խօսուած Աստուծոյ խօսքը կը մտնէ աշխարհի մէջ ամէնուրեք՝ հասնելով մինչեւ աշխարհի վերջին ծայրը:

Աստուծոյ տարածաշրջանին մէջ նոյնիսկ ամենամեծ հեռաւորութիւնը՝ ինչպէս առաջին երկինքը՝ այսինքն ֆիզիքական տարածաշրջան, իրականութեան մէջ միեւնոյնն է՝ որպէս թէ բնաւ հեռաւորութիւն չէր եղած: Լոյսը մէկ երկվայրկեանի մէջ երկրին շուրջ կը ճամբորդէ մօտաւորապէս եօթնուկէս անգամներ: Սակայն Աստուծոյ գործութեան լոյսը կրնայ հասնիլ ոչ թէ միայն երկրին վերջին ծայրը, այլ նաեւ միՆչեւ տիեզերքի վերջին ծայրը՝ պարզապէս միայն աչք գոցել-բանալով: Ֆիզիքական հեռաւորութիւնը ոչ մէկ իմաստ ունի Աստուծոյ տարածաշրջանին մէջ:

Մատթէոս 8-րդ գլխուն մէջ, հարիւրապետ մը Յիսուսի քով եկաւ եւ իրմէ խնդրեց որ իր ծառաներէն մէկուն հիւանդութիւնը բժշկէ: Յիսուս ըսաւ թէ ինք հարիւրապետին հետ պիտի երթար ու պիտի բժշկէր իր ծառան: Բայց հարիւրապետը ըսաւ. «Տէ՛ր, ես արժանի չեմ որ Դուն իմ յարկիս տակ մտնես, միայն խօսքով հրամայէ ու իմ ծառաս պիտի բժշկուի» (8-րդ համար): Ուստի, Յիսուս պատասխանեց եւ ըսաւ անոր. «Գնա ու ինչպէս դուն հաւատացիր, այնպէս թող ըլլայ քեզի» (13-րդ համար): Ճիշդ այդ վայրկեանին հարիւրապետին ծառան բժշկուեցաւ:

Հիւանդ մը բժշկուած էր ուրիշ դիրքի մը գտնուած ժամանակ՝ երբ Յիսուս պարզապէս միայն հրամայեց իր խօսքերով, որովհետեւ Անիկա կը տիրէր Աստուծոյ տարածաշրջանին վրայ: Հարիւրապետը կրցաւ այսպիսի օրհնութիւն մը ստանալ որովհետեւ անիկա կատարեալ հաւատք ցոյց տուաւ Յիսուսի հանդէպ: Յիսուս ալ գովեց հարիւրապետին հաւատքը՝ ըսելով. «Ճշմարիտ կ՚ըսեմ ձեզի, Իսրայէլի մէջ անգամ ես այսչափ հաւատք չգտայ» (10-րդ համար):

Աստուած Իրեն հետ հաւատքով միացած իր զաւակներուն միշտ ցոյց կու տայ իր գործութեան գործերը, որոնք կը գերազանցեն ժանանակի ու տարածութեան սահմանափակումները: Փաքիստանի մէջ Սինթիա անունով աղջիկ մը կը մահանար ադիքային խցումէ եւ Ընդերային ախտէ: Սինթիային քոյրը այդ ժամանակ

Կը գտնուէր Քորէա: Անիկա Սինթիային նկարը բերաւ
ինծի որպէսզի իմ աղօթքս ստանայ նկարին վրայ:
Բժշկութիւնը տեղի ունեցաւ ժամանակի եւ միջավայրի
սահմանափակումներէն անդին: Միացեալ Նահանգներու
մէջ, Րոպըրթ Ճոնսընը նոյնպէս բժշկութիւն ստացաւ`
գերազանցելով ժամանակը եւ տարածութեան միջոցը:
Տեղէ մը ինայէ եւք իր աթիլէսի նեարղը պատռուեցաւ:
Անիկա չէր կրնար քալել սաստիկ ցաւի պատճառով:
Իրեն ըսուեցաւ որ գործողութիւնը անհրաժեշտ էր
որպէսզի նեարղը բուժուէր: Սակայն իր ոտքին վրայ միայն
կաղապար դրուելով անիկա աղօթքի միջոցաւ (որ Քորէայի
մէջ իրեն համար կը մատուցուէր), միայն ինը շաբաթներ
եւք կատարելապէս բժշկուեցաւ` առանց պետք ունենալու
վիրահատութեան: Անիկա Աստուծոյ զօրութեան գործ մըն
էր, որ յայտնաբերուեցաւ Աստուծոյ տարածաշրջանին
մէջ:

Արտասովոր Գործեր` Պօղոս Առաքեալի միջոցաւ

Գործք Առաքելոց 19-րդ գլխուն մէջ կ՚ըսէ թէԱստուած
արտասովոր հրաշքներ կը գործէր Պօղոսի ձեռքերով:
Երբ անիկա Յիսուս Քրիստոսի անունով կը հրամայէր,
չար ոգիները դուրս կ՚ելլէին եւ բժշկութեան գործեր
տեղի կ՚ունենային նոյնիսկ այն թաշկինակներով կամ
գոգնոցներով` զոր ան կը դպէր: Պօղոս չվնասուեցաւ
թունաւոր օձի մը կողմէ խայթուելէ եւք, նաեւ
մարգարէացաւ ալ: «Եւ Աստուած նշանաւոր հրաշքներ
կ՚ընէր Պօղոսին ձեռքով: Այնպէս որ անոր մարմնէն
թաշկինակներ ու գոգնոցներ կը տանէին հիւանդներուն
եւ անոնք կը բժշկուէին ու չար ոգիները կ՚ելլէին» (Գործք
Առաքելոց 19.11-12):
Նոյն ձեւով, Աստուծոյ տարածաշրջանին մէջ իր հզոր
գործերը կրնան տեղի ունենալ նոյնիսկ իրերու միջոցաւ`
ինչպէս թաշկիներու: Ո՛րքան արտասովոր բան մըն է այս...
Բժշկութեան բազմաթիւ գործեր տեղի կ՚ունենան նաեւ
այն թաշկինակներուն միջոցաւ` որոնց վրայ ես կ՚աղօթեմ:
Աստուծոյ ուժը բնաւ չանյայտանար կամ բնաւ չկորսուիր`
հոգ չէ թէ որքան ժամանակ անցած է, այնքան ատեն որ
Աստուծոյ արդարութիւնը բռնաբարուած չէ: Ուրեմն,

թաշկինակը որ Աստուծոյ ուժը կը պարունակէ իր մէջը՝ շատ թանկագին բան մըն է այդ, որովհետեւ անիկա կրնայ Աստուծոյ տարածաշրջանը բանալ՝ անկախ ժամանակէն եւ միջավայրէն:

Սակայն եթէ այդ թաշկինակները անօրէն ձեռով գործածուելու ըլլան՝ անձի մը կողմէ որ հաւատք չունի, Աստուծոյ գործերէն ոչ մէկը պիտի յայտնաբերուի: Ոչ միայն այն անձը որ կ՚աղօթէ թաշկինակով, այլ նաեւ ան որուն վրայ աղօթք կ՚ըլլայ, երկունքն ալ պէտք է յարմարին Աստուծոյ արդարութեան չափանիշներուն: Անոնք պէտք է հաւատան որ Աստուծոյ ուժը իսկապէս ներկայ է այդ թաշկինակին մէջ: Աղօթք ընող անձին հաւատքը, նաեւ հիւանդին (որուն վրայ աղօթք կ՚ըլլայ) հաւատքը, երկուքին ալ հաւատքը ճշգրտօրէն պիտի չափուի, եւ յետոյ Աստուծոյ գործը պիտի յայտնաբերուի՝ այն աստիճանով որ անոնք կը համաձայնին Աստուծոյ արդարութեան հետ:

Յեսուն Արեւը եւ Լուսինը Կեցուց

Ճալալային աւելի բարձր տարածաշրջանները կրնան գերիշխել եւ ենթարկել տալ ճալալային աւելի ցած տարածաշրջաններ: Անոր պատճառը այն է՝ որովհետեւ լույսին զօրութիւնը եւ ժամանակի հոսքը իրարմէ կը տարբերին: Որքան աւելի բարձր ըլլայ ճալալային տարածաշրջանը, այնքան աւելի փայլուն կ՚ըլլայ լույսը եւ աւելի արագ՝ ժամանակի հոսքը: Չորրորդ երկինքին լույսը ամենափայլունն է: Անկէ ետք կու գայ երրորդ եւ երկրորդ երկինքներու լույսերը յաջորդաբար:

Նկատի առնելով ժամանակի հոսքը, անիկա երկրորդ երկինքին մէջ աւելի արագ է՝ քան առաջին երկինքին մէջ, եւ նույնիսկ շատ աւելի արագ է երրորդ երկինքին մէջ: Սակայն չորրորդ երկինքին մէջ անիկա կրնայ կամ աւելի արագ եւ կամ աւելի դանդաղ ըլլալ: Ժամանակի այս հոսքը գործի կը դրուի այնպէս՝ ինչպէս Աստուած կ՚ընդունի իր սրտին մէջ: Աստուած կրնայ ժամանակի հոսքը երկարել, կրնայ գայն կարճցնել, կամ նույնիսկ կրնայ կեցնել գայն:

Ստեղծագործական արարքները, մեռելներուն վերակենդանանալը, եւ աստուածային բժշկութիւնը, որ կը կատարուի՝ գերազանցելով ժամանակի եւ միջավայրի սահմանափակումները, այդ բոլորը կարելի կը դառնան ժամանակի հոսքով՝ որ դադրած է։ Այդ է պատճառը թէ ինչու համար որոշ դէպք մը կրնայ տեղի ունենալ անմիջապէս որ անիկա սրտին մէջ կը հիւրընկալուի, կամ անմիջապէս որ հրամանը կը տրուի։

Երբ Յեսու պատերազմեցաւ Ամաղեկացիներուն հետ, արեւն ու լուսինը կայնած մնացին։ Անիկա «ժամանակի հոսքին ընդարձակումն էր»։ Յեսուայ 10.13-ը կ՛ըսէ. «Ու արեւը կայնեցաւ եւ լուսինը իր տեղը մնաց, մինչեւ որ ժողովուրդը իր թշնամիներէն վրէժ առաւ»։ Այս պատահեցաւ երբ Յեսու պատերազմ ունեցաւ Ամաղեկացիներուն դէմ՝ Քանանու երկիրը գրաւելու ժամանակ։ Ի՞նչ են այն ազդակները որոնք կարելի կը դարձնեն որ արեւը բոլոր օրը կայնած մնայ առաջին երկինքին մէջ։

Արեւի ինքն իր վրայ կը դառնայ օրուան մէջ մէկ անգամ, եւ որպէսզի արեւը կայնած մնայ, երկիրը պէտք է դադրի դառնալէ։ Եթէ երկիրը նոյնիսկ վայրկեանի մը համար դառնալէ դադրի, անոր ազդեցութիւնը ահագին մեծ պիտի ըլլայ՝ ոչ թէ միայն ինքնին երկրին համար, այլ նաեւ երկնային շատ ուրիշ մարմիններու համար։ Բայց ինչպէ՞ս կարելի է որ արեւը բոլոր օրը կայնած մնայ։

Մենք ասոր պատասխանը կրնանք գտնել Աստուծոյ տարածաշրջանին մէջ։ Այդ վայրկեանին, Աստուած ոչ միայն երկիրը, այլ նաեւ բովանդակ առաջին երկինքը ծածկած էր Աստուծոյ տարածաշրջանով։ Ուրեմն, գոնէ այդ վայրկեանին համար, առաջին երկինքին մէջ ամէն բան կը ներդաշնակուէր հոգեւոր աշխարհի ժամանակի հոսքին հետ։ Անիկա ժամանակի երկարած հոսք մըն էր։ Արեւը բոլոր օրը կայնած մնաց, ուստի մարդիկ այնպէս մը զգացած կրնային ըլլալ՝ որպէս թէ երկար ժամանակ անցած էր։ Սակայն իրողութեան մէջ, անիկա կրնար միայն մէկ վայրկեան մը ըլլալ, կամ նոյնիսկ երկվայրկեան մը միայն։

Այդ պահուն ամբողջ առաջին երկինքը կը գտնուէր հոգեւոր աշխարհի ժամանակի հոսքին ազդեցութեան տակ, ուստի ֆիզիքական ժամանակի հոսքը բնաւ ի զօրու չէր այդ պահուն: Նոյնիսկ եթէ առաջին երկինքէն որոշ մաս մը միայն (եւ ոչ թէ լման առաջին երկինքը) Աստուծոյ տարածաշրջանով ծածկուած ըլլար, այդ որեւէ հարց պիտի չյառաջացնէր, որովհետեւ ֆիզիքական տարածաշրջանին միւս մասերը տակաւին պիտի մնային ֆիզիքական տարածաշրջանի ժամանակի հոսքին ազդեցութեան տակ:

Եղիա վազեց աւելի արագ՝ քան թագաւորին կառքը

Աստուածաշունչին մէջ մենք կը տեսնենք պարագայ մը՝ ուր մէկը կը գտնուէր ժամանակի կարճցած հոսքին մէջ: Ասիկա պատահեցաւ երբ Եղիա մարգարէն Աքաաբ թագաւորին կառքին առաջ վազեց եւ անոր անցաւ: Այս դէպքը արձանագրուած է Գ. Թագաւորաց 18-րդ գլխուն մէջ: Ժամանակի կարճցած հոսքը ժամանակի երկարած հոսքին հակառակն է: Ենթադրենք որ մէկը ֆիզիքական ժամով մէկ ժամուայ համար ծածկուած ըլլայ ծալալային չորրորդ մակարդակի տարածաշրջանով: Աստուծոյ տարածաշրջանին մէջ, ան կրնայ այս մէկ ժամը կարճցնել՝ ինչպէս որ ինք կ՚ուզէ: Եթէ անիկա այդ պահը կ՚արճցնէ ուզէ՝ մինչեւ 30 վայրկեաններու, այդ չի նշանակեր թէ միւս 30 վայրկեանները անյայտացան: Այդ կը նշանակէ թէ մէկ ժամը խտացուած է՝ վերածուելով 30 վայրկեաններու:

Օրինակի համար, ենթադրենք որ դուն 100 մեթր երկայնքով հագուստի կտոր մը դրիր ու անոր մէկ ծայրէն միւսը վազեցիր, եւ այս գործողութիւնը տեւեց 20 երկվայրկեան: Ուրեմն, եթէ այդ կտորը ծալլես ու կիսես գայն, ո՛րքան ժամանակ պիտի առնէ քու վազքդ: Հիմա որ անիկա վերածուեցաւ 50 մեթրի, ուստի անոր մէկ ծայրէն միւսը վազելը պիտի տեւէ մօտ 10 երկվայրկեան: Եթէ դուն դարձեալ ծալլես այդ կտորը, անոր երկայնքը կը կարճնայ եւ ժամանակը կ՚ամփոփուի: Բայց եւ այնպէս, այդ կտորը չանյայտանար:

Այս պարագան ձեւով մը կը նմանի Աստուծոյ տարածաշրջանին մէջ ժամանակի կարճնալուն: Եղիա իր անձնական արագութեամբ վազեց, բայց անիկա կրցաւ աւելի արագ վազել քան թագաւորին կառքը, որովհետեւ

148

ան կը գտնուէր ժամանակի կարճցած հոսքին մէջ: Սովորաբար առեւտրական օդանաւները կը թռչին մօտ 900 քիլոմեթր արագութեան վրայ, բայց օդանաւին մէջի ճամբորդները չեն զգար անոր արագութիւնը:

Գ. Թագաւորաց 18.46-ի մէջ կը կարդանք. «Տէրոջը ձեռքը Եղիային հետ եղաւ ու անիկա իր մէջքը պնդեց ու մինչեւ Յեզրայէլին մուտքը Աքաաբին առջեւէն վազեց»: Աքաաբ թագաւորը կ՚աճապարէր իր կառքով որպէսզի խուսափի անձրեւէն, եւ Եղիա աւելի արագ վազեց քան ալս կառքը: Եղիա այդ կառքէն աւելի արագ վազեց որովհետեւ անիկա Աստուծոյ տարածաշրջանը գործածեց, որ ժամանակի եւ միջավայրի կամ տարածութեան սահմանափակումներ չունի: Աստուածաշունչը կ՚ըսէ թէ «Տէրոջը ձեռքը Եղիայի հետ եղաւ»: Աստուծոյ ուժով, Եղիային մարմինը ծածկուեցաւ իր զօրութեամբ, եւ տեղի ունեցաւ բան մը` որ կը գերազանցէր մարդկային սահմանափակումները:

Տեղէ-տեղ Փոխադրուիլ` Հոգեւոր Տարածաշրջանին Ընդմէջէն

Գործք Առաքելոց 8-րդ գլխուն մէջ, Փիլիպպոս Սուրբ Հոգիին առաջնորդութիւնը ստացաւ որպէսզի հանդիպի եթովպիացի ներքինիին` որ իր ճամբուն վրայ կ՚երթար դէպի Երուսաղէմ: Փիլիպպոս Յիսուս Քրիստոսի աւետարանը քարոզեց այս ներքինիին եւ նոյնիսկ մկրտեց զայն: Փիլիպպոս կը գտնուէր անապատին մէջ` Կազա տանող ճամբուն վրայ, սակայն պահ մը անիկա երեւցաւ Ազովտոսի մէջ: Գործնականին մէջ ասիկա հոգեւոր տարածաշրջանի մէջ փոխադրուիլ կը նշանակէր, «դիւրասահ փոխադրութեան» նման: «Երբ ջուրէն դուրս ելան, Տէրոջը Հոգին յափշտակեց Փիլիպպոսը եւ ա՛լ ներքինին զանիկա չտեսաւ ու իր ճամբան գնաց ուրախութեամբ: Բայց Փիլիպպոս Ազովտոսի մէջ գտնուեցաւ, ուր պտրտելով բոլոր քաղաքներուն աւետարան կը քարոզէր, մինչեւ ինք Կեսարիա հասաւ» (Գործք Առաքելոց 8.39-40):

Մէկ տեղէն միւսը փոխադրուիլը տեղի ունենալու համար, մէկը պէտք է անցնի հոգեւոր միջանցքներէ, որոնք կը կազմուին Աստուծոյ տարածաշրջանին միջոցաւ։ Այդ հոգեւոր միջանցքին մէջ, մինչ ժամանակի հոսքը կը հասնի իր վերջակէտին, մէկը կրնայ փոխադրուիլ մէկ տեղէն միւսը։

Աստուած արտօնեց որ մեր եկեղեցւոյ անդամները անուղղակիօրէն փորձառութիւնը ունենան այս տեսակի փոխադրութեան՝ հոգեւոր տարածաշրջանին մէջ։ Այդ բանը տեղի ունեցաւ վիշապականճներու միջոցաւ։ Վիշապականճեր, որոնք կը գտնուին ուրիշ շրջաններու մէջ, եկան այն վայրը ուր որ մենք էինք, եւ յետոյ անյայտացան հոգեւոր միջանցքներու ընդմէջէն, որոնք կազմուած էին Աստուծոյ տարածաշրջանին միջոցաւ։

Վիշապականճերու բազմութիւն մը երեւցաւ ուր որ մենք կը կատարէինք մեր ամառուայ համագումարը, եւ այդ վիշապականճերը կերան ու սպառեցին մժեղները, ինչպէս նաեւ վնասակար ուրիշ միջատներ։ Այդ ժամանակ հասուն վիշապականճերը կը փոխադրուիէն մէկ տեղէն միւսը։ 2006 թուականն էր երբ վիշապականճերու այս ձեւի փոխադրութիւնը սկսաւ տեղի ունենալ առաջին անգամ ըլլալով։ Ասիկա կրնայ դասակարգուիլ հորիզոնական շարժումի եւ ուղղահայեաց շարժումի մէջ՝ հոգեւոր միջանցքի տեսակին համեմատ։

Աւելի զարմանալի բանը այն է թէ՝ երբ եկեղեցւոյ անդամները կանչեցին վիշապականճերը, անոնք չվախցան ժողովուրդէն, այլ նստան եկեղեցւոյ անդամներուն մատներու ծայրին, ինչպէս նաեւ անոնց մարմնի միւս մասերուն վրայ։ Վիշապականճերը օգտակար են այն բանով որ անոնք ամառ ատեն վնասակար միջատներ։ Ես կը յիշեմ իմ մանկութեանս ժամանակ որ շատ դժուար էր նոյնիսկ մէկ վիշապականճ մը բռնելը։ Անոնք անմիջապէս կը թռչին ու կը հեռանան՝ եթէ ամենաթեթեւ մարդկային ներկայութիւն մը զգան իրենց մօտ։ Բաւական ատեն իմեր շատ դժուար եղած է նոյնիսկ մէկ վիշապականճ մը տեսնել Սէուլի մէջ, եւ ուրեմն վիշապականճերու հոծ բազմութեան մը երեւոյթը վստահաբար Աստուծոյ գործն է։

Յաջորդ տարին՝ 2007-ին, վիշապականճերը սկսան կանուխէն՝ Յուլիսի սկիզբը երեւնալ։ Ընդհանրապէս

վիշապաճանճերը կ՚երեւնան ամառուայ վերջալուորութեան
մինչեւ աշուն: Մինչ այս վիշապաճանները որոնք տակաւին
թրթուրներ էին՝ կ՚անցնէին հոգեւոր միջանցքներու
ընդմէջէն, այդ թրթուրները աճեցան ու հասունցան՝
դառնալով մեծահասակներ: Մինչ կ՚անցնէին ճալալային
չորրորդ տարածաշրջանին ընդմէջէն, անոնց աճումը
երթալով աւելի եւս կ՚արագանար: Ուստի, այդ տարի
վիշապաճանները սովորականէն աւելի եւս կանուխ
երեւցան:

Ասկէ զատ, 2008-ին, ոչ միայն վիշապաճանճերու
երեւնալիք ժամանակը, այլ նաեւ անոնց թիւն ալ դրուեցաւ
հսկողութեան տակ: Անհամար թիւով վիշապաճանճեր
սկսան թափիլ երկնակամարէն՝ սկսելով Յուլիսի առաջին
շաբթուան մէջ: Մեր եկեղեցիէն միսիոնարական
զանազան խումբեր յաջորդաբար սկսան կատարել իրենց
ամառնային համագումարները՝ Հարաւային Քորէայի
տարբեր վայրերու մէջ, եւ եկեղեցւոյ բոլոր անդամները
ականատես դարձան վիշապաճանճերուն որոնք արեւուն
շուրջ դէպի վար՝ ուղղահայեաց կերպով վար կ՚իջնէին:
Վիշապաճանները տեղականօրէն ուրիշ վայրեր չգացին:
Անոնք իջան վար ուլ մնացին միայն այն շրջաններուն
մէջ ուր էջք կատարեցին, եւ յստակօրէն կը տեսնուէր թէ
անոնք կը նստէին եկեղեցւոյ անդամներուն ձեռքերուն,
ոտքերուն, կամ ուսերուն վրայ:
Այդ տարի ամառուայ համագումարին նիւթը էր՝
«Հոգեւոր Տարածաշրջանը», եւ հաւատացեալներուն
ուրախութիւնը պարզօրէն շատ մեծ էր: Անոնք կրցան
հասկնալ պատգամը, որ կը լայտներ վիշապաճանճերու
իսկական կեանքին օրինակը, որոնք հոգեւոր
տարածաշրջանէն փոխադրուելով կու գային դէպիր
իրենց: Այս համագումարին միջոցաւ եկեղեցւոյ
անդամներուն հաւատքը մէկ քայլ աւելի բարձրացաւ:
Նոյն տեսակի Աստուծային գործ մը տեղի ունեցաւ բոլոր
մասնաճիւղ եկեղեցիներուն համար՝ ո՛չ միայն Քորէայի
մէջ, այլ նաեւ աշխարհի բոլոր կողմերը:
Նոյնատեսակ դէպք մը եւս կատարուեցաւ 2009-ի
ամառը նոյնպէս: Միսիոնարական իւրաքանչիւր խումբ
յաջորդաբար ունեցան իրենց ամառնային համագումարը,

եւ բաղդատմամբ ուրիշ տարիներու, հոն կային շատ աւելի մեծ թիւով վիշապաճանճեր, որոնք երեւցան այդ տարի՝ քան նախկին տարիները: Յաւատացեալները տեսան տասնեակ հազարներով վիշապաճանճեր, որոնք արեւուն շողագիծէն վար կ՚իջնէին՝ հոգեւոր տարածաշրջանին ընդմէջէն, որ բացուած էր: Մինչ կ՚իջնէին երկնակամարէն վար, անոնք կը կայծկլտային եւ կը նմանէին ձիւնի փաթիլներու:

Երբ Իսրայէլի որդիները Կարմիր Ծովէն կ՚անցնէին, որ գօրաւոր հովերու միջոցաւ երկու մասի բաժնուած էր, այդ ժամանակ հոն՝ իրենց համար կազմուեցաւ հոգեւոր միջանցք մը: Հովերը ո՛րքան գօրաւոր պէտք էր եղած ըլլային՝ ծովը կարենալ բաժնելու համար: Մարդ պիտի չկարողանայ ոտքի կայնիլ հոն՝ այդպիսի հովերու մէջ: Այսուհանդերձ, թիւով երկու միլիոնէ աւելի Իսրայէլացիներ խաղաղութեամբ քալեցին հովերուն: Պատճառը այն էր՝ որովհետեւ հոգեւոր միջանցք մը կազմուած էր որպէսզի արգելք կենայ հովերուն՝ ժողովուրդին վրայ ազդեցութիւն գործէլէ: Ուրեմն, ի՞նչ պատահեցաւ երբ անոնք Յորդանան Գետը կը կտրէին՝ երթալու համար դէպի Քանանու երկիրը:

Յեսուայ 3.15-16 կ՚ըսէ. «Երբ տապանակը վերցնողները Յորդանան հասան ու տապանակը վերցնող քահանաներուն ոտքերը ջուրին մէջ մխուեցան՝ (վասն զի հունձքի բոլոր ժամանակը Յորդանանի ջուրը առատանալով իր բոլոր եզերքները կը կոխէ,) վերէն իջնող ջուրը կայնեցաւ ու Սարթանի քով եղող Ադամ քաղաքէն շատ հեռու կարկառակոյտի մը պէս բարձրացաւ ու դաշտի ծովը, այսինքն Աղի ծովը, իջնողը կտրեցաւ, լմնցաւ: Եւ ժողովուրդը Երիքովի դիմաց անցաւ»:

Այն կէտէն սկսեալ, ուր որ Իսրայէլի որդիներն էին, վերէն իջնող ջուրերը մէկ դէզի պէս հաւաքուելով կախուեցան, իսկ դէպի ծով՝ վար իջնող ջուրերը պարզապէս շարունակեցին հոսիլ: Ճիշդ այդ ժամանակ կազմուեցաւ հոգեւոր տարածաշրջան մը՝ նման ջրամբարի մը երեւոյթին:

Զանազան Կերպեր` Ուր Օգտագործուած են Հոգեւոր Միջանցքներ

Եթէ մենք կարենանք լաւագոյն ձեւով օգտագործել այս հոգեւոր միջանցքը, այն ատեն մենք կրնանք նաեւ կառավարել կլիմայական պայմանները: Օրինակի համար, ենթադրենք որ երկու որոշ շրջաններ կը տառապին, մէկը` ողողումէ, իսկ միւսը` երաշտութենէ: Ուրեմն, եթէ մենք անձրեւի ամպերը յորդող շրջանէն փոխադրենք չոր շրջանը, այն ատեն մենք կրնանք լուծել երկու շրջաններուն մէջ եղող հարցը կամ դժուարութիւնը:

Իսրայէլի մէջ պատահած անակնկալ անձրեւի տարափը այսպիսի օրինակ մըն է: 2009-ի Սեպտեմբերին, ես աղօթեցի որոշ բանի մը համար, մինչ կը պատրաստուէի հոգեւոր արշաւի մը` Իսրայէլի մէջ: Իսրայէլ դժուար վիճակէ կ՚անցնէր` հինգ տարուայ երկարատեւ ու սաստիկ երաշտին համար: Իսրայէլի մէջ հովիւները բացատրեցին իրենց վիճակը եւ ինձմէ խնդրեցին որ աղօթեմ այդ հարցին համար:

Աղօթքի այսպիսի խնդրանքի մը պատասխանը ստանալու համար, խնդրանք մը` որ կը գտնուի ազգային հետաքրքրութեան մակարդակի վրայ, կան որոշ պայմաններ որոնք պէտք է գոհացուին: Պայմանը այն է` որ նախագահը կամ անոր համահաւասար մակարդակի առաջնորդներ պէտք է աղօթք խնդրեն հաւատքով, եւ կամ ժողովուրդին մեծամասնութիւնը պէտք է հաւատքով աղօթքի խնդրանքը ներկայացնեն: Սակայն շատ գէշ զգալով իրենց վիճակին համար, արշաւին առաջին եւ երկրորդ օրը ես պարզապէս աղօթեցի որ Իսրայէլի մէջ անձրեւ տեղար` յագեցնելու համար իրենց երաշտը:

Ի՞նչ եղաւ արդիւնքը: Իսրայէլի մէջ յստակ զանազանութիւն կայ անձրեւուտ եւ չոր եղանակներու միջեւ: Սեպտեմբերը չոր եղանակ է եւ հազուագիւտ է որ Սեպտեմբերի մէջ անձրեւէ: Երբեմն կարելի է որ Հոկտեմբերի վերջալորութեան սկսի անձրեւել, բայց իրողութեան մէջ անձրեւուտ եղանակը կ՚երկարի Դեկտեմբերէն մինչեւ եկող տարուայ Փետրուարը: Նաեւ, երկար ժամանակ տեւած չորութեան հետեւանքով, Գալիլիայի Ծովու ջուրին մակարդակը հասած էր կարմիր գիծի մակարդակէն վար, այսինքն 208 մեթրէն աւելի ցած։ Ասիկա ամենացած մակարդակն է, որով այլեւս կարելի չէ զուր քաշել Ծովէն։

Արշաւը վերջանալէն ետք, տակաւին Իսրայէլի հիւիսային մասը բնաւ անձրեւ չէր տեղացած։ Կիրակի օր մը սակայն, Սեպտեմբեր 13-ին, անոնք մեծ քանակութեամբ բալականաչափ անձրեւ տեղաց Երուսաղէմի եւ Թել Աւիւի մէջ։ Իսրայէլի հովիւները ուրախութեամբ գնծացին եւ փառք տուին Աստուծոյ, ըսելով որ իրենք անձրեւ ունեցած էին որպէս արդիւնք՝ իմ աղօթքիս։ Սակայն այդպէս չվերջացաւ։ Յաջորդ շաբաթ աւելի եւս անձրեւ տեղաց եւ Իսրայէլի մէջ Ջուրի Աղբիւրներու Բաժանմունքը յայտնեց որ անձրեւի քանակի աստիճանը այդ երկու օրերը միայն՝ պարզապէս միլենյան էր թէ՛ Սեպտեմբերի եւ թէ՛ Հոկտեմբերի մէջ տեղացող անձրեւներուն միջին տարափի գումարին։ Այդ ըլալիք բան մը չէր՝ Աստուծոյ արդարութեան համեմատ, բայց եւ այնպէս, Աստուած լսեց աղօթքը եւ գերազանցելով արդարութիւնը՝ արտօնեց որ անոնք անձրեւ ունենան։

Կան նաեւ ա՛յնքան մեծ փոթորիկներ եւ հովամմրիկներ, որոնք աղէտներ եւ թշուառութիւններ կը պատճառեն աշխարհի շուրջ։ Եթէ մենք կարենանք տեղափոխել այդ փոթորիկներուն եւ հովամրրիկներուն ուղղութիւնը՝ դէպի անբնակ շրջաններ, այն ատեն որեւէ հարց գոյութիւն պիտի չունենայ։

Երկու փոթորիկներ կը մօտենային Ֆիլիփփիին՝ երբ 2001 թուականին հոն գացի՝ հոգեւոր արշաւի մը համար։ «Նարի» կոչուած 16-րդ փոթորիկը եւ «Լէքիմա» կոչուած 19-րդ փոթորիկը մօտենար Ֆիլիփփիին՝ որոտամրրիկի շատ ուժեղ հովերով։ Եթէ փոթորիկները եկած ըլային նախապէս կանխատեսուած ծրագիրով, մենք պիտի չկարողանայինք մեր հոգեւոր արշաւը ունենալ։ Հոն սարքուած մամլոյ ասուլիսի մը ընթացքին, լրագրողները ինծի հարց տուին թէ արդե՞օք կարելի պիտի ըլար արշաւը կատարել՝ փոթորիկներուն պատճառով։

Այդ ժամանակ ես ըսի. «Փոթորիկները պիտի դադրին եւ կամ պիտի փոխեն իրենց ուղղութիւնները»։ Արշաւի ընթացքին ոչ մէկ փոթորիկ կամ անձրեւ պիտի չգայ,

ուստի հաճեցէք յաճախել զայն»: Իրապէս, արշաւէն
ճիշդ առաջ՝ Նարի փոթորիկը անյայտացաւ, եւ Լէբիմա
փոթորիկը յանկարծ փոխեց իր ուղղութիւնը՝ կղզմնակի
անցքով անցնելով Ֆիլիփփինէն: Մենք կարողացանք
ունենալ արշաւը՝ առանց որեւէ հարցերու:

Մենք կրնանք ոչ միայն փոթորիկները կեցնել, այլ
նաեւ բնական ուրիշ աղէտներ, ինչպէս՝ հրաբխային
ժայթքումներ կամ երկրաշարժներ՝ եթէ մենք
օգտագործենք հոգեւոր տարածաշրջանը: Մենք
պարզապես կրնանք հրաբխային ժայթքումի մը
կամ երկրաշարժի մը աղբիւրը ծածկել Աստուծոյ
տարածաշրջանով, եւ այս բանը կարելի կը դառնալ
երբ անիկա ճիշդ ըլլայ՝ Աստուծոյ արդարութեան
համեմատ: Օրինակի համար, կեցնելու համար աղէտ
մը՝ որ վնաս կը պատճառէ ազգային մակարդակի վրայ,
կ՛ենթադրուի որ երկրին առաջնորդը պէտք է աղօթք
խնդրէ: Նաեւ, նոյնիսկ եթէ հոգեւոր տարածաշրջանը բաց
է, այսուհանդերձ կարելի չէ բոլորովին անտեսել առաջին
երկինքի արդարութիւնը: Հոգեւոր տարածաշրջանի
գործունէութիւնը պիտի սահմանափակուի այն աստիճան
որ ոչ մէկ շփոթութիւն պիտի ըլլայ առաջին երկինքին մէջ՝
երբ հոգեւոր տարածաշրջանը վեր բարձրացնուի: Աստուած
իր ամենակալութեամբ կը կառավարէ բոլոր երկինքները,
եւ Անիկա սիրոյ ու արդարութեան Աստուածն է:

Սէր՝ որ Կը Գերազանցէ Արդարութիւնը

Ծննդոց 18-րդ գլխուն մէջ, մենք կը կարդանք որ
Աստուած սկիզբէն յայտնեց Աբրահամին թէ ինչ պիտի
պատահէր ապականած Սոդոմ եւ Գոմոր քաղաքներուն:
«Եւ Տէրը ըսաւ. ՛Որովհետեւ Սոդոմի ու Գոմորի աղաղակը
շատցաւ եւ անոնց մեղքը խիստ ծանրացաւ, հիմա պիտի
իջնեմ տեսնելու՝ թէ բոլորովին ինծի եկած աղաղակին պէս
որի՞ն եւ եթէ ոչ՝ գիտնամ՛» (Ծննդոց 18.20-21):

Սոդոմ ու Գոմոր քաղաքները պէտք էր պատժուին
իրենց մեղքերուն համար՝ արդարութեան օրէնքներուն
համեմատ, սակայն Աստուած Աբրահամին արտօնեց որ
սկիզբէն գիտնար այդ մասին, որովհետեւ իր եղբօրորդին՝
Ղովտը հոն կը բնակէր: Անիկա Աստուծոյ սիրոն էր որ

կ՚ուզեր ուրիշ առիթ մը եւս տալ անոնց: Ահաւասիկ ա՛յս է Աստուծոյ սերը եւ արդարութիւնը:

Յետոյ Աբրահամ հինգ անգամ Աստուծմէ խնդրեց որ փրկէ Սոդոմը: Սկիզբը ան խնդրեց որ Աստուած չկործանէ զայն՝ եթէ հոն ըլլային միայն լիսուն արդար մարդիկ, յետոյ՝ քառասուն-հինգ, յետոյ՝ քառասուն, երեսուն, քսան, եւ ի վերջոյ թիւը իջաւ միայն տասի: «Եւ ինք ըսաւ. 'Մ՛ի, Տէրը չբարկանայ ու միայն այս անգամ ալ խօսիմ. թերեւս հոն տասը գտնուի:' Եւ Անիկա ըսաւ. 'Տասին համար ալ պիտի չկործանցեմ'» (Ծննդոց 18.32):

Պարզ արարած մը ըլլալով, Աբրահամ կրցաւ ա՛յնքան մեծ համարձակութեամբ խնդրել Աստուծմէ: Ասիկա մեզի ցոյց կու տալ թէ Աբրահամ Տէրոջը սիրտը ունէր եւ Աստուծոյ հետ մէկ եղած էր: Աբրահամ ջերմեռանդ սիրով խնդրեց որպէսզի Աստուծոյ սիրտը շարժէ եւ ժողովուրդը փրկէ: Աստուած զգացուած էր Աբրահամի սէրէն, եւ ուրեմն խոստացաւ կատարել անոր խնդրանքը:

Աստուած կը գործէ սիրով՝ արդարութեան սահմաններուն մէջ: Ուստի, Աստուած ուզեց ողորմութիւն եւ կարեկցութիւն ցոյց տալ, նոյնիսկ երբ ինք կը պատժեր Սոդոմն ու Գոմորը, եւ Աստուած ուրիշ առիթ մը եւս տուաւ այնպիսի սիրով մը՝ որ կը գերազանցեր արդարութիւնը, արդար մարդու մը՝ Աբրահմի աղօթքին միջոցաւ:

Սոդոմ եւ Գոմոր քաղաքները ի վերջոյ պատժուեցան, որովհետեւ նոյնիսկ տասը արդար մարդիկ չկային հոն: Սակայն Աբրահամի եղբօրորդին՝ Ղովտը եւ անոր ընտանիքը փրկուեցան: Պատճառը այն էր՝ որովհետեւ Ղովտ կը գտնուէր Աբրահամի տարածաշրջանին մէջ, որ շատ սիրուած էր Աստուծմէ: Այլ խօսքով, որովհետեւ Աստուած չափազանց շատ կը սիրէր Աբրահամը, այդ պատճառով ալ Աստուած Ղովտը եւ իր ընտանիքը ծածկեց հոգեւոր տարածաշրջանով՝ խորհելով Աբրահամի մասին:

Ինչպէս բացատրուեցաւ, Աստուծոյ տարածաշրջանին մէջ ամէն բան կը կառավարուի Աստուծոյ սիրով եւ իր արդարութեամբ: Սերը կը չեզոքացնէ արդարութիւնը՝ առանց զայն բռնաբարելու: Այսպիսի բաներ կարելի դարձնելու համար, անհրաժեշտ է որ մարդ մշակէ այնպիսի սիրտ մը որ կը յարմարի չորրորդ երկինքի պատկանող Աստուծոյ արդարութեան հետ։ Այսինքն, երբ մէկը մշակած է սիրտ մը՝ որ մէկ է Աստուծոյ սրտին հետ, անիկա կրնայ ցոյց տալ Աստուծոյ գործերը որոնք կը գերազանցեն արդարութիւնը՝ առանց բռնաբարելու չորրորդ երկինքի արդարութիւնը։

Հարցը այն է թէ մարդ ինչպէ՞ս կրնայ մշակել իր սիրտը՝ որպէսզի անիկա նմանի Աստուծոյ սրտին։ Մինչեւ որ ասիկա ըլլայ, միայն հաւատքով եւ սիրով է որ մարդ պէտք է կարենայ ահագին մեծ փորձութիւններ դիմագարւոլ լարթահարել զանընք, որոնք աներեւակայելի կը թուին մարդոց համար։ Անիկա պէտք է վճարէ գինը՝ Աստուծոյ արդարութեան համեմատ, իւրաքանչիւր փորձութեան ընդմէջէն անցնելով քայլ առ քայլ, մինչեւ որ կարողանայ գործածել Աստուծոյ տարածաշրջանը, սորվելով չորրորդ երկինքի արդարութիւնը։

Աբրահամ ալ բազմաթիւ փորձունքթիւններ եւ քննութիւններ ունեցաւ, մինչեւ որ ան կոչուեցաւ «Աստուծոյ բարեկամը»։ Երբ Աբրահամ եօթանասունհինգ տարեկան դարձաւ, Աստուած իրեն ըսաւ որ մեծ ազգ մը պիտի կազմուի իր միջոցաւ, սակայն աւելի քան քսան տարի՝ Աբրահամ չկրցաւ զաւակ ունենալ։ Բայց երբ Աբրահամ իննիսունին տարեկան եղաւ, եւ երբ Սառան ութսունին տարեկան էր եւ չէր կրնար յղանալ, Աստուած ի վերջոյ Աբրահամին ըսաւ որ ինք յաջորդ տարի տղայ զաւակ մը պիտի ունենար։

Ասիկա բոլորովին անկարելի բան մըն էր մարդկային գիտութեամբ, բայց Աբրահամ իր վստահութիւնը Աստուծոյ վրայ դրաւ ու բնաւ չկասկածեցաւ։ Աստուած Աբրահամի հաւատքը ընդունեց որպէս արդարութիւն, եւ մինչ Աբրահամ հաւատաց Աստուծոյ, անիկա ծնաւ իր Իսահակ որդին։ Սակայն երբ Իսահակ կը մեծնար եւ շատ սիրելի էր Աբրահամի, Աստուած անոր ըսաւ որ Իսահակը ընծայէ որպէս զոհ։ Աբրահամ հաւատաց որ Աստուած եթէ նոյնիսկ Իսահակը որպէս զոհ ընծայէր, Աստուած մինչեւ իսկ մեռելներէն պիտի վերակենդանացներ զայն, քանի որ Աստուած արդէն ըսած էր իրեն որ բազմաթիւ սերունդներ յառաջ պիտի գան Իսահակին միջոցաւ։ Ուստի Աբրահամ կարողացաւ ընծայել իր միակ որդին Իսահակը՝ առանց որեւէ վարանումի, որովհետեւ ինք ճշմարտապէս կ՛ակնածէր Աստուծմէ։

Աբրահամ այդ բոլոր փորձութիւններէն եւ քննութիւններէն յաջողութեամբ անցնելէ ետք, Աստուած զինք կոչեց «Աստուծոյ բարեկամը», եւ հաստատեց զայն որպէս «հաւատքի հայրը»։ Իր միակ որդին՝ Իսահակը որպէս զոհ ընծայելու իր վերջին փորձութենէն ետքը, Աբրահամ ստացաւ այն բոլոր օրհնութիւնները զոր մարդ կրնայ ստանալ, ինչպէս՝ զաւակներու, առողջութեան, հարստութեան, եւ երկար կեանքի օրհնութիւններ։

Աստուած կը փնտռէ ճշմարիտ զաւակներ՝ որոնք պիտի կարենան օրհնութիւններ ստանալ, եւ որոնք հաւատքի աղօթքի ու սիրոյ ընդմէջէն պիտի կարենան անհամար թիւով հոգիներ առաջնորդել դէպի փրկութեան ճամբան՝ ճիշդ ինչպէս որ Աբրահամ ըրաւ։ Աստուած մեզի ցոյց կու տայ ստեղծագործական գործեր՝ իշխելով կեանքի եւ մահուան վրայ, ինչպէս նաեւ կը յայտնաբերէ այնպիսի գործեր՝ որոնք կը գերազանցեն ժամանակի ու միջավայրի սահմանափակումները, որովհետեւ Ան կ՛ուզէ ունենալ ճշմարիտ զաւակներ՝ որոնք Աստուծոյ սիրոը ունին։

Ծննդոց 18.17-19 կ՛ըսէ. «Եւ Տէրը ըսաւ. 'Միթէ Աբրահամէն պիտի պահե՞մ ինչ որ պիտի ընեմ. որովհետեւ Աբրահամ անշուշտ մեծ ու զօրաւոր ազգ մը պիտի ըլլայ ու երկրի բոլոր ազգերը անով պիտի օրհնուին։ Քանզի գիտեմ զանիկա, որ իր որդիներուն ու իրմէ ետքը իր տանը պիտի պատուիրէ եւ անոնք արդարութիւն ու իրաւունք ընելու համար՝ Տէրոջը ճամբան պիտի պահեն, որպէս զի Տէրը Աբրահամին վրայ բերէ, ինչ որ խոսեցաւ'»։

Եթէ մենք միայն կարենանք հասկնալ Աստուծոյ տարածաշրջանին հիմնական սկզբունքները, որոնք բացատրուեցան մինչեւ այս կէտը, այն ատեն մենք կրնանք աւելի խորունկ ձեւով հասկնալ Աստուածաշունչէն շատ

դեպքեր, եւ մենք կրնանք մեր կեանքերուն մէջ ալ ունենալ
անոնց փորձառութիւնը: Մենք կրնանք մարդկային
սահմանափակումներէն անդին անցնիլ՝ եթէ մենք
դառնանք Աստուծոյ ճշմարիտ զաւակներ՝ հաւատալով
Աստուծոյ եւ վերստանալով Իր կորսուած պատկերը: Այս
իսկ պատճառով, Տէր Յիսուս մեզի տուաւ վերջին խօսք
մը՝ նախքան Իր երկինք համբառնալը: «Բայց Սուրբ
Հոգին ձեր վրայ եկած ատենը զօրութիւն պիտի առնէք
ու Ինծի համար վկաներ պիտի ըլլաք Երուսաղէմի մէջ եւ
բոլոր Հրէաստանի ու Սամարիայի մէջ ու մինչեւ երկրի
ծայրերը» (Գործք Առաքելոց 1.8):

Ի՞նչ է կարճ ճամբան՝ ստանալու համար Աստուծոյ
զօրութիւնը, եւ Տէրոջը համար վկայ մըդառնալու:
Ճամբան այն է՝ որ մենք սրբագործենք մեր սիրտը,
եւ ջերմեռանդութեամբ աղօթենք՝ դառնալու համար
լման հոգիի տէր անձեր, որպէսզի մենք կարողանանք
օգտագործել Աստուծոյ տարածաշրջանը: Ալելին,
մենք պէտք է ջանք թափենք կատարելապէս մշակելու
Աստուծոյ արդարութիւնը եւ սէրը, որպէսզի կարողանանք
ժառանգել Նոր Երուսաղէմը, որ ամենագեղեցիկ
բնակավայրն է երկինքի մէջ, եւ մինչեւ իսկ հասնիլ
Աստուծոյ տարածաշրջանին:

Գլուխ 2
Աստուծոյ Պատկերը

Մենք կրնանք վերագտնել Աստուծոյ կորսուած պատկերը՝ անգամ մը որ կը դառնանք Աստուծոյ ճմշարիտ զաւակ մը՝ որ ունի Աստուծոյ սիրտը։ Սակայն այդ չի նշանակեր որ մենք կրնանք ճիշդ Աստուծոյ պէս ըլլալ։ Աստուած կրնայ գոյութիւն ունենալ միայն որպէս լոյս՝ առանց որեւէ կերպարանքի, եւ կամ ալ Ան կրնայ որոշ կերպարանք մը հագնիլ։

Աստուած Կերպարանք մը Հագաւ՝ Մարդկային Մշակութեան Համար

Մարդը Աստուծոյ Պատկերով Ստեղծուած է

Մենք Չենք Կրնար Աստուծոյ Երեսը Ուղղակիօրէն Տեսնել

Աստուծոյ Կերպարանքին Մեծութեան Չափը

Աստուծոյ Պատկերը՝ Յովհաննէս Առաքեալի Տեսանկիւնէն

Հաղորդակից Դառնալ Աստուծոյ Բնութեան

Արդեօք ի՞նչպիսի երեւոյթ ունի Աստուած: Ո՞րքան մեծ կրնայ ըլլալ Ան:

Մինչ մեկը կ՛րնդունի Յիսուս Քրիստոսը ու կը սկսի աւելի լաւ ճանչնալ զԱստուած, անիկա պետք է հետաքրքրիր ըլլայ գիտնալու Աստուծոյ պատկերին, ինչպես նաեւ երկինքի թագաւորութեան մասին: Երբ պզտիկները երկար ատեն բաժնուած մնան իրենց ծնողներէն, անոնք պիտի կարօտնան իրենց ծնողները եւ մեծ քնքշութեամբ պիտի փայփայեն զիրենք: Այդ կը նմանի այն պարագային՝ երբ մենք զԱստուած կը փնտռենք, եւ մեր բնութեան խորը՝ մեծապես կը կարօտինք իրեն:

Մատթէոս 5.8 կ՛ըսէ. «Երանի՛ անոնց որ սրտով մաքուր են, վասն զի անոնք պիտի տեսնեն Աստուած»: «Սրտով մաքուր ըլլալ» կը նշանակէ «միտքը անիմաստ բաներու վրայ չլնել, այլ ըլլալ մաքուր ու հարագատ՝ ճշմարտութեան մէջ»: Անիկա այն սիրտն է՝ որ անարատ ու անբիծ է եւ որով մենք որեւէ չարութիւն չենք խորհիր կամ որեւէ կոպտութեան մասին չենք մտածեր: Սուրբ Գիրքը կ՛ըսէ թէ սրտով մաքուր եղողները պիտի տեսնեն զԱստուած: Ի՞նչ կը նշանակէ ասիկա: Այդ չի նշանակեր թէ անոնք իրքնին Աստուծոյ էութիւնը պիտի տեսնեն: Այդ կը նշանակէ թէ անոնք Աստուծոյ փորձառութիւնը պիտի ունենան՝ ստանալով ամէն բան զոր կը խնդրեն:

Սակայն այդ չի նշանակեր որ մարդիկ բնալ չեն կրնար Աստուծոյ պատկերը տեսնել: Այդ պարզապես կը նշանակէ թէ անոնք չեն կրնար ուղղակիօրէն տեսնել Աստուծոյ երեսը (Ելից 33.20): Աստուած հոգի է, ուստի մենք չենք կրնար ճանչնալ Աստուծոյ պատկերը կատարելապէս, որովհետեւ մենք չենք կրնար ուղղակիօրէն տեսնել

զԱստուած: Բայց եւ այնպես, Աստուած կ՚ըսէ թէ մենք
իր պատկերովը ստեղծուած ենք, ուստի մենք ասկէ
պարզապէս կրնանք հետեւցնել թէ կայ հասակարաց
բան մը մեր երեւոյթին մէջ՝ զոր Աստուած եւ մենք կը
բաժնեկցինք իրար հետ: Մենք կրնանք երեւակայել թէ
Աստուած ինչ բանի կրնայ նմանիլ՝ Աստուածաշունչէն, որը
յայտնութիւն մըն է Աստուծոյ մասին:

Աստուած Հագաւ Կերպարանք մը՝ Մարդկային
Մշակութեան համար

Ելից 3.14-ի մէջ մենք կը գտնենք որ Աստուած
Ինքզինքը կը բացատրէ որպէս՝ «Ես եմ ՈՐ Է»: Անիկա
կատարեալ էակն է որ Ինքնին միակը գոյութիւն ունի՝
լալիտեանակունութենէն առաջ: Մարդիկ սահմանափակ
գիտութիւն ունին, ուստի մենք կը խորհինք որ ամէն բանի
մէջ սկիզբ մը պէտք է եղած ըլլայ: Այդ է պատճառը որ
Աստուած «սկիզբ» բառը կը գործածէ, բայց այդ տրուած է
միայն որպէսզի մենք կարենանք հասկնալ:

Յովհաննու 1.1-ի մէջ կը կարդանք. «Սկիզբէն էր Բանը
ու Բանը Աստուծոյ քով էր եւ Բանը Աստուած էր»: Նաեւ,
Ծննդոց 1.1-ը կ՚ըսէ. «Սկիզբէն Աստուած երկինքն ու
երկիրը ստեղծեց»:

Աստուած մարդիկը ստեղծեց երբ ինք երկինքն ու
երկիրը կը ստեղծէր, նաեւ անոնց մէջ գտնուող բոլոր
բաները, եւ ուրեմն, Ծննդոցի մէջ «սկիզբէն»ը կաալ մը
կը հաստատ մարդոց հետ: Միւս կողմէն, «սկիզբէն»ը,
որ նշուած է Յովհաննու առաջին գլխուն մէջ, կետ մըն է
ժամանակին մէջ, որ ստեղծագործութեան ատենէն շատ
առաջ էր: Ալեւին, անիկա որեւէ կաալ չունի մարդոց հետ:

Սկիզբէն Աստուած գոյութիւն ունէր տարածութեան
մը մէջ՝ որը հոգեւոր աշխարհն է, որ անտեսանելի է մեր
աչքերուն: Աստուած գոյութիւն ունէր որպէս գեղեցիկ եւ
փայլուն լոյս մը, եւ Անիկա կ՚իշխէր՝ սաւառնելով տիեզերքի
բոլոր տարածաշրջաններուն վրայ: Աստուած ունէր
մարդեղութիւն, ինչպէս նաեւ աստուածութիւն, եւ այս
իսկ պատճառով Ան ծրագրեց մարդկային մշակութիւնը
որպէսզի շահի ճշմարիտ զաւակներ, եւ սկսաւ գոյութիւն
ունենալ որպէս Երրորդութիւնը՝ այսինքն՝ Հայրը, Որդին եւ
Սուրբ Հոգին:

Ճիշդ այդ վայրկեանին էր որ Աստուած սկսաւ ունենալ պատկեր մը: Ծննդոց 1.26-ը կ'ըսէ. «Աստուած ըսաւ. 'Մեր պատկերին ու նմանութեանը պէս մարդ ընենք'»:

Անշուշտ այդ պատկերը մարդոց նման ֆիզիքական կերպարանք մը չէ: Անիկա հոգեւոր պատկեր մըն էր մարմնացնելու համար զԱստուած, որ հոգի է: Հրեշտակները, երկնային գորքը, կամ քերովբէները՝ բոլորն ալ հոգեւոր էակներ են, բայց իսկութեան մէջ անոնք իրենց մասնայատուկ կերպարանքները ունին: Սկիզբը Աստուած մասնայատուկ կերպարանք մը չունէր, բայց որոշ կետի մը վրայ Անիկա սկսաւ յատուկ կերպարանք մը ունենալ:

Աստուած՝ երրորդութիւնը կերպարանք մը հագաւ մեզի (մարդոց) համար, եւ երբ Աստուած Երկիրը ստեղծեց, որ մարդկային մշակութեան բեմն է, Անիկա իջաւ վար՝ դէպի Երկիր: Աստուած փնտռեց այն ինչ որ Երկիրը պէտք պիտի ունենար ապագային, եւ թէ Ինք ի՞նչպէս պիտի կազմէր այդ բաները: Յետոյ Աստուած սկսաւ այդ բոլոր բաներուն իսկական ստեղծագործութիւնը:

Մարդը Աստուծոյ Պատկերով Ստեղծուած է

Երրորդութեան Աստուածը մարդիկը ստեղծեց Իր պատկերովը՝ ստեղծագործութեան վեցերորդ օրը: Այս չի նշանակեր որ մարդուն միայն արտաքին կերպարանքն էր որ Աստուծոյ պատկերովը ստեղծուեցաւ: Այդ կը նշանակէ թէ մեր սիրտն ալ նոյնպէս Աստուծոյ պատկերին համաձայն ստեղծուեցաւ:

Բայց Ադամի անհնազանդութենէն իվեր, մարդիկ կորսնցուցած են այն նախնական պատկերը զոր ստացեր էին՝ երբ իրենք ստեղծուեցան, եւ անոնք երթալով աւելի եւս արատաւորուեցան մեղքերով: Երբ Ադամ Աստուծոյ պատկերը կորսնցուց, այդ չի նշանակեր թէ իր արտաքին պատկերը անհետացաւ, այլ այդ կը նշանակէ թէ Ադամ կորսնցուց Աստուծոյ բնութիւնը, որ սրբութեան անուշահոտ բոյր մըն է: Մարդիկ կազմուած են հոգիէ, շունչէ, եւ մարմինէ. բայց եւ այնպէս, մեղքի հետեւանքով բոլոր մարդոց հոգիները «մեռան»: Անկէ իվեր, մարդիկ սկսան նմանիլ կենդանիներու, որոնք միայն շունչով եւ մարմինով ստեղծուած էին:

Սակայն երբ ժամանակը հասաւ, Աստուած իր Որդին՝ Յիսուսը որկեց երկիր՝ որ փրկութեան ճամբան բանայ, որպէսզի ամէն ոք կարենայ փրկուիլ։ Ուստի որեւէ մէկը որ կ՚ընդունի Յիսուս Քրիստոսը, Աստուած անոր Սուրբ Հոգին կու տայ որպէս պարգեւ։ Այն ատեն անոր մեռած հոգին պիտի վերակենդանանայ, եւ անիկա կրնայ սկսիլ վերագտնելու համար Աստուծոյ կորսուած պատկերը։ Սուրբ Աստուածը կ՚ուզէ նաեւ որ իր զաւակները սրբութիւն ունենան իրենց մէջ։ Այդ է պատճառը որ Անիկա մեզ ստիպողականօրէն խորհուրդ կու տայ ըսելով. «Սո՛ւրբ եղէք, քանզի ես սուրբ եմ» (Ա. Պետրոս 1.16)։

Աստուած արտաքին կերպարանքին չնայիր՝ այլ ամէն մէկ անհատի սրտին կը նայի։ Մենք կրնանք Աստուծոյ ճշմարիտ զաւակները դառնալ եթէ մենք արինն թափելու աստիճան պայքարինք եւ ձերբազատուինք մեղքերէ, ինչպէս նաեւ ամէն տեսակի չարութիւններէ։ Այն ատեն մենք կրնանք վերագտնել Աստուծոյ կորսուած պատկերը եւ զօրաւոր լոյսեր արձակել մեր հոգեւոր կերպարանքէն՝ այն աստիճան որ կարենանք նմանիլ Աստուծոյ՝ որ Լոյս է։

Ա. Յովհաննու 5.18 կ՚ըսէ. «Գիտենք թէ ան, որ Աստուծմէ ծնած է՝ մեղք չի գործեր։ Ա՛ն որ Աստուծմէ ծնած է՝ իր անձը կը պահէ ու չարը անոր չի դպչիր»։ Աստուած կը պաշտպանէ զանոնք՝ որոնք Աստուծոյ Խօսքով կ՚ապրին եւ մեղք չեն գործեր։ Անոնց արձակած փայլուն լոյսին պատճառաւ, թշնամի Բանսարկու Սատանան չկրնար նոյնիսկ մօտենալ իրենց։

Աստուծոյ՝ աշխարհը եւ մարդիկը ստեղծելուն նպատակը այն է՝ որպէսզի ինք չահի ճշմարիտ զաւակներ, որոնք ունին Աստուծոյ պատկերը։ Սակայն ստեղծագործութեէն իվեր գրեթէ ամէն մարդ չէ մշակած կամ չմշակեց Աստուծոյ պատկերը։ Ադամէն սկսեալ, ծնած են անհամար թիւով մարդիկ, որոնցմէ միայն շատ քիչեր իրապէս մշակած են այնպիսի սիրտ մը՝ զոր Աստուած ուզած է որ անոնք ունենան։ Այսպիսի մարդիկ Աստուծոյ հետ քալեցին եւ իր փառքը յայտնաբերեցին իրենց կեանքերուն մէջ։ Անոնք կատարեցին հզօր գործեր, որոնք մարդկային երեւակայութենէ վեր են։ Եղիա երկինքէն կրակ իջեցուց վար, Աբրահամ իրապէս իր միակ որդին՝ Իսահակը ընծայեց որպէս զոհ, Պօղոս առաքեալ հալատարիմ էր իր կեանքով եւ իր ունեցած սիրով։ Երբ

Աստուած տեսաւ այսպիսի մարդիկ, Անիկա ա՛յնքան
ցնծաց ուրախութեամբ:

Ընդհակառակը, նոյնիսկ աննեց միջեւ որոնք
գործածուեցան Աստուծոյ թագաւորութեան համար,
կային ումանք՝ որոնք իրապէս չկրցան նկատուիլ որպէս
«Աստուծոյ ճշմարիտ մարդիկը»: Օրինակի համար,
Եղիսէի պարագային, անիկա ամէն բան Եղիայէն
սորվեցաւ եւ Եղիայի կրկնապատիկ բաժինը ստացաւ
ներշնչման տեսակէտով: Բայց եւ այնպէս, իր սիրտը
Եղիայի սրտին պէս կատարեալ չէր (Դ. Թագաւորաց 2.24):
Երբ պզտիկները հետեւեցան իրեն եւ անտանելի կերպով
ծաղրեցին զինքը, Եղիսէ վերջաւորութեան անիծեց
զիրենք: Երկու էգ արջեր եկան եւ պատառեցին այդ
քառասուն- երկու պզտիկները:
Դովտ ալ նոյնպէս տեսաւ Աբրահամի բարութիւնը,
եւ սակայն անիկա չկրցաւ Աբրահամի սրտին նման
բարի սիրտ մը մշակել: Դովտ նիւթական օրհնութիւններ
ստացաւ Աբրահամի շնորհիւ, եւ վտանգաւոր վիճակի
մը մէջ իր կեանքը փրկուեցաւ Աբրահամին կողմէ:
Այսուհանդերձ, անիկա տակաւին չկրցաւ կատարեալ
սիրտ մը մշակել:
Անշուշտ Եղիսէ բազմաթիւ հրաշալի բաներ կատարեց
եւ մարդիկ ըսին որ ինք Աստուծոյ մարդ մըն էր: Սակայն
այդպէս եղաւ միայն որովհետեւ մարդիկ կը յարգէին
զինք որպէս մարգարէ: Ճշմարիտ Աստուծոյ մարդ մը
պարզապէս անձ մը չէ՛ որ կրնայ միայն այդ վայրկեանին
համար գործածուիլ Աստուծոյ կողմէ՝ ծառայելու համար
Աստուծոյ նպատակին: Անիկա անձ մըն է որ վերագտած
է Աստուծոյ պատկերը՝ ունենալով սուրբ եւ մաքուր սիրտ
մը, որ ազատագրուած է որեւէ արատէ կամ բիծէ:

Մենք Չենք Կրնար Աստուծոյ Երեսը Ուղղակիօրէն Տեսնել

Ադամի անկումէն իվեր, ո՛չ մէկը առաջին երկինքին
մէջ կարողացած է ուղղակիօրէն տեսնել Աստուծոյ երեսը,
որ ինքնին Լոյս է: Աստուած հոգի է եւ մենք չենք կրնար
Զինքը տեսնել մեր ֆիզիքական աչքերով: Աւելին, Ելից
33.20-ը կ՚ըսէ. «Դուն իմ երեսս չես կրնար տեսնել. վասն զի
մարդ չի կրնար Զիս տեսնել ու ապրիլ»:

Եղիա երկինք վերցուեցաւ` առանց մահ տեսնելու, եւ տակաւին ան չկրցաւ ուղղակիօրէն նայիլ Աստուծոյ երեսին: Գ. Թագաւորաց 19.12-13 կ՛ըսէ. «Երկրաշարժին ետեւէն կրակ եղաւ, բայց Տէրը կրակին մէջ չէր: Կրակին ետեւէն մեղմ ու բարակ ձայն մը կը լսուէր: Ու Եղիա զանիկա լսածին պէս` իր վերարկուովը երեսը ծածկեց ու ելաւ քարայրին բերանը կայնեցաւ: Ահա անոր ձայն մը եկաւ ու ըսաւ. 'Ո՛վ Եղիա, հոս ի՞նչ բան ունիս'»: Եղիա իր վերարկուովը իր երեսը փակթեց` անմիջապէս որ թեթեւ ձայն մը լսեց Աստուծմէ:

Դատաւորաց 13.22-ը նաեւ կ՛ըսէ. «Ու Մանուէ իր կնոջ ըսաւ. 'Անշուշտ պիտի մեռնինք, քանզի զԱստուած տեսանք'»: Մանուէ Սամփսոնի հայրն է: Եսայի մարգարէն ալ նոյնպէս ըսաւ. «Վա՜յ ինծի, ահա կը կորսուիմ. վասն զի ես պիղծ շրթունք ունեցող մարդ մըն եմ, ու պղծաշուրթն ժողովուրդի մէջ կը բնակիմ, եւ իմ աչքերս զօրաց Տէրը, Թագաւորը, տեսան» (Եսայեալ 6.5):

Մարդիկ կը սպաննուէին նոյնիսկ երբ աննենք բռնաբարէին վայր մը կամ առարկայ մը` որ մէկդի դրուած էր Աստուծոյ կողմէ: Այս եղաւ պարագան Բեթսամիլսի մարդոց հետ, որոնք մահուան մատնուեցան որովհետեւ Տէրոջը տապանակին մէջ նայեցան (Ա. Թագաւորաց 6.19):

Որովհետեւ մարդիկ կը մեռնին եթէ աննենք ուղղակիօրէն տեսնեն Աստուծոյ երեսը, ուստի Աստուած անուղղակի կերպով յայտնած է ինքզինքը: Աստուած ինքզինքը յայտնած է մացառի մը բոցին մէջ, կամ կրակին մէջ, կամ ամպերուն մէջ: Երբեմն Աստուած ինքզինքը յայտնած է հրաշքներու մէջ, ինչպէս` Կարմիր Ծովը բաժնելով, արեւն ու լուսինը կեցնելով, եւ կամ այսպիսի նշաններով ինչպէս` կաղերուն ոտքի կայնելով, կոյրերուն տեսնելովը, խուլերուն լսելովը, համրերուն խօսելովը, կամ մեռելներուն վերակենդանանալովը:

Աստուած իր պատկերը ցոյց տուաւ Տէր Յիսուսի միջոցաւ, ինչպէս ըսուած է Կողոսացիս 1.15-ի մէջ. «Որ աներեւույթ Աստուծոյ պատկերն է, բոլոր ստեղծուածներուն անդրանիկը»: Յովհաննու 1.18 կ՛ըսէ. «Մէկը երբեք զԱստուած տեսած չէ, բայց միածին Որդին որ Հօրը ծոցն է, Անիկա պատմեց», եւ Յովհաննու 14.9-ի մէջ Յիսուս կ՛ըսէ. «Ան որ Զիս տեսաւ` Հայրը տեսաւ եւ դուն ի՞նչպէս կ՚ըսես թէ Հայրը մեզի ցուցուր»:

Ներկայիս շատ մարդիկ կ՚ըսեն թէ իրենք կը հաւատան Աստուծոյ բայց անոնք իրապէս չեն գիտեր թէ ով է Ան, եւ չեն հասկնար Աստուծոյ սիրտը եւ Իր կամքը: Անոնք իրենց անձնական մտայղացումներուն միջեւ կ՚երեւակայեն այն ինչ որ կը նմացնեն Աստուծոյ: Այդ կը նմանի գորտի մը որ կ՚ապրի ջրհորի մը մէջ եւ կը խորհի որ այդ փոքր, կլոր երկնակամարը գոր ինք կը տեսնէ՝ ամբողջ երկնակամարն է: Նմանապես, այն մարդիկը որոնք չեն կրնար ճշմարիտ սէր բաժնեկցիլ Հայր Աստուծոյ հետ միասին, եւ աւելին, երբ կը տեսնեն զանոնք՝ որոնք սիրուած են Աստուծմէ, անոնք կը խորհին թէ այդ տարօրինակ բան մըն է:

Յիսուս Աստուծոյ Պատկերը Յոյց Տուաւ

Ինչո՞ւ համար Յովհաննու 14.9-ի մէջ Յիսուս կ՚ըսէ. «...ան որ Զիս տեսաւ՝ Հայրը տեսաւ»: Յիսուս Հայր Աստուծոյ մէջ է ու Աստուած Յիսուսի մէջ է, եւ ուրեմն Անոնք ամբողջովին մեկ են: Այս իսկ պատճառով, այն խոսքերը գոր Յիսուս խոսեցաւ՝ Իր անձնական խոսքերը չէին, հապա անոնք Հայր Աստուծոյ կողմէ տրուած էին:

Յովհաննու 12.49-50-ի մէջ Յիսուս ըսաւ. «Վասն զի ես ինքնիրմէս չխոսեցայ, հապա Հայրը որ Զիս ղրկեց՝ ինք ինծի պատուիրեց ինչ որ պիտի ըսեմ եւ ինչ որ պիտի խոսիմ: Եւ գիտեմ որ Անոր պատուիրածը յաւիտենական կեանք է. ուստի ինչ որ ես կը խոսիմ, ինչպէս Հայրը ինծի ըսաւ, այնպէս կը խոսիմ», եւ Մատթէոս 15.30-31-ի մէջ՝ «Եւ շատ ժողովուրդներ իրեն եկան, որոնք իրենց հետ ունէին կաղեր, կոյրեր, համրեր, հաշմանդամներ եւ ուրիշ շատեր, ու ձգեցին զանոնք Յիսուսի ոտքը, եւ բժշկեց զանոնք: Այնպէս որ ժողովուրդները զարմացան, տեսնելով որ համրերը կը խոսէին, հաշմանդամները կը բժշկուէին, կաղերը կը քալէին եւ կոյրերը կը տեսնէին, ու Իսրայէլի Աստուածը կը փառաւորէին»:

Երբ Յիսուս խոսքերով վկայեց Հորը մասին, Աստուած ցոյց տուալ որ ինք ամենակարող է՝ նշաններու, սքանչելիքներու, եւ արտասովոր ու հրաշալի բաներու ընդմէջէն: Անոնք որոնք հաւատացին եւ հետեւեցան Յիսուսի՝ անոնք կրցան տեսնել Աստուծոյ զորութիւնը եւ զԱստուած փառաւորեցին: Սակայն անոնք որոնք չհաւատացին Յիսուսի՝ ծգեցին Չինքը եւ ասդին-անդին տարածուեցան: Անոնք չհաւատացին Յիսուսի, հակառակ որ իրենք ականատես դարձած էին Աստուծոյ հրաշալի գործերուն, պարզապէս որովհետեւ այդ բաները չէին համաձայներ իրենց անձնական տեսութիւններուն եւ գիտութեան հետ:

Յիսուս իր ազատ կամքով ընտրեց խաչին թշուառ ճամբան, որպէսզի կատարելագործէ փրկութեան նախասահմանութիւնը, որովհետեւ ինք կատարելապէս մէկ էր Հայր Աստուծոյ հետ: Յիսուս ունէր մէկ սիրտ՝ Աստուծոյ հետ միասին, որ ուզեց փրկել մարդկութիւնը, մեղաւորները, հակառակ որ այդ ճամբան տառապանքի ճամբան էր: Յիսուս միեւնոյն կամքը ունէր ինչպէս Աստուած՝ այն բանով որ ինքնին Յիսուս ինքն էր որ պէտք էր դառնար քաւութեան զոհը: Այս իսկ պատճառով Յիսուս առաւ այդ ճամբան՝ առանց որեւէ դժկամակութեամբ, հակառակա որ անիկա նեղ եւ դժուար ճամբայ մըն էր մարդկային մտածելակերպով:

Ինչո՞ւ համար մենք պէտք չէ շինենք պատկեր մը՝ Աստուծոյ համար

Ելից 3-րդ գլխուն մէջ, Աստուած մացառի կրակի բոցին մէջէն կանչեց Մովսէսը՝ Քորեբի լերան վրայ: Աստուած իրեն ըսաւ որ Իսրայէլի որդիները, որոնք կը տառապէին Եգիպտոսի մէջ, առաջնորդէ դէպի Քանանու երկիրը: Ի՞նչ էր պատճառը որ Աստուած երեւցաւ մացառին վրայի բոցին մէջէն:

Յատակ է որ երբ մացառները կրակ կ՚առնեն՝ անոնք կը սպառին ու կը վերջանան: Սովորականէն դուրս բան մըն էր որ ո՛չ կրակը կրակը կ՚անհետանար, եւ ո՛չ ալ բոցը: Աստուած կը մտադրէր որ թոյլ տայ Մովսէսին որպէսզի անիկա տեսնէ թէ գոյութիւն ունի հոգեւոր, անեղծանելի աշխարհի մը:

Նաեւ, նկատուած է որ մացառը կը խորհրդանշէ «անեծք» մը, եւ ուրեմն, Աստուծոյ պատգամաւորը որ կ՚երեւնար մացառներուն մէջ, կրակի բոցին ընդմէջէն, կը նշանակէ թէ Աստուած ինքն է որ կը կառավարէ նոյնիսկ անիծուած մացառը: Իր կարգին, հոգեւոր առումով, ասիկա կը ներկայացնէ թէ թշնամի Բանսարկու

168

Սատանան կը գտնուի Աստուծոյ իշխանութեան տակ: Մովսէս դարձաւ անձ մը, որ որակաւոր էր Աստուծոյ աչքին՝ քառասուն տարիներու փորձութենէ ետք, եւ ի վերջոյ Աստուած կանչեց զինք, որպէսզի զինքը դարձնէ Իսրայելի առաջնորդը:

Բայց աւելի լետոյ, երբ Աստուած Իսրայլի որդիներուն ինքզինքը յայտնեց բոցերու կրակին մէջէն՝ Քորեպի լերան վրայ, անոնք միայն իր ձայնը լսեցին բայց որեւէ պատկեր մը չտեսան: Նաեւ, Աստուած լետոյ լիշեցուց անոնց այս իրողութեան մասին, եւ զօրաւոր ձեւով արգիլեց զիրենք որեւէ տեսակի կուռք մը կամ պատկեր մը շինելէ: «Ուրեմն ձեր հոգիներուն աղէկ զգուշութիւն ըրէք, որովհետեւ այն օրը որ Տէրը Քորեպի լերը կրակին մէջէն ձեզի խօսեցաւ, բնաւ նմանութիւն մը չտեսաք. չըլլայ որ անօրինիք, ու ձեզի կուռք մը կամ որեւիցէ բանի պատկերը, թէ՛ արուի եւ թէ՛ էգի նմանութիւնը, կամ երկրի վրայ եղող անասունի մը նմանութիւնը, կամ օդին մէջ թռչող թեւաւոր թռչունի մը նմանութիւնը, կամ երկրի վրայ սողացող սողունի մը նմանութիւնը, կամ երկրի տակ ջուրերու մէջ եղող ձուկի մը նմանութիւնը շինէք: Նաեւ չըլլայ որ աչքերդ երկինք վերցնելով, ու արեւը կամ լուսինը կամ աստղերը ու երկինքի բոլոր զարդը տեսնելով խաբուիս, եւ անոնց երկրապագութիւն ընես, եւ զանոնք պաշտես. որովհետեւ քու Տէր Աստուածդ զանոնք բոլոր երկինքի տակ եղող ազգերուն համար կարգաւորեց» (Բ. Օրինաց 4.15-19):

Ի՞նչ է պատճառը որ Աստուած այդպէս ըսաւ: Մարդիկ ստեղծուած են անփոփոխ կերպարանքով մը, եւ ուրեմն անոնք հակամէտ են շինելու կերպարանք մը Աստուծոյ համար ալ նոյնպէս: Աստուած մտահոգուած էր որ եթէ մարդիկ այդպէս ընէին, անոնք Աստուծոյ բնութիւնը պիտի սահմանափակէին անփոփոխ պատկերի մը շրջագիծին միջեւ: Եթէ անոնք Աստուծոյ համար պատկեր մը շինեն, անիկա պիտի չոգնէ իրենց որպէսզի աւելի լաւ հասկնան Զինք, այլ ընդհակառակը՝ անիկա պիտի անկարող դարձնէ զիրենք տեսնելու Աստուծոյ իսկական պատկերը՝ խաբուելով «սխալ» պատկերէ մը: Իր կարգին, ասիկա կրնայ զիրենք մղել որ կուռքեր պաշտեն, որ այն գարշելի բաներէն մէկն է՝ զոր Աստուած ամէն բանէ աւելի կ՚ատէ:

Աստուած հոգի է, եւ ուրեմն մենք ինչպէ՞ս կրնանք

պատկեր մը շինել իրեն համար եւ ինչպէ՞ս կրնանք
արտայայտել Զինք: Ուստի, երբ Մովսէս Աստուծմէ
խնդրեց որ Ինքզինքը ցոյց տայ իրեն, Աստուած Մովսէսի
խոստացաւ որ Ինք փոխարէնը ցոյց պիտի տար
բարութեան բոլոր պատկերները, եւ ոչ թէ գործնական,
նիւթական պատկեր մը:

Ճիշդ ինչպէս որ ջուրը կը սառեցուի՝ դառնալու
համար սառ, եւ կամ կ'եռացուի՝ դառնալու համար
շոգի, նոյնպէս ալ Աստուած կրնայ Ինքզինքը զանազան
կերպարանքներով ցոյց տալ՝ ունենալով մէկ բնութիւն: Այս
ձեւով Անիկա կ'օգնէ մարդոց որպէսզի աւելի լաւ հասկնան
Զինք, քանի որ Ինքը հոգի է, իսկ մարդիկ ունին իրենց
ֆիզիքական սահմանափակումները:

Աստուծոյ Կերպարանքին Մեծութեան Զաւիրը

Աստուածաշունչին մէջ շատ մը մասեր ունին կարգ
մը արտայայտութիւններ Աստուծոյ մարմնի մասերուն
մասին ինչպէս՝ «Քու աչքերդ» (Գ. Թագաւորաց
8.29), «ականջներդ» (Նէեմեայ 1.6), եւ «ձեռքերդ»
(Եսայեայ 65.2): Արդե՞օք այս արտայայտութիւնները
խորհրդանշանական իմաստներ ունին: Ո՛չ, այդպէս չէ
պարագան:

Աստուած գոյութիւն չունի որպէս անձել ոչնչութիւն
մը: Ան ունի որոշ կերպարանք մը, որ կը նշանակէ թէ
բացայայտօրէն Ինք էութեան հիմքն է: Սակայն ձեւով
մը Ան կը տարբերի մարդ արարածներէ այն բանով որ
Աստուած ունի կերպարանք մը, որ ինքնին հոգի է՝ առանց
ֆիզիքական մարմնի, մինչ մարդիկ ունին հոգի, շունչ,
եւ մարմին: Աստուած շողշողացող փայլուն լոյսերու
կերպարանքը ունի, եւ մենք չենք կրնար ուղղակիօրէն
տեսնել Զինք: Աւելին, Աստուած հիմնականօրէն կը
տարբերի մարդոցմէ՝ այն իմաստով որ Ադամ սկիզբը
ունէր կերպարանք մը, եւ յետոյ անիկա սկաւ լեցուիլ
ճշմարտութիւնով, մինչ Աստուած Ինքնին ճշմարտութիւնն
է, եւ յետոյ Ան սկաւ ունենալ կերպարանք մը:

Ումանք կրնան խորհիլմն թէ Աստուած գոյութիւն ունի
շատ մեծ մարմնի մը մէջ, քանիր որ Ինք Ստեղծիչն է, որ
ստեղծեց տիեզերքին մէջ ամէն բաները, եւ կ'իշխէ անոնց
վրայ: Անշուշտ, Աստուած ունի մեծ կերպարանք մը,

բայց Անիկա կրնայ ազատօրէն փոխել իր կերպարանքը: Ուրեմն, մենք չենք կրնար ընբռնելդ ինչ բանի կը նմանի Աստուծոյ կերպարանքը` եթէ մենք խորհելու ըլլանք մեր մարդկային հասկացողութեամբ:

Նոյնիսկ երկինք մտնելէ ետք, մենք հիմնական տարբերութիւն մը կ՚ունենանք Աստուծմէ: Մարդիկ պիտի ունենան հոգեւոր մարմին մը, որ երկրի վրայ ֆիզիքական մարմինով եղած ժամանակ անցած է մարդկային մշակութեան ընթացքէն: Ամէն պարագայի, Աստուած կրնայ կա՛մ կերպարանք մը ունենալ եւ կա՛մ ալ կրնայ դուրս գալ այդ այժմու կերպարանքէն: Սակայն մարդիկ պիտի սահմանափակուին որոշ կերպարանքի մը մէջ, որ յաւիտենապէս պիտի չփոխուի երկինքի մէջ: Այդ կերպարանքը մասամբ կը նմանի` երբ մենք որեւէ կերպար մը ծելաւորենք գաճով, սակայն մէյ մը որ որոշ կերպարանք մը շինելը կ՚ամբողջացնենք, մենք չենք կրնար վերադարձնել գայն իր նախնական էութեան:

Աստուած կրնայ գոյութիւն ունենալ միայն որպէս լոյս` առանց որեւէ կերպարանք ունենալու, կամ ինք կրնայ նաեւ հագնիլ որոշ կերպարանք մը: Չորրիրդ երկինքին մէջ, սովորաբար Աստուած որեւէ կերպարանք չհագնիր, եւ պարգապէս գոյութիւն կ՚ունենայ որպէս լոյս եւ ձայն: Սակայն Աստուած որոշ կերպարանք մը կը հագնի երբ ինք ներկայ կ՚ըլլայ մարգարէներուն հետ միասին, կամ երբ կ՚իջնէ վար` երրորդ երկինք` այսինքն դէպի երկնային թագաւորութիւն: Աստուած որոշ կերպարանք մը կը հագնի երբ գտնուի վայրի մը մէջ ուր անհրաժէշտ է որ ինք այդ կերպարանքը հագնի, եւ Անիկա որեւէ կերպարանք չունենար` երբ անհրաժէշտ չէ ունենալ գայն: Աստուած կրնայ նոյնիսկ ազատօրէն հսկել Իր կերպարանքին մեծութեան չափը:

Օրինակի համար, չորրորդ երկինքին մէջ նիւթ մը անփոփոխ չէ` որպէս հաստատուն, հեղուկ, կամ կազ: Միեւնոյն նիւթը կրնայ իր կերպարանքը ազատօրէն փոխել այնպէս` ինչպէս Աստուած կ՚ընդունի գայն իր սրտին մէջ: Ուստի, Աստուած նախապէս գոյութիւն ունէր որպէս լոյս եւ ձայն` որոնք որեւէ կերպարանք չունէին,   սակայն երբ ինք իջնէ վար` դէպի երրորդ երկինք, այն ատեն Ան կրնայ յատուկ կերպարանք մը ունենալ:

Առաջին մարդը` Ադամ, շինուած էր այս պատկերին

նման, այսինքն երրորդ երկինքին մէջի Աստուծոյ
պատկերին նման, որ նաեւ այն պատկերն է` գոր մենք
պիտի տեսնենք երբ երկինք երթանք: Սակայն նոյնիսկ եթէ
նոյն կերպարանքը ունի, Աստուած տարբեր կ՚երեւնայ երբ
գտնուի չորրորդ երկինքին մէջ, եւ երբ Ան միայն երրորդ
երկինքին մէջ ըլլայ: Պատճառը այն է` որովհետեւ լոյսը,
փառքը, մեծափառութիւնը, եւ բոլոր բաները տարբեր
կ՚երեւնան` զանազան տարածաշրջաններու տարբեր
ծաւալներուն համեմատ:

Օրինակի համար, նոյնիսկ բիւրեղի միեւնոյն կտորը
տարբեր պիտի երեւնայ` նայած լոյսերու տեսակին
եւ շրջապատին ուր դրուած է բիւրեղը: Նմանապէս,
նախնական Աստուծոյ փառքը եւ կերպարանքը` չորրորդ
երկինքին մէջ բոլորովին տարբեր պիտի երեւնայ քան
ծաւալային աւելի ցած տարածաշրջանի մը մէջ: Նոյնիսկ
միեւնոյն հոգեւոր թագաւորութեան մէջ, կերպարանքները
տարբեր պիտի երեւնան` նայած ծաւալներու տարբեր
խտութիւններուն, եւ տարբերութիւնները շատ աւելի
մեծ պիտի ըլլան եթէ Աստուած իջնէ վար` դէպի առաջին
երկինք, այսինքն` ֆիզիքական տարածաշրջանը:

Աւելին, զԱստուած տեսնել այս ֆիզիքական աշխարհէն
դէպի հոգեւոր թագաւորութիւն բացուած միջանցքի
մը ընդմէջէն, եւ զԱստուած տեսնել որ իջած է Երկիր`
հագնելով սահմանափակ ֆիզիքական տարածաշրջան
մը` իրարմէ բոլորովին տարբեր են: Մարգարէները կամ
հրեշտակները չեն կրնար սահմանափակ ֆիզիքական
տարածծութիւն մը մտնել, ուստի նոյնիսկ եթէ ֆիզիքական
տարածաշրջանին մէջ երեւնալու ըլլան, տակաւին
անունք կ՚ըլլան հոգիի տարածաշրջանին մէջ: Սակայն
Աստուած կրնայ որեւէ տարածաշրջան մտնել` ինչպէս
որ Ինք կը սնուցանէ իր սրտին մէջ, որովհետեւ
Աստուած Ինքն է Ստեղծիչը որ ստեղծած է ամէն
տեսակի տարածաշրջանները: Աստուած կրնայ երեւնալ
ֆիզիքական տարածաշրջանին մէջ` միաժամանակ ըլլալով
հոգեւոր տարածաշրջանին մէջ: Ան նաեւ կրնայ երեւնալ
ֆիզիքական կերպարանքով, որ կը տեսնուի մարդոց
կողմէ:

Աստուած` երեւցած է հոգեւոր միջանցքներու ընդմէջէն

Աստուածաշունչին մէջ մենք կը գտնենք բազմաթիւ արձանագրութիւններ Ինքնին Աստուծոյ մասին, որ մարդկային մշակութեան ընթացքին իջած է վար՝ դէպի երկիր: Աստուած ինչպէ՞ս իջած է վար՝ դէպի այս երկիրը:

Ինչպէս Ծննդոց 11.5-ի մէջ կը կարդանք. «Եւ Տէրը մարդոց որդիներուն շինած քաղաքն ու աշտարակը տեսնելու իջաւ», Աստուած Ինքնին իջաւ վար՝ երկիր, որպէսզի տեսնէ թէ մարդիկ ինչ կ՚ընէին: Եւ Աստուած իջաւ Մովսէսը տեսնելու, ինչպէս գրուած է Ելից 19.18-ի մէջ. «Եւ Սինա լեռը բոլորովին կը մխար, վասն զի Տէրը անոր՝ վրայ կրակով իջաւ, ու անոր մուխը հնոցի մուխի պէս կ՚ելլէր, եւ բոլոր լեռը սաստիկ կը դողար», եւ Թուոց 11.25-ի մէջ կը կարդանք. «Եւ Տէրը ամպի մէջ իջաւ, ու անոր հետ խօսեցաւ, եւ անոր վրայ եղած Հոգիէն առաւ, ու այն եօթանասուն ծերերուն վրայ դրաւ. եւ եղաւ որ Հոգին անոնց վրայ հանգչելուն՝ մարգարէութիւն ըրին, բայց անկէ ետեւ չըրին»:

Աստուած կապուած չէ ժամանակի հոսքի փոփոխութիւններուն: Ֆիզիքական եւ հոգեւոր բոլոր տարածաշրջանները Իրեն կը պատկանին: Սակայն իրողութիւնը կը մնայ միլնեոյնը՝ թէ Ինք տակաւին հոգեւոր միջանցք գործածած է իջնելու վար՝ դէպի երկիր: Աստուած ստիպուած չէր գալու այդ հոգեւոր միջանցքին ընդմէջէն, բայց տակաւին Անիկա այդպէս ըրաւ որպէսզի նոյնիսկ Ինքը կոտրած չըլլայ արդարութեան օրէնքները:

Հակառակ որ Աստուած Ինքը հոն ներկայ էր, այդ ժամանակի մարմնաւոր մարդիկը չկրցան տեսնել Զինքը: Սակայն անոնց որոնց հոգեւոր աչքերը բացուած էին եւ որոնք կը հաղորդակցէին Աստուծոյ հետ, անոնք կարողացան տեսնել զԱստուած՝ այն չափով որ անոնք հոգիի մէջ եկած էին: Անշուշտ հարցը զԱստուած դէմ առ դէմ տեսնելը չէ, բայց անոնք կարողացան տեսնել եւ զգալ Զինքը՝ այն սահմանափակումներուն մէջ որ արտօնուած էր Աստուծոյ կողմէ:

Ելից 33.11 կ՚ըսէ. «Եւ Տէրը կը խօսէր Մովսէսի հետ դէմ առ դէմ, ինչպէս մարդ մը իր բարեկամին հետ կը խօսի»: Սակայն այս չի նշանակեր թէ Մովսէս ուղղակիօրէն տեսաւ Աստուծոյ երեսը: Այդ կը նշանակէ թէ Աստուած մասնայատուկ կերպով Ինքզինքը ցոյց տուաւ Մովսէսի՝ թէ Մովսէս պիտի չմեռնէր նոյնիսկ Աստուծոյ փառքը տեսնելէ ետք: Պատճառը այն էր` որովհետեւ Մովսէս աւելի հեզ եւ աւելի խոնարհ էր քան ուրիշ որեւէ մէկը երկրի մակերեսին վրայ, եւ անիկա հաւատարիմ էր Աստուծոյ բոլոր տանը մէջ:

Ելից 33.18-19 կ՛ըսէ. «Յետոյ Մովսէս ըսաւ. 'Կ՛աղաչեմ, Քու փառքդ ցուցուր ինծի:' Եւ Տէրը ըսաւ. «Իմ բոլոր բարութիւնս քու առջեւէդ պիտի անցնեմ, ու Տէրոջը անունը Քու առջեւդ պիտի կանչեմ, եւ որու որ պիտի ողորմիմ` կ՛ողորմիմ, եւ որու վրայ որ պիտի գթամ` կը գթամ'»:

Բայց Ելից 33.23-ի մէջ կը հասկնանք որ Մովսէս չտեսաւ Աստուծոյ երեսը` այլ Անոր կռնակը: Մովսէս երկիր մակերեսին վրայ գտնուող ուրիշ որեւէ անձէ մը աւելի խոնարհ եւ հեզ էր եւ անիկա հաւատարիմ էր Աստուծոյ բոլոր տանը մէջ, բայց տակաւին ան չկրցաւ Աստուծոյ պատկերը ուղղակիօրէն տեսնել որովհետեւ ան կաղուած էր ֆիզիքական մարմնի սահմանափակումներով:

Աստուած Աբրահամին երեւցաւ

Ծննդոց 18-րդ գլխուն մէջ, մենք կը կարդանք որ Աբրահամ ծառայեց երեք անձերու` լաւագոյն ձեւով: Անիկա այն պարագան էր երբ Սուրբ Հոգի Աստուածը եւ երկու հրեշտակապետներ երեւցան մարդկային կերպարանքով: Սուրբ Հոգի Աստուածը մէկ է Հայր Աստուծոյ հետ, եւ Անիկա կրնայ երեւնալ մարդկային կերպարանքով` հագնելով ֆիզիքական տարածաշրջանը, ինչպէս որ ինք կը հիւրընկալէ զայն իր սրտին մէջ:

Ուրեմն, այդ երկու հրեշտակապետները ինչպէ՞ս կրցան երեւնալ մարդկային կերպարանքով: Անոնք չեն կրնար ֆիզիքական տարածաշրջանը հագնիլ իրենց անձնական կարողութեամբ, բայց այդ բանը կարելի դարձաւ որովհետեւ անոնք կը գտնուէին Աստուծոյ` Սուրբ Հոգիին տարածաշրջանին մէջ` Սուրբ Հոգի Աստուծոյ հետ միասին: Սակայն Սուրբ Հոգի Աստուծոյն եւ այդ երկու հրեշտակապետներուն մարդկային կերպարանքով երեւնալը չի նշանակեր թէ անոնք ճիշդ մարդ արարածներու պէս էին: Իրողութիւնը այն էր որ անոնք պարզապէս իրենց հոգեւոր կերպարանքին վրայ մարդկային կերպարանք հագան, որպէսզի իրենց հոգեւոր կերպարանքը կարենայ տեսնուիլ ֆիզիքական տարածաշրջանին մէջ:

Անոնք երեքն ալ, այսինքն Սուրբ Հոգի Աստուած եւ երկու հրեշտակապետները կերան այն կերակուրը զոր Աբրահամ հրամցուց իրենց (Ծննդոց 18.8), սակայն անոնց ուտելու ձեւը բոլորովին տարբեր էր մարդոց ուտելու եղանակէն: Անոնք չծամեցին ու չմարսեցին կերակուրը՝ ինչպէս որ մարդիկ կ'ընէին, սակայն անմիջապէս որ կերան՝ ուտելիքը պարզապէս անհետացաւ օդին մէջ: Այդ շատ կը նմանի յարութիւն առած Տիրոջը երբ Անիկա քիչ մը կերակուր կերաւ, եւ ուտելիքը ձեւով մը լուծուեցաւ ու շնչառութեան միջոցով դուրս ելաւ: Անշուշտ, վայրկեանի մը համար ֆիզիքական տարածաշրջանը հագնիլը միեւնույն բանը չէր՝ ինչպէս յարուցեալ մարմնի մը մէջ ըլլալը: Յարուցեալ մարմինը այս երկրի վրայ ֆիզիքական մարմին մըն է՝ որ վերածուած է հոգեւոր մարմնի մը, սակայն այդ ժամանակ այդ երեք անձերուն պարագային, անոնք վայրկեանի մը համար գոյացան այնպիսի մարմնի մը մէջ՝ որ կը պատշաճէր ֆիզիքական տարածաշրջանին՝ անհրաժեշտութեան համեմատ :

Սուրբ Հոգի Աստուած ստիպուած եղաւ իջնելու վար՝ դէպի Երկիր, երկու հրեշտակապետներու հետ միասին, հագնելով ֆիզիքական տարածաշրջանը: Ասոր պատճառը այն էր՝ որպէսզի Անիկա ուղղակիօրէն ակնարկ մը նետեր Սոդոմի ու Գոմորի վրայ: Անշուշտ Ան կրնար հոգիով գալ այդ բանը ընելու, բայց եւ այնպէս, Ան պատճառ մը ունէր երթալու եւ անձնապէս տեսնելու զանոնք:

Այդ երկու հրեշտակապետները երեւցան մարդկային կերպարանքով, եւ այդ իսկ պատճառով անոնք կրցան հաստատ կերպով ստուգել թէ ո'րքան ապականած էր հոն գտնուող ժողովուրդը: Մարդիկը տեսան այդ երկու հրեշտակապետներուն գեղեցկութիւնը եւ ուզեցին գեշութիւն ընել անոնց: Սուրբ Հոգի Աստուած եւ այդ երկու հրեշտակապետները կրցան ուղղակիօրէն ականատես դառնալ եւ զգալ Սոդոմ-Գոմորի բնակիչներուն չարութիւնը, որովհետեւ անոնք իսկական մարդկային կերպարանքով եկան անոնց առջեւ:

Ծննդոց 18.13 կ'ըսէ. «Եւ Տէրը ըսաւ Աբրահամի…»: Ասկէ մենք կրնանք հետեւցնել թէ այն մէկը որ երեւցաւ

Աբրահամի՝ ՏԷՐ Աստուածն էր: Սակայն գրուած է թէ Աբրահամ երեք անձեր տեսաւ: Ասոր պատճառը այն է՝ որպէսզի մենք հասկնանք այն եղանակը որով Աստուած երեւցաւ Աբրահամի:

Կային զանազան միջոցներ՝ որով Աստուած կրնար երեւնալ Աբրահամի: Աստուած կրնար ինքզինք Աբրահամի ցոյց տալ երազի մը կամ տեսիլքի մը մէջ, կամ կրնար պարզապէս իր ձայնը լսցնել տար Աբրահամին: Ասոնք էին այն կերպերը որով հոգեւոր տարածաշրջանը կրնար բացուիլ Աբրահամի առջեւ, կը գտնուէր ֆիզիքական տարածաշրջանին մէջ, որպէսզի Աբրահամ կարողանար տեսնել եւ զգալ զԱստուած, որ կը գտնուէր հոգեւոր տարածաշրջանին մէջ: Այսպիսի պարագաներու մէջ, մէկը կրնայ տեսնել զԱստուած եւ լսել իր ձայնը՝ միայն այն ատեն՝ երբ իր հոգեւոր աչքերն ու ականջները բացուած ըլլան: Եթէ մէկու մը հոգեւոր աչքերը բացուած չըլլան, անիկա բնաւ չկրնար տեսնել թէ ինչ կը պատահի հոգիին մէջ, հակառակ որ Աստուած իր հետն է:

Սակայն երբ Աստուած երեւցաւ երկու հրեշակապետներու հետ միասին, այդ բոլորովին տարբեր պարագայ մըն էր: Այդ ժամանակ, պարագան պարզապէս այն չէր՝ որ Աստուած հոգեւոր տարածաշրջանը կը բանար որպէսզի ինքզինք տեսանելի դարձներ ֆիզիքական տարածաշրջանին մէջ: Այդ այնպիսի պարագայ մըն էր՝ երբ իրականութեան մէջ Աստուած անձնապէս եկաւ ֆիզիքական տարածաշրջան: Հոգ չէ թէ սահմանափակ աստիճանով, Աստուած ֆիզիքական մարմին մը հագաւ, եւ իջաւ այս ֆիզիքական տարածաշրջանը:

Եթէ առաջին պարագան կը նմանի հեռատեսիլի վրայ Աստուծոյ պատկերը տեսնելուն, երկրորդ պարագան կը նմանի անոր՝ երբ Աստուած հեռատեսիլէն դուրս կու գայ: Երբ Աստուած կու գայ դէպի ֆիզիքական տարածաշրջան, հագած ըլլալով սահմանափակ ֆիզիքական տարածաշրջան մը, մարդիկ կրնան Զինք տեսնել նոյնիսկ եթէ իրենց հոգեւոր աչքերը բացուած չեն, եւ այսպիսի պարագայի մը մէջ Աստուած կրնայ տեսնուիլ որպէս մարդ արարած մը:

Տէրը՝ զօրաւոր փայլուն լոյսի մը կերպարանքով

Հիմա, ի՞նչ բանի կը նմանի Որդի Աստուծոյ կերպարանքը։ Երբեմն մենք կը լսենք մարդոցմէ որ կ՚ըսեն թէ իրենք Տէրը տեսան երազներու կամ տեսիլքներու մէջ։ Աննոնց մեծ մասը կ՚ըսեն թէ Տէրը կարեկցութեամբ ու սիրով լեցուն էր, եւ ասոր պատճառը այն է՝ որովհետեւ Տէրը Իր լոյսը կը հեռացնէ որպէսզի Ինքզինք ցոյց տայ զուրթով եւ կարեկցութեամբ լեցուն երեւոյթով մը։ Եթէ Տէրը ցոյց տալու ըլլայ Իր աստուածային հեղինակութիւնը եւ մեծապատուութիւնը, որ միեւնոյն մակարդակին վրայ է Աստուծոյ՝ Ստեղծիչին հետ միասին, այն ատեն ոչ մէկը պիտի համարձակի ուղղակիօրէն նայելու իրեն։

Այս է պատճառը թէ ինչու համար մենք չենք կրնար տեսնել Երկինքի Տէրը՝ բացի այն ատեն՝ երբ մենք սրբագործումի եւ խաղաղութեան եռեւէ ըլլանք բոլոր մարդոց հետ (Եբրայեցիս 12.14)։ Տէրոջը լոյսը պարզապէս չափազանց զօրաւոր է։ Աննիք որոնք կը մտնեն հոգիի ու լման հոգիի մէջ՝ միայն աննիք է որ պիտի կարողանան Տէրը տեսնել, որովհետեւ աննց իւրայատուկ հոգեւոր մարմնին լոյսը եւս զօրաւոր պիտի ըլլայ։

Յովհաննէս առաքեալ Տէրոջը կերպարանքը տեսաւ իր տեսիլքին մէջ։ Ան մանրամասնութեամբ նկարագրեց Տէրոջը աչքերը, ոտքերը, եւ մազերը։ Մենք ալ նոյնպէս կրնանք երեւակայել Հայր Աստուծոյ կերպարանքը՝ Տէրոջը կերպարանքին նկարագրութեան հիման վրայ։

Յայտնութիւն 1.14-15 կ՚ըսէ. «Եւ Իր գլուխը ու մազերը՝ բուրդի պէս ճերմակ ու ձիւնի պէս, ու Իր աչքերը՝ կրակի բոցի պէս. Եւ Իր ոտքերը՝ ոսկեպղինձի նման, որպէս թէ հնոցի մէջ կրակ դարձած, ու Իր ձայնը՝ շատ ջուրերու ձայնին պէս»։

Կ՚ըսէ թէ Տէրոջը մազերը բուրդի պէս ճերմակ էին, եւ այս կը նշանակէ թէ Աննիկա զուրկ է որեւէ տեսակի չարութենէ, եւ թէ Ինք կը կենայ կատարեալ բարութեան կեդրոնը։ Կ՚ըսէ թէ Իր աչքերը կրակի բոցի պէս էին, սակայն այդ չի նշանակեր որ Իր աչքերը վախազդու են։ Այդ կը նշանակէ թէ աննիք կը փայլեցնեն իրենց շողշապատը եւ տաքուկ ու մտերմիկ զգացնել կու տան ուրիշներուն։ Այդ նաեւ կը նշանակէ թէ աննիք կ՚այրեն բոլոր տեսակի մեղքերն ու չարութիւնները։ Ոչ մէկը կրնայ պահուըտիլ Տէրոջը աչքերէն, եւ ամէն բան յստակ ու բացայայտօրէն պիտի յայտնուի իր առջեւ։ Կ՚ըսէ թէ

Իր ոտքերը ոսկեգոյնձի նման են: Որքան աւելի գտես պղինձը, այնքան աւելի մաքուր պիտի ըլլայ անիկա: Գրականութեան մէջ շատ անգամներ մարդիկ գեղեցիկ կիներու աչքերը կը բաղդատեն փայլիող աստղերու հետ, կամ անոնց շրթունքները կը նմանցնեն կեռասներու: Նոյն ձեւով, Յովհաննէս առաքեալ Տէրոջը ոտքերը բաղդատեց փայլեցուած պղինձի հետ: Մարդիկ ոտքերը կը նկատեն որպէս մարմնին ամենէն աղտոտ մասերը: Եւ Յովհաննէս գրեց որ մինչեւ իսկ Տէրոջը ոտքերը չափազանց սուրբ եւ արժանապատիւ են:

Յայտնութիւն 1.16-17 նաեւ կ՚ըսէ. «...եւ Իր երեսը արեւու պէս էր՝ որ իր զօրութիւնովը կը փայլի: Ու երբ տեսայ Զանիկա, Իր ոտքը ինկայ մեռելի պէս, ու Իր աջ ձեռքը իմ վրաս դրաւ ու ըսաւ ինծի. 'Մի վախնար, Ես եմ Առաջինը ու Վերջինը'»:

Յովհաննէս առաքեալ սրբագործուած մարդ մըն էր եւ պատշաճ անձ մըն էր՝ Աստուծոյ յայտնութիւնները ստանալու, բայց որովհետեւ անիկա մեռած մարդու մը պէս եղաւ Տէրոջը առջեւ: Տէրը Իր աջ ձեռքը դրաւ Յովհաննէսի վրայ՝ ըսելով անոր որ չվախնայ: Այդ կը նշանակէ Տէրը իրեն պարտականութիւն տուաւ գրելու Յայտնութեան Գիրքը (որ վերջին ժամանակը շատերուն պիտի արթնցնէ), Իր ձեռքը դնելով Յովհաննէսի վրայ ու կնքելով զինքը: Նաեւ, Տէրը մխիթարեց ու հանգստացուց Յովհաննէսը, որպէսզի ան կարենար խաղաղութեամբ կատարելագործել իր պարտականութիւնը:

Աստուծոյ Պատկերը՝ Յովհաննէս Առաքեալի Տեսանկիւնէն

Յովհաննէս առաքեալ տեսաւ Աստուծոյ աթոռը եւ անոր շուրջ բաները, եւ այդ մասին գրեց Յայտնութեան Գիրքին չորրորդ գլխուն մէջ: Ան տեսաւ դէպք մը որ տեղի պիտի ունենար այդ մասին իր գրելէն շատ երկար ժամանակ ետք: Ինչպէս այս պարագային մէջ, Աստուծոյ արտօնութեամբ, մենք կրնանք ներկայ ըլլալ որեւէ ժամանակ՝ թէ՛ անցեալին եւ թէ՛ ապագային, միջավայրի եւ ժամանակի սահմանափակումներէն անդին անցնելով: Մենք կրնանք տեսնել Երկինքը եւ Դժոխքը, ժամանակը՝ նախքան Ստեղծագործութիւնը, ինչպէս նաեւ Մեծ Ճերմակ Աթոռին Դատաստանը որ տեղի պիտի ունենայ

178

ապագային:

Յովհաննէս առաքեալի պարագային, անոր հոգին բաժնուեցաւ իրմէ որպէսզի տեսնէ հոգեւոր աշխարհը կամ հոգեւոր թագաւորութիւնը: Հոս, հոգիին բաժնուիլը ըսելով կ'ակնարկէ մէկու մը հոգիին՝ որ դուրս կ'ելլէ իր մարմնէն: Մէկը կրնայ հոգեւոր թագաւորութիւնը տեսնել տեսիլքի մը ընդմէջէն, բայց տեսիլքին մէջ ան կրնայ կարգ մը մասեր տեսնել միայն: Այս պատճառով ալ, երբ Աստուած ուզէ աւելի ընդարձակ պատկեր մը ցոյց տալ մեզի, Ան կը գործէ մէկու մը հոգիին իր մարմնէն բաժնուելովը: Ուստի, Յովհաննէս առաքեալ ինչպէ՞ս կարողացաւ տեսնել Աստուած եւ իր աթոռը:

Յովհաննէս առաքեալ Տէրոջը անուան համար ենթարկուեցաւ բազմաթիւ փորձութիւններու եւ հալածանքներու մինչեւ իր իննիսուն տարեկան դառնալը: Ան նետուեցաւ եռացող իւղի պտուկի մը մէջ, բայց Աստուծոյ հրաշքով ան չմեռաւ: Վերջալոյրութեան անիկա աքսորուեցաւ Պատմոս Կղզին: Յովհաննէս առաքեալ լայտնութիւններ ստացաւ Աստուծմէ՝ խորունկ աղօթքներ ունենալով կղզիին մէջ: Այդ ժամանակ անիկա կատարելապէս սրբագործուեցաւ խորունկ աղօթքներու միջոցաւ, նաեւ այն բազմաթիւ փորձութիւններէն որոնց մէջէն անցած էր: Անիկա լայտնութիւններ ստացաւ սրբութեան վիճակին մէջ, եւ այդ է պատճառը թէ ինչու իր հոգին կրցաւ բարձրանալ՝ հասնելով մինչեւ Աստուծոյ աթոռը:

Յայտնութիւն 4.3-ի մէջ Աստուծոյ աթոռը հետեւեալ ձեւով կը նկարագրուի.

Ու աթոռին վրայ մէկը նստեր էր. Եւ նստողը յասպիս ու սարդիոն քարերու երեւոյթին նման էր, եւ աթոռին բոլորտիքը ծիածան՝ զմրուխտի երեւոյթին նման:

Աստուծոյ լատուկ նախասահմանութեամբը Յովհաննէս տեսաւ Աստուած եւ Իր աթոռը, բայց անիկա չկրցաւ տեսնել Աստուծոյ դէմքին մանրամասնութիւնները, քանի որ լոյսերը որ Անոր դէմքէն դուրս կը փայլատակէին՝ չափազանց զօրաւոր էին: Ճիշդ ինչպէս որ մենք չենք կրնար նայիլ փայլող արեւին՝ զօրաւոր լոյսին պատճառով, նոյնպէս ալ մենք չենք կրնար տեսնել պատկերը Աստուծոյ որ Լոյս է, այնքան ատեն որ մենք հոգեւոր մթութիւն ունինք մեր մէջը։ Աստուծոյ պատկերը կարենալ տեսնելու համար մենք պէտք է ձերբազատուինք չարութենէ, եւ պէտք է ունենանք Աստուծոյ սիրտը՝ որպէսզի դառնանք կատարեալ լոյս մը։ Անոնք որոնք կը մտնեն երկինքի երրորդ Թագաւորութիւն կամ անկէ վեր՝ միայն անոնք է որ կրնան տեսնել Աստուծոյ պատկերը։

Յովհաննէս առաքեալի հոգին ելաւ վեր՝ դէպի Աստուծոյ աթոռը, բայց ան չկրցաւ տեսնել Աստուծոյ դէմքին իսկական երեւոյթը։ Ուստի, Յովհաննէս ըսաւ որ Աստուած ճիշդ նման էր յասպիս քարի մը՝ սարդիոնի երեւոյթով։

«Յասպիս քարի մը նման» ըսելը կը նշանակէ թէ կան զանազան տեսակի լոյսեր՝ որոնք դուրս կ՚արձակուին Աստուծմէ։ Եթէ դուն յասպիս քարին վրայ լոյս փայլեցնես, անիկա բազմատեսակ գեղեցիկ լոյսեր պիտի ցոլացնէ։ Նմանապէս, կան բազմաթիւ տեսակի լոյսեր որոնք դուրս կու գան Աստուծմէ։ Յասպիսը նաեւ կը կրէ «մաքուր, անարատ, անկեղծ եւ արդար» ըլլալու նշանակութիւնը։ Յովհաննէս առաքեալ զԱստուած նկարագրեց՝ Զինք բաղդատելով թանկագին գոհարի մը հետ, զոր մարդիկ արժէքաւոր քար մը ըլլալ կը սեպեն երկրի վրայ։

«Սարդիոնի նման» ըսելը կը խորհրդանշէ թէ Աստուած շողշողուն եւ փայլուն է, եւ Անիկա գեղեցիկ է՝ կրակի բոցի մը նման։ Սարդիոնը, որ կարմրագոյն է, իր մէջ կը պարունակէ Սուրբ Հոգիին լոյսը՝ որ Աստուծոյ մէջ է։ Հայր Աստուածը եւ Սուրբ Հոգի Աստուածը մէկ են, եւ այն լոյսը որ Սուրբ Հոգին կը հիւրընկալէ՝ Հայր Աստուծոյ մէջ ալ կը գտնուի։ Ուրեմն, յասպիս եւ սարդիոն քարերու գոյները կը գտնուին բովանդակ Երրորդութեան մէջ։

«Ծիածանը» կը խորհրդանշէ խոստումը (Ծննդոց 9.12-13)։ Աստուած ցոյց տուաւ ծիածան մը՝ որպէս նշան իր խոստումին՝ թէ ինք բնաւ նորէն ջուրով պիտի չպատժեր մարդկութիւնը՝ Նոյի ջրհեղեղէն յետոյ։ Յովհաննէս ծիածանին կերպարանքը (որ Աստուծոյ աթոռը կը շօշափատէ), եւ ծիածանէն դուրս արձակուող լոյսերը կը բաղդատէ զմրուխտի հետ։ Յովհաննէս առաքեալը ծիածանին գոյներն ու լոյսերը նմանցուց զմրուխտի մը՝ իր գիտութեան սահմաններուն միջեւ։

Զմրուխտը կը խորհրդանշէ Աստուծոյ

հաստատութիւնը, համարձակութիւնը, եւ զօրութիւնը: Լէյզրի (միջոց մը որ լոյս կ՛արձակէ տեսողական ընդարձակումով) ցուցադրութեան մը մէջ, մենք կը տեսնենք զանազան տարբեր լոյսեր, որոնք դուրս կը ցայտեն տարբեր վայրկեաններու մէջ: Յաջորդաբար՝ կ՛երեւնան լոյսերու զանազան տարբեր գոյներ, եւ կամ անոնք իրար հետ կը միաձուլուին ու կը ստեղծեն աւելի մեծ եւ ընդարձակ տեսարան մը: Երբ մարդիկ տեսնեն այս ցուցադրութիւնները, ամէն մէկը տարբեր ձեւով պիտի նկարագրէ լոյսը: Ոմանք կրնան պարզապէս կեդրոնանալ երկու մասնայատուկ գոյներու վրայ, մինչ ուրիշներ պիտի փորձեն միախառնուած լոյսերը բացատրել օրինակով մը:

Յովհաննէս առաքեալն ալ նոյնպէս տեսաւ այն լոյսը որ դուրս կ՛արձակուէր Աստուծմէ, Աստուծոյ աթոռէն, նաեւ գունզգոյն լոյսերը՝ որոնք կուրս կուլ գային Աստուծոյ աթոռը շրջապատող ծիածանէն, եւ Յովհաննէս առաքեալ նկարագրեց զանոնք թանկարժէք քարերու օրինակներով: Դժուար է արտայայտել երկինքի գեղեցկութիւնը՝ երկրաւոր իրերու օրինակներով: Ուրեմն, մենք պէտք չէ խորհինք թէ այդ լոյսերը, որոնք դուրս կ՛արձակուին Աստուծմէ եւ Իր աթոռէն, պարզապէս կը նմանին երկու թանկարժէք գոհարներու, այլ սակայն Սուրբ Հոգիին ներշնչումով մենք պէտք է փորձենք զգալ այդ գունզգոյն լոյսերուն գեղեցկութիւնը:

Հաղորդակից Դառնալ Աստուածային Բնութեան

Չորրորդ երկինքին մէջ Աստուած գոյութիւն ունի որպէս լոյս՝ պարունակելով հնչուն ձայն մը՝ այդ լոյսին միջեւ: Չորրորդ երկինքը այն վայրն է որ ունի ամենէն զօրաւոր լոյսը եւ ամենագեղեցիկ գոյները՝ որեւէ բաղդատութենէ վեր: Նախնական Աստուծոյ խորհրդաւորութիւնը եւ լոյսերուն պայծառութիւնը կատարելապէս կը լեցնէ այդ ամբողջ տարածաշրջանը: Զայն կարելի չէ բաղդատել վրայ որեւէ բանի մը հետ՝ մարդկային որեւէ լեզուով: Եթէ մէկը երթալու ըլլայ այդ տարածաշրջանը, անիկա կրնայ տեսնել Աստուծոյ այդ խորհրդաւոր լոյսերը, եւ կրնայ զգալ Աստուծոյ սրտին լայնութիւնը: Միայն քանի մը ընտրուած անձեր, որոնք Աստուծոյ հետ միասին մշակած են այնպիս սրտի միեւնոյն տարածաշրջանը եւ ծալալը ինչպէս իր սիրտը, միայն անոնք է որ կրնան մտնել այդ տարածաշրջանը` Աստուծոյ արտօնութեամբ: Անձ մը որ որակեալ չէ մտնելու այդ տարածաշրջանը, եթէ ան փորձէ մտնել Աստուծոյ տարածաշրջանը, իր հոգին պիտի ծուլուլի եւ պիտի անհետանայ:

Որպէս Լոյսի զաւակներ, մենք կը սկսինք Աստուծոյ հետ միասին ունենալ մէկ սիրտ` եթէ մտնենք կատարեալ լոյսի ծալալը: Այն ատեն, այն բոլոր բաները զոր կը հիւրընկալենք մեր սրտին մէջ` պիտի կատարուին, եւ մենք կրնանք ցոյց տալ Աստուծոյ աներեւակայելի զօրութիւնը: Ասիկա ընելու համար, մենք պէտք է վերագտնենք Աստուծոյ կորսուած պատկերը, եւ պէտք է ունենանք Աստուծոյ սիրտը: Մենք կրնանք Աստուծոյ հետ հաղորդակցիլ այն աստիճան որ մենք կը ձերբազատուինք ամէն տեսակի չարութիւններէ եւ կ՚իրագործենք լման հոգին` դառնալու համար կատարեալ լոյս: Անգամ մը որ իրագործենք այս վիճակը, այն ատեն մենք պիտի ստանանք որեւէ բան` որ կը խնդրենք աղօթքի մէջ, նաեւ մենք պիտի ըլլանք բարձր դիրքի վրայ` երկիքի թագաւորութեան մէջ ալ նոյնպէս:

Այն աստիճան որ մենք սրբութիւն կ՚իրագործենք եւ կ՚ունենանք Աստուծոյ սրտին նմանութիւնը, այդ միեւնոյն չափով մենք կրնանք օգտագործել Աստուծոյ տարածաշրջանը` անցնելով մարդկային սահմաններէն անդին, եւ մենք կրնանք նաեւ տեսնել Աստուծոյ պատկերը: Մովսէս Աստուծոյ պատկերը տեսաւ որովհետեւ անիկա ամէնէն հեզ ու խոնարհ անձն էր երկրի վրայ եղող բոլոր մարդոցմէն աւելի, եւ անիկա հաւատարիմ էր Աստուծոյ բոլոր տանը մէջ: Աբրահամ կրցաւ տեսնել զԱստուած, որ ֆիզիքական կերպարանքով իջաւ վար` դէպի երկիր, որովհետեւ Աբրահամ շատ մօտիկ էր այդ կատարեալ լոյսին:

Աստուած լուացաւ մարդկային մշակութեան ծրագիրը որպէսզի շահի ճշմարիտ զաւակներ, եւ Աստուած իր խորհրդաւոր զօրութեամբ մեզ լեցուց այն ամէն բաներով որոնք կապ ունին կեանքի եւ աստուածապաշտութեան հետ: Ուրեմն, մենք պէտք է փորձենք ո՛չ անօգուտ ըլլալ եւ ո՛չ ալ անպտուղ` մեր Տէր Յիսուս Քրիստոսի ճշմարիտ գիտութեանը մէջ: Մենք կրնանք հաստատօրէն կայնիլ մեր կոչումին եւ Աստուծոյ ընտրութեանը մէջ, միաժամանակ մեր հաւատքին մէջ հայթայթելով բարոյական գերազանցութիւն, եւ մեր բարոյական գերազանցութեան մէջ` գիտութիւն, եւ մեր գիտութեան մէջ` ժուժկալութիւն, եւ մեր ժուժկալութեան մէջ` յարատեւութիւն, եւ մեր յարատեւութեան մէջ` աստուածպաշտութիւն, եւ մեր աստուածպաշտութեան մէջ` եղբայրական գթութիւն, եւ մեր եղբայրական գթութեան մէջ` սէր:

Բ. Պետրոս 1.3-4-ի մէջ կը կարդանք. «Ինչպէս Իր աստուածային զօրութիւնը կեանաց եւ աստուածպաշտութեան վերաբերեալ ամէն բաները մեզի տուաւ Անոր գիտութիւնովը` որ մեզ փառքով ու առաքինութիւնով հրաւիրեց. որոնցմով ամենամեծ ու պատուական խոստումներ տրուած են մեզի, որպէս զի ասոնցմով աստուածային բնութեանը հաղորդ ըլլաք` աշխարհի մէջ ցանկութենէ յառաջ եկած ապականութենէն փախչելով»:

Որպէսզի կարենանք հաղորդ ըլլալ աստուածային բնութեանը, մենք պէտք է իրագործենք կատարեալ լոյսը, որ բաւականաչափ բարի է` ծծուելու Աստուծոյ լոյսին կողմէ: Այս ձեւով մենք կրնանք ունենալ անհրաժեշտ յատկանիշները` մնելու Աստուծոյ տարածաշրջանին մէջ: Այդ կը նշանակէ հաղորդ ըլլալ աստուածային բնութեանը` եթէ մենք կատարելագործենք այն լոյսը` որ կը նմանի Աստուծոյ կատարեալ լոյսին, եւ յառաջանանք դէպի այն տարածաշրջանը ուր կը բնակի նախնական Աստուածը: Հիմա, ի՞նչ պէտք է ընենք որպէսզի կարենանք հաղորդ ըլլալ աստուածային բնութեանը մէջ:

Առաջին - Մենք պէտք է մշակենք հոգիին կատարեալ սիրտը:

Մենք պէտք է մէկ ըլլանք Աստուծոյ հետ` որ հոգի է, եւ ուրեմն մենք պէտք է մշակենք հոգիի կատարեալ սիրտը: Եթէ մենք ունինք որեւէ տեսակի չարութիւն, մարմնաւոր խորհուրդներ, կամ մեր անձնական մտածելակերպը, այն ատեն մենք չենք կրնար հաղորդ ըլլալ աստուածային բնութեանը: Մենք պէտք է ձերբազատուինք ամէն տեսակի գէշ բաներէն (Ա. Թեսաղոնիկեցիս 5.22) եւ մարմնաւոր բոլոր խորհուրդներէն (Հռովմայեցիս 8.6), որպէսզի կարենանք ունենալ հոգիին սիրտը:

Հոգիին սիրտը ունենալ կը նշանակէ ունենալ կատարելապէս հոգեւոր, ճշմարիտ, եւ անկեղծ սիրտ մը՝ զոր Աստուած կը փափաքի որ մենք ունենանք: Միայն այսպիսի սիրտ մը ունենալէ ետք է որ մենք կը սկսինք հասկնալ թէ Աստուած, Տէրը, եւ Սուրբ Հոգին ի՛նչ կը ցանկան: Յիսուս աշխարհ եկաւ եւ ականատես դարձաւ անօթութեան, վիշտի, յոգնածութեան, եւ ցաւի: Անիկա գործնականապէս կատարեց Աստուծոյ Խօսքը, եւ Օրէնքը կատարելագործեց՝ սիրոյ հետ միասին:

Յակառակ որ Յիսուս ա՛յնքան սաստիկ ցաւերու մէջէն կ՛անցնէր՝ ունենալով մարդ արարածի մը մարմինը, Ան տակաւին հետեւեցաւ Աստուծոյ կամքին: Յիսուս չվիճաբանեցաւ կամ չբարձրացուց Իր ձայնը, այլ կատարելապէս իրագործեց Աստուծոյ կամքը՝ Ինքզինքը զոհելով: Ուրեմն, մենք պէտք չէ պատճառաբանութիւններ տանք ըսելով որ մարդ արարածները տկար են: Մենք պէտք է հաղորդակից դառնանք աստուածային բնութեան՝ ձերբազատուելով ամէն տեսակի մեղքերէ եւ չարութիւններէ, ունենալով աստուածային արարքներ եւ աստուածային սիրտ մը:

Արդեօք դուն ի՛նչ տեսակ սիրտ մը ունիս: Ես բացատրեցի այն յատկանիշները զոր մենք պէտք է ունենանք՝ մտնելու համար լոյսի տարածաշրջանը, եւ անոնցմով մենք կրնանք ստուգել ինքզինքնիս: Մենք կրնանք ստուգել թէ ո՛ր չափով ձերբազատուած ենք մարմնին գործերէն, մարմնաւոր բաներէն, եւ չարութենէն, եւ թէ ո՛րքան մշակած ենք այն տեսակի բարութիւնը՝ զոր Աստուած կը ցանկայ որ ունենանք, եւ թէ ո՛րքան շատ կը սիրենք զԱստուած՝ մեր սրտէն, եւ ո՛ր աստիճան դուրս կը բիսցնենք բարութեան անուշահոտ բոյրը, եւ թէ ո՛ր չափով կը կրենք Սուրբ Հոգիին ինը պտուղները, ինչպէս նաեւ Երանելիներուն պտուղները:

Օրինակի համար, խաղաղութիւն ունենալու նկատմամբ, եթէ մենք կարենանք խաղաղութիւն ունենալ բոլոր մարդոց հետ, այդ կը նշանակէ թէ մենք ունինք հոգիին սիրտը, թէ մենք մօտեցած ենք Տէրոջը լոյսին, եւ մենք այդ միեւնոյն չափով հաղորդակից կը դառնանք աստուածային բնութեան հետ: Կրնանք ըսել թէ մենք կատարեալ հոգիին սիրտը ունինք միայն այն ատեն` երբ մենք կը կրենք Սուրբ Հոգիին ինը պտուղները, հոգեւոր սէրը որ կը գտնուի Ա. Կորնթացիս 13-րդ գլխուն մէջ, Եբրանելիներուն պտուղները, եւ Լույսին պտուղները, եւ այս բոլորը` ո՛չ թէ պարզապէս 50% կամ 60%, այլ 100%:

Երկրորդ - Մենք պէտք է Սուրբ Հոգիին ներշնչումով աղօթենք:

Աստուած չուզեր աղօթքի անուշահոտութիւն մը որ պարտականութեան զգացումով կը կատարուի: Ան կ՛ուզէ որ մենք ջերմեռանդութեամբ աղօթենք` մշակելու համար Աստուծոյ սիրտը: Մարդիկ կրնան միեւնոյն ժամանակի տեւողութեամբ աղօթել, բայց եւ այնպէս, սրտին անուշահոտութիւնը կը տարբերի անձէ անձ: Ոմանք կը գոհանան պարզապէս այն իրողութեան համար որ իրենք լեցուցած են օրուայ աղօթքի քանակը, մինչ ուրիշներ նոյնիսկ չեն անդրադառնար ժամանակին անցնիլը` երբ կ՛աղօթեն, որովհետեւ անոնք չափազանց ուրախ կը զգան Աստուծոյ առջեւ աղօթելով, այնպէս որ անոնք ինքզինքնին չեն փոխեր Աստուծոյ հանդէպ իրենց ունեցած սիրովը:
Մենք պէտք է ցոյց տանք հոգեւոր թագաւորութեան գործերը` ֆիզիքական աշխարհին մէջ: Այդ ընելու համար մենք պէտք է զօրութիւն եւ ուժ ստանանք Աստուծմէ, որ կը բնակի հոգեւոր տարածաշրջանին մէջ: Ուրեմն, պէտք չէ որ մեր աղօթքները պարզապէս պարտականութեան զգացումէ մղուած ըլլան: Աստուած կ՛ուզէ որ մեր ամբողջ սրտովը աղօթենք, որովհետեւ կը սիրենք Զինք:
Աստուծմէ զօրութիւն ստանալու համար, մենք պէտք է հոգեւոր աղօթքներ ներկայացնենք, որոնք կրնան թափանցել ֆիզիքական տարածաշրջանին ընդմէջէն եւ բանալ հոգիին տարածաշրջանը: Այս ընելու համար մենք պէտք չէ աղօթենք այնպէս` ինչպէս մենք յարմար կը տեսնենք, եւ կամ երբ մենք փուճ ու անօգուտ խորհուրդներով զբաղուած ենք: Այսպիսի աղօթքները չեն կրնար թափանցել ֆիզիքական տարածաշրջանը: Անոնք միայն անիմաստ տեղ պիտի վատնուին: Աստուած չկրնար ազդուիլ ու գործել այսպիսի աղօթքներով: Եթէ ձեր զաւակները յամառօրէն ձեզմէ խնդրեն որ միայն իրենց ուզածը տաք` իրենց ագահութենէն մղուելով, դուք ի՞նչ

պիտի զգայիք որպէս ծնողք: Հաւանաբար դուք յուսախաբ պիտի ըլլայիք:

Ա. Կորնթացիս 2.10 կ՛ըսէ. «Բայց Աստուած մեզի յայտնեց Իր Հոգիովը, վասն զի Հոգին ամէն բան կը քննէ, Աստուծոյ խորունկ բաներն ալ»: Մենք պէտք է աղօթենք Սուրբ Հոգիին ներշնչումով, որ մեր սրտին մէջ է: Յետոյ, մենք պիտի կարողանանք աղօթել այն բաներուն համար որոնք պատշաճ են` Աստուծոյ կամքին համաձայն, նաեւ մենք պիտի հասկնանք թէ ինչ պէտք է ընենք: Մենք պիտի կարողանանք հոգեւոր տարածաշրջանին դուռը բանալ եւ հաղորդակցութիւն ունենալ Աստուծոյ հետ, որ կը գտնուի հոգեւոր ծալային մէջ, քանի որ այն ատեն մենք պիտի միանանք Սուրբ Հոգիին հետ` որ մեր մէջն է:

Երրորդ - Մենք պէտք է սիրենք եւ ընդունինք իւրաքանչիւր անհատ` առաքինի առատաձեռնութեամբ:

Հոգիին սիրտը որ կը նմանի Աստուծոյ սրտին, արդէն իր մէջ կը պարունակէ սէր եւ առատաձեռնութիւն, սակայն ես անգամ մը եւս շեշտը կը դնեմ սիրոյ եւ առատաձեռնութեան վրայ: Պատճառը այն է` որովհետեւ մենք պէտք է կարողանանք սիրել մեր շուրջը գտնուող ամէն անձ, որովհետեւ մենք կը սիրենք զԱստուած եւ ուրեմն մենք պէտք է ունենանք լայն սիրտ եւ առատաձեռնութիւն` որպէսզի կարողանանք ընդունիլ ամէնուն: Մենք պէտք է լեցուն ըլլանք սիրով եւ առատաձեռնութեամբ, եւ պէտք է հոգ տանինք մեր շուրջը գտնուող ամէն մէկ անձի որ դժուարութիւն կ՛ունենայ կամ կը յոգնի: Աստուծոյ սիրտը չափէն աւելի ընդարձակ է, բայց նաեւ այնքան փափուկ, նուրբ եւ հոգատար է որ Ան կը հոգայ որբերուն եւ այրիներուն, նաեւ կը հոգայ լքուածներուն եւ անտեսուածներուն մասին:

Երբ մենք նոյնիսկ ամէնէն փոքր բաներու համար կը հոգանք սիրոյ հոգիով եւ երբ ուրիշները կը լուսաբանենք եւ զանոնք կը կերտենք մեր առատաձեռնութեամբ, այդ կը նշանակէ աստուածային բնութեան հաղորդակից դառնալ: Մենք պէտք է անդրադառնանք մեր ինքզինքին վրայ եւ պէտք է փոխենք ինքզինքնիս` Աստուծոյ խօսքին միջոցաւ, որպէսզի կարենանք հաղորդակից դառնալ աստուածային բնութեան:

Երբ մենք ունինք կատարեալ լոյսի սիրտ մը եւ հաղորդակից դարձած ենք աստուածային բնութեան, ինչպէս որ նախապէս բացատրեցի, այն ատեն մենք կրնանք մուտք գործել դէպի լոյսի տարածաշրջան եւ Աստուծոյ տարածաշրջանը: Եթէ մենք Աստուծոյ տարածաշրջանը մտնենք, այն ատեն մենք պիտի կարողանանք տեսնել այդ տարածաշրջանին յատուկ լոյսը: Նաեւ, մենք պիտի զգանք Աստուծոյ սիրտը, որ ա՛յնքան ընդարձակ ու մեծ է: Ալելին, հակառակ որ մեր ֆիզիքական մարմինը կը գտնուի ֆիզիքական տարածաշրջանին մէջ, մենք պիտի կարենանք գործածել Աստուծոյ տարածաշրջանը, որուն տիրացած ենք մեր սրտին մէջ, յայտնաբերելու համար այնպիսի սքանչելի բաներ՝ որոնք մարդկային հասկացողութենէ շատ վեր են:

Ա. Յովհաննու 1.5 կ՚ըսէ. «Եւ ասիկա է այն պատգամը զոր Իրմէ լսեցինք ու ձեզի կը պատմենք, թէ Աստուած լոյս է, ու Անոր մէջ բնաւ խաւար չկայ»: Եթէ մենք Աստուծոյ կատարեալ լոյսին մէջ բնակինք, այդ կը նշանակէ թէ մենք ունինք մէկ սիրտ՝ Աստուծոյ հետ, եւ այն ատեն ինչ բան որ կը հիւրընկալենք մեր սրտին մէջ՝ անիկա պիտի իրականանայ, եւ մենք պիտի կատարենք զօրութեան այնպիսի մեծ գործեր՝ զոր մարդիկ բնաւ չեն կրնար երեւակայել:

Տէրոջը անունով ես կ՚աղօթեմ որ դուք բոլորդ ունենաք այնպիսի յատկանիշներ՝ որով դուք երկրի վրայ պիտի կարողանաք վայելել այն բոլոր օրհնութիւնները զոր Աբրահամ վայելեց, եւ որով դուք երկինքի մէջ պիտի տիրանաք ամենէն փառաւոր դիրքերուն՝ լոյսի յաւիտենական տարածաշրջան մը:

Հեղինակը՝:
Դոկտ. Ճէյրոք Լի

Ծնած է Մուանի մէջ, Ճէօննամ Նահանգ, Քորէայի Հանրապետութիւն, 1943-ին: Իր քսանական տարիքներուն, Արժ. Դոկտ. Ճէյրոք Լի եօթը տարի շարունակ տառապած է զանազան տեսակի անբուժելի հիւանդութիւններէ՝ սպասելով մահուան, առանց ապաքինման որեւէ յոյս ունենալու: Բայց եւ այնպէս, օր մը, 1974-ի գարնան, իր քրոջ կողմէ կ՚առաջնորդուի եկեղեցի մը, եւ երբ ծունկի կու գայ աղoթելու, Կենդանի Աստուած անմիջապէս կը բժշկէ զինք իր բոլոր հիւանդութիւններէն:

Այն վայրկեանէն որ Արժ. Դոկտ. Ճէյրոք Լի այդ սքանչելի փորձառութեամբ հանդիպեցաւ կենդանի Աստուծոյն, ան իր ամբողջ սրտով եւ անկեղծութեամբ սիրեց զԱստուած, եւ 1978-ին կանչուեցաւ ըլլալու Աստուծոյ ծառայ մը: Դոկտ. Լի ջերմեռանդութեամբ աղoթեց՝ անթիւ ծոմապահութիւններով, որպէսզի կարենար յստակօրէն հասկնալ Աստուծոյ կամքը, ամբողջութեամբ իրագործէր զայն, եւ հնազանդէր Աստուծոյ բոլոր խօսքերուն: 1982-ին, Դոկտ. Լի հիմնեց Մէնմին Կեդրոնական Եկեղեցին՝ Սէուլի մէջ, Քորէա, եւ անկէ սկսեալ մինչեւ այսօր տեղի կ՚ունենան Աստուծոյ անթիւ գործերը, ներառեալ հրաշագործ բժշկութիւններ եւ սքանչելիքներ:

1986-ին, Արժ. Դոկտ. Ճէյրոք Լի օծուեցաւ որպէս հովիւ՝ Քորէայի Սանկյու Եկեղեցւոյ Յիսուսի Տարեկան Հաւաքոյթին ընթացքին, եւ չորս տարիներ ետք, 1990-ին, իր պատգամները սկսան հեռասփռուիլ դէպի Աւստրալիա, Ռուսիա, Ֆիլիփփին, եւ շատ ուրիշ երկիրներ՝ Ծայրագոյն Արեւելքի Հեռուստակայանի Ընկերութեան, Ասիոյ Հեռուստակայանի, եւ Ուաշինկթընի Քրիստոնէական Ջայնասփիւռի Կայանին միջոցաւ:

Երեք տարիներ ետք, 1993-ին, Մէնմին Կեդրոնական Եկեղեցին ընտրուեցաւ որպէս «Աշխարհի 50 Լաւագոյն Եկեղեցիներէն մէկը» Քրիստոնեայ Աշխարհի կոչուած պարբերաթերթին կողմէ (ԱՄՆ), եւ Արժ. Ճէյրոք Լի ստացաւ Աստուածաբանութեան Պատուոյ Դոկտորի տիտղոս՝ Քրիստոնէական Հաւատքի Գոլէճէն, Ֆլորիտա, ԱՄՆ, իսկ 1996-ին ան ստացաւ Դոկտորի տիտղոս՝ Հոգեւոր Ծառայութեան մէջ, Քինկսուէյ Աստուածաբանական Դպրեվանքէն, Այоուա, ԱՄՆ:

1993-էն իվեր, Արժ. Դոկտ. Լի առաջնորդող դեր կատարած է համաշխարհային առաքելութեան մէջ, արտասահմանեան բազմաթիւ հոգեւոր արշաւներու միջոցաւ՝ Թանզանիայի, Արժանթինի, Լոս Անճելըսի, Պալթիմոր Քաղաքի, Հաուայի, Նիու Եորք Քաղաքի (Ամերիկայի Միացեալ Նահանգներ), Ուկանտայի, Ծաթոնի, Փաքիստանի, Քէնյայի, Ֆիլիփփինի, Հօնտուրասի, Հնդկաստանի, Ռուսիոյ, Գերմանիոյ, Բերուի, Գոնկոյի Դեմոկրատական Հանրապետութեան, Իսրայէլի, եւ Էսթոնիայի մէջ: 2002 թուականին Դոկտ. Ճէյրոք Լի կոչուեցաւ «համաշխարհային հովիւ» Քորէայի Քրիստոնէական յայտնի oրաթերթերուն կողմէ, արտասահմանեան զանազան Հակայական Միացեալ Արշաւներու մէջ իր կատարած գործին համար:

Ցատկանշական է իր «2006-ի Նիու Եորքի Արշաւը» որ տեղի ունեցաւ Մէտիսըն

Սքուէր Կարտընի մէջ, որ աշխարհի ամենէն նշանաւոր ամֆիթատրոնն է: Այդ ձեռնարկը հեռասփոուեցաւ 220 երկիրներու մէջ: Նոյնպէս յատկանշական է իր «2009-ի Իսրայէլի Միացեալ Արշաւը», որ տեղի ունեցաւ Համազումարներու Համաշխարհային Կեդրոնին (ICC) Երուսաղեմի մէջ, ուր Արժ. Դոկտ. Ճէյրոք Լի համարձակութեամբ հռչակեց Յիսուս Քրիստոսը որպէս Մեսիան եւ Փրկիչը:

Իր պատգամները կը հեռասփոուին 176 երկիրներու մէջ՝ արբանեակներու միջոցաւ, որոնց մէջ է նաեւ Քրիստոնեական Համաշխարհային Համացանցի (GCN) Հեռատեսիլի Կայանը: Արժ. Դոկտ. Ճէյրոք Լի ցուցակարգուած է որպէս մէկը «2009-ի եւ 2010-ի Լաւագոյն 10 Ամենէն Ազդեցիկ Քրիստոնեական Առաջնորդներէն» մէկը՝ հանրածանօթ ժողովրդային Ռու Քրիստոնեական In Victory (Յաղթութեան մէջ) կոչուած պարբերաթերթին կողմէ, եւ Քրիսչըն Թէլէկրաֆ լուրերու գործակալութեան կողմէ, հեռատեսիլի հեռասփոումներուն, նաեւ որպէս արտասահմանեան եկեղեցական հովիւ՝ իր ունեցած հզոր ծառայութիւններուն համար:

Մայիս 2013-էն իվեր, Մէնմին Կեդրոնական Եկեղեցին ունի թիւով աւելի քան 120.000 անդամներ կամ հաւատացեալներու խումբ, համաշխարհիային 10,000 մասնաճիւղ եկեղեցիներ (ներառեալ 56 տեղական մասնաճիւղ եկեցեցիներ), եւ մինչեւ այսօրս աւելի քան 129 միսիոնարներ յանձնատարուած են 23 երկիրներու մէջ, ներառեալ Միացեալ Նահանգներ, Ռուսիա, Գերմանիա, Գանատա, Ճաբոն, Չինաստան, Ֆրանսա, Հնդկաստան, Քէնիա, եւ շատ ուրիշ երկիրներ:

Այս գրքին հրատարակման թուականէն իվեր, Արժ. Դոկտ. Լի գրած է 85 գիրքեր, ներառեալ իր շատ ծախուած գիրքերէն՝ Համտեսել Յաւիտենական Կեանքը Մահուընէ Առաջ, Իմ Կեանքս Իմ Հաւատքս 1 եւ 2, Խաչին Պատգամը, Հաւատքի Չափը, Երկինք 1 եւ 2, Դժոխք, Արթնցի՛ր Իսրայէլ, եւ Աստուծոյ Զօրութիւնը: Դոկտ. Ճէյրոք Լիի գործերը թարգմանուած են աւելի քան 75 լեզուներու:

Իր Քրիստոնեական սինական կերերնան կ' երեւնան Հէնրուք Իլայօյի, Ճունկ-Անկ Ստլլիի, Չոսան Իլայոյի, Տօնկ-Ա Իլայօյի, Մունհուա Իլայօյի, Սէուլ Շինմանի, Քյունկիյանկ Շինմանի, Քօրեա Էքոնոմիք Ստլլիի, Քօրեա Հէրըլտի, Շիաս Նիյուզի, եւ Քրիսչըն Փրես օրաթերթերուն մէջ:

Արժ. Դոկտ. Լի ներկայիս առաջնորդն է բազմաթիւ միսիոնարական հաստատութիւններու եւ ընկերակցութիւններու: Իր պաշտօնէութեան դիրքերը կը ներառեն հետեւեալները. Ատենապետ՝ Յիսուս Քրիստոսի Միացեալ Սրբութիւն Եկեղեցւոյ. Նախագահ՝ Մէնմին Համաշխարհային Առաքելութեան, Ստեսական Նախագահ՝ Համաշխարհային Քրիստոնեական Արթնութեան Առաքելական Ընկերակցութեան, Հիմնադիր՝ Մէնմին Պատկերասփիւռին (Manmin TV), Հիմնադիր եւ Յանձնախումբի Ատենապետ՝ Քրիստոնեական Համաշխարհային Համացանցին (GCN). Հիմնադիր եւ Յանձնախումբի Ատենապետ՝ Քրիստոնեայ Բժիշկներու Համաշխարհային Համացանցին (WCDN). ինչպէս նաեւ Հիմնադիր եւ Յանձնախումբի Ատենապետ՝ Մէնմին Միջազգային Դպրեվանքին (MIS):